古文書の国語学的研究

三保忠夫著

吉川弘文館

目　次

序 …… 一

第一部　古文書の国語学的研究

第一章　序　論 …… 六

第一節　文書語研究の意義 …… 六

第二節　文書語と記録語 …… 一一

第二章　研究史と研究課題 …… 三二

第一節　はじめに …… 三二

第二節　奈良時代の古文書 …… 三三

第三節　平安時代～中世の古文書 …… 四三

第四節　仮名文書 …… 七四

第五節　おわりに……八五

第二部　古文書の文字・用語

第一章　古文書の文字……一〇〇
第一節　はじめに……一〇〇
第二節　公文書の文字（書体）……一〇一
第三節　写経の文字（書体）……一〇七
第四節　おわりに……一〇九
第二章　古文書の用字・用語……一一五
第一節　はじめに……一一五
第二節　古文書の用字法……一一五
第三節　古文書の用語……一一九
第四節　古文書の口頭語・地方語……一三一
第五節　おわりに……一三六
第三章　文書語「仰（おほす―あふぐ）」……一四一
第一節　はじめに……一四一

第二節　アフグとしての用法……一四二
第三節　オホスとしての用法……一四六
第四節　文書語としての「仰（おほす）」……一六六
第五節　おわりに……一七〇

第四章　文書語「奉（うけたまはる—たてまつる）」……一七五
第一節　はじめに……一七五
第二節　マツル・タテマツルとしての用法……一七七
第三節　ウケタマハルとしての用法……一八七
第四節　おわりに……二〇二

第五章　文書語「請（うく—こふ）」……二一〇
第一節　はじめに……二一〇
第二節　「請」という文字……二一〇
第三節　用法の概要……二一五
第四節　古文書における用法……二一九
第五節　古往来における用法……二三一
第六節　おわりに……二四〇

第三部　古文書の表現法

第一章　待遇表現法――「奉」「被」「得」――……二四八
第一節　はじめに……二四八
第二節　平安初期太政官符……二四九
第三節　平安中期以降……二五四
第四節　中国古代……二五九
第五節　おわりに……二六一
第二章　引用表現法――「偁（称）……者」――……二六五
第一節　はじめに……二六五
第二節　「偁」と「称」の用法……二六七
第三節　「偁」と「云」の用法……二七三
第四節　おわりに……二七九
第三章　数量表現法――助数詞――……二八二
第一節　はじめに……二八二
第二節　文書語としての助数詞……二八三
第三節　中国古代の助数詞……二八九

第四節　おわりに……二九三
あとがき……二九九
初出一覧……三〇二
研究者名索引

序

「古文書《こもんじょ》の国語学的研究」とは、原則として、古文書における言葉全体の研究を意味する。ただし、古文書といっても、時間的には古代から近世・近代にもおよび、中央文書もあれば地方文書もある。また、狭義の文書だけでなく、古代の荷札木簡や告知札、正倉院文書の帳簿類以下、様々なものが含まれ、時代の降るとともに、文書の様式・形態、機能等もいよいよ複雑になっていくようである。[1] 本書では、まず、中世以前の古文書を対象とし、その言語と文体――これを、今、「文書語《もんじょご》」と称する――の研究意義と若干の試論を提出し、大方のご批正を仰ぎたい。

古文書学とは文書史であり、文書史の目的は文書の機能の歴史を明らかにすることにあると説かれる。[2] その古文書学は、「公式令《くしきりょう》」の定める公式様文書なるものをたてまえとし、これを軸として文書・帳簿、その他についての分析・検討がなされてきた。これらを研究目的とする古文書学会も成立し（一九六六年〈昭和四一〉）、「古文書学」の名のもとにその学的体系が示され、[3] 数々の研究成果も発表されてきた。しかし、その後、現実に作成され、授受された文書類を検討してみると、八世紀に実際に取り交わされた公文書は「公式令」の様式どおりではないことが指摘され、そうした人為的・政治的な公文書制度以前に口頭伝達（宣旨、奉書・御教書、「前白」文書）の書類が存することも判明した。[4] また、木簡をはじめとする新出史料の出現も相次ぎ、史料に対する認識の深化とともにその方法も反省され、現在では、既成の概念や特定のカテゴリー論にとらわれず、その様態や機能を重視する方法、また、情報伝達行動論的分析方法等が必要であるとされている。[5]

国語史（学）の分野において、こうした古文書の利用は不可欠である。この場合、利用する方法に二様がある。その一は、当面する国語史上の個々の問題を解決するため、古文書の言葉をその都度抽出していく方法である。音韻・語法、また、語誌・文体などの研究に一般的に行われており、これまでにも多くの注目される成果があげられている。ただ、目的にかなう用例であれば、何も古文書に限らないという場合もあるかも知れない。その二は、古文書から一々引用するのではなく、まず、それぞれの言語事象につき、古文書の中において検討・整理し、これを文書語として体系化し、次いで、これを日本語におけるしかるべき位置に措定し、究極は日本語の実相を追究していく方法である。本書にいう「古文書の国語学研究」とは、主としてこの方向を目指そうとするものである。

遠大な目標であって、その実を達成するのは容易なことではない。大小にわたる各種の調査も、これから積み上げていかなければならないが、こうした意図のもとに、本書では、まず、古文書の国語学的研究の意義を述べ、次いでこれまでの研究史を振り返りながら今後の課題を把握し、その後、古文書における基本的な、かつ、特徴的な言語事象としての、i古文書の文字・用語、ii古文書の表現（待遇表現・伝達表現・数量表現）について述べたい。

些細な試みである。だが、試行錯誤の内には効果的な研究方法も見出され、やがては巨細を網羅した体系的な研究成果も期待されよう。本書が呼び水となり、この方面の研究が盛んとなっていくことを祈念する。

なお、様々の言語事実を収集・分析し、研究・記述していく場合、その文字資料を研究資料という。本書では、古文書をもってその言葉を研究するのであり、よって、これを「資料」という。古文書学・木簡学、歴史学等では、これを「史料」というが、同じものを材料としても、それぞれの目標によって用語を異にすることがあってもよかろう。

注

（1）佐藤進一著『新版古文書学入門』（法政大学出版局、一九九七年四月）の「あとがき」には、複雑多様、かつ、厖大な量の近世・近代の文書につき、それぞれを素材とし、また、研究対象とする近世古文書学・近代古文書学の個別化の声のあることに触れられている（三一四頁）。なお、この点は、日本の古文書は、複雑な公文書型式から単純な外観をもつ私文書形式に統合されていったという見方（弥永貞三「日本の古文書と書札礼――極東文化の二つの道――」〈『古文書研究』第四四・四五合併号、一九九七年三月、四頁〉）と、必ずしも矛盾するものではない。

（2）佐藤進一著、注(1)文献、「結び」（二八三・二八四頁）。
佐藤進一「中世史料論」（『岩波講座　日本歴史25』別巻2、一九七六年九月）。

（3）黒板勝美著『虚心文集第五』（吉川弘文館、一九四一年七月、「古文書学概論」〈一九二〇年代初～一九三五年の講義録〉）、『同第六』（一九四〇年七月、「日本古文書様式論」〈一九〇三年九月執筆、学位請求論文〉）。
相田二郎著『日本の古文書』、二冊（岩波書店、一九四九・一九五四年）。

伊地知鉄男著『日本古文書学提要』、二冊（新生社、一九六六・一九六九年）。

佐藤進一著『古文書学入門』（法政大学出版局、一九七一年九月）、また、注(1)文献。

高橋正彦著『新編古文書入門』（河出書房新社、一九七一年）。一九六五年版の増補改訂版。

中村直勝著『日本古文書学』、三冊（角川書店、一九七一～一九七七年）。なお、先に、『日本古文書学』（受験講座刊行会、一九三〇年）の刊行がある。

伊木寿一著『日本古文書学』（雄山閣出版、一九九〇年三月第三版）。先に、『日本古文書学』（雄山閣出版、一九五八年）・『増訂日本古文書学』（雄山閣出版、一九七六年）の刊行があり、本書は、その後者に索引を付したもの。

高橋正彦・その他編『日本古文書学講座』、一一冊（雄山閣出版、一九七八～一九八一年）。

日本歴史学会編『概説古文書学』、「古代・中世編」「近世編」の二冊（吉川弘文館、一九八三・一九八九年）。

日本古文書学会編『日本古文書学論集』、一三巻（吉川弘文館、一九八六～一九八八年）。

（4）早川庄八著『日本古代の文書と典籍』（吉川弘文館、一九九七年五月、第一部）。
早川庄八著『宣旨試論』（岩波書店、一九九〇年四月）。

（5）早川庄八「公式様文書と文書木簡」（『木簡研究』第七号、一九八五年一一月）。後、『日本古代の文書と木簡』（注(4)文献）に収める。

早川庄八著『宣旨試論』（注（4）文献）、三八一頁以下。

杉本一樹「正倉院文書」（『岩波講座　日本通史』第4巻、一九九四年六月）。

富田正弘「中世史料論」（『岩波講座　日本通史』別巻3、一九九五年一二月）。

石上英一著『日本古代史料学』（東京大学出版会、一九九七年五月、第一編）。

山下有美「文書と帳簿と記録」（『古文書研究』第四七号、一九九八年四月）。

村井章介「中世史料論」（『古文書研究』第五〇号、一九九九年一一月）。

石上英一・加藤友康・山口英男編『古代文書論――正倉院文書と木簡・漆紙文書』（東京大学出版会、一九九九年一一月）。

第一部　古文書の国語学的研究

第一章　序　論

第一節　文書語研究の意義

佐藤進一著『新版古文書学入門』(1)によれば、「古文書」とは、文献の中の一部であって、「特定の対象に伝達する意思をもってするところの意思表示の所産」、すなわち甲から乙という特定の者に対して、甲の意志を表明するために作成された意思表示手段、これが古文書である、とされる。(2)こうした古文書は、従来、古文書学・歴史学、また、木簡学を中心とする分野の主要な研究史料として利用されてきた。しかし、これらは、その時代の言葉によって作成されており、これを国語学研究資料として利用することも可能である。否、むしろ、それらが最も信頼できる文献資料であり、かつ、限定的存在であるとすれば、国語学研究資料としては積極的に活用していかなければならない。

国語史（学）とは、各時代の言葉（言語）の体系とその史的展開を解明し、これをもって人間の思考・感情、営為を認識していくことを目標とする。しかし、これまでのところ、各時代それぞれにおいて、その言葉の全的把握のなされることはなかったのではなかろうか。ことに、古文書の言葉に関しては言及されることが少なかった。例えば、国語学研究の総括的存在である「国語辞典」や各時代語を冠する著作を管見すれば、次のようである。

沢瀉久孝編者代表『時代別国語大辞典　上代編』（三省堂、一九六七年）は、「序」に、「言語辞典として上代語を体系的に鳥瞰できるよう巻首から巻末まで有機的に関連づけつつ、学問的厳密さを旨として」云々と、その編纂態度が述べられている。だが、既に日本語の内にあったはずの「字音語（漢語）」は、原則として採用されず、正倉院文書も、厖大な、しかし、限りある過去の貴重な文字資料であるにもかかわらず、利用価値は高くないとされ（八七九頁）、おおむねは放置されたままであった。築島裕著『平安時代語新論』（東京大学出版会、一九六九年）は、平安時代の国語全般に関して体系的に通観した通論である。斬新な資料による精緻な論著であるが、「後記」にあるように、本書の柱は、平仮名和文文献の言語と漢文訓読語の言語であり、変体漢文の位置や片仮名交じり文の性格などの記述は手薄となったようである。中世語については、小林芳規編者代表『鎌倉時代語研究』（第一〜二三輯〈最終輯〉、一九七八〜二〇〇〇年）や土井忠生編者代表『時代別国語大辞典　室町時代編一〜五』（三省堂、一九八五〜二〇〇一年）が参照される。前者は、鎌倉時代語の資料の発掘・紹介とその記述を主とし、併せて関連する諸問題を論じたものである。古代から近代へ推移しつつある重要な過渡期にもかかわらず、その言語研究は、他に比して遅れており、この期の開拓は大いに望まれるところであった。編者・執筆者の功績は多としなければならないが、この得られた成果を体系化し、鎌倉時代語研究として大成させてゆくのはこれからであり、その成否は、中世の古文書を如何に活用するかという点にもかかっている。後者は、室町期から織豊期に及ぶ約二百年の言葉を対象とし、外国資料、特にキリシタン資料、抄物《しょうもの》・往来物《おうらいもの》、また、謡曲・幸若舞・狂言・連歌、節用集類などを活用し、その語義・用法を記述した大部の辞書である。久しく世に渇望されていた世紀的な編著であり、古文書についても、『大日本古文書』『史料纂集』などから部分的な利用はある。だが、室町時代から戦国時代までの古文書類は各地方、各位相に及んでいる。室町時代の全体像をとらえ、その言葉の全てを解明しようとすれば、この資料群も基本資料の一つとしなければならない。「序」によれば、「室町時代語を対象とする組織的・体系的語学研究は、現在においても未だ十分であるとは言い難い。この現状を踏まえるとき、当代語の文献を整備し、その用語を着実に追求することが急務である。」とされる。古文書類の活用は、あるいは、今後に多くを委ねられたのかも知れない。関連して、湯沢幸吉郎著『室町時代言語の研究』(大岡山書店、一九二九年。風間書房、一九五八年再版)もある。

右に対し、「講座」という形で国語を各時代毎に、あるいは、事象分野毎に記述し、論述しようとする試みもある。その内から一点だけを取り上げれば『講座国語史』(全六巻、大修館書店、一九七一〜一九八二年)がある。これは、編集に当って、「音韻・文法・語彙・言語生活など、分野ごとに巻を分ち、各分野ごとに古代から現代までを縦に貫いた歴史をまとめるという構想を立て、現在第一線で活躍されている研究者各位に執筆を依頼し、従来の研究を総括しつつ、執筆者の独創的見解を披瀝し、かつ今後の研究の方向を示唆して頂こうとする」と述べられている。当初計画されていた「第七巻　資料」は取り止めになり、巻によって内容の精粗もあるやに見受けられるが、戦後の国語史研究を鳥瞰し、学界の最高水準を知ることができるよう配慮はなされている。しかし、古文書については、一部(文体)触れられてはいるものの、その語彙・語法、位相や地方性・言語生活の問題など、言及すべき事象に関心は薄かったようである。従来の総括だけでなく、その内観のもとに、今後の課題が提示されてもよかった。

佐藤喜代治編『国語学研究事典』(明治書院、一九七七年一一月)は、「序」に、昨今の情勢により、「国語学の全領域にわたって大観を試み、研究の概況を展望するとともに、前後の脈絡を見極める必要が生じてきた」こと、そこで、「国語学の基本的な研究資料・研究文献の解説・紹介を中心とした」本書を編集すること、国語学の各分野における研究事項について、その意義・性格等を説明し、従来どのような調査・研究が行われてきたかを概説するとともに、従来まだ十分に解明されていない問題、今後新たに究明する必要のある問題を指摘することとした」と述べられている。この編集意図は、よく実行され、第一線の研究成果も精確に、細大漏らさず踏まえられている。「資料編」には上代から近代までにおける国語学研究のための基本的資料がジャンル別に解説されており、「正倉院文書」や「記録体（変体漢文《へんたいかんぶん》）」、および、その主要資料（日記）などの項目も見える。しかし、「事項編」にも「資料編」にも、なぜか古文書一般の言語・語彙や文体、また、その資料価値などについての項目はない。ただ、関連科学の項に「古文書学」（渡辺信夫執筆）の紹介があるだけである。また、国語学会編『国語学大辞典』（東京堂出版、一九八〇年九月）は、「古文書」（佐藤進一執筆）の末尾に、かろうじて「国語資料としての古文書」（迫野虔徳執筆）との一文を収める。だが、「記録」（佐藤進一執筆）、「記録資料」「記録体」（峰岸明執筆）などに費やされた紙面からすれば、まことに微々たるものである。

かつて、先学の一人に、「国語学者も古文書を見よ」(3)という一文を公にされた方があった。「国語学の対象たる音韻・文字・語法・語彙其他の資料、殊にその活きた資料が古文書から豊富に得られる」にも関わらず、「未だ十分に利用されてゐるとは思はれぬのは残念である。」と述べられ、古文書は国史学や古文書学の専有として置くべきではないともされた。

およそ、国語の歴史を研究する資料としては、和歌・歌謡、物語・日記・随筆、記録・史書・説話、悉曇《しったん》・音韻書、辞書・音義《おんぎ》、訓点資料、抄物、外国資料（キリシタン資料・洋学資料など）、往来物、連歌・芸能書（謡曲・狂言など）、その他があり(4)、それぞれの資料性に相応して音韻・文字・意味・語彙・文法・文章・文体・言語生活史等々の分野に貴重な成果がもたらされてきた。しかし、それらに比較すれば、古文書の言語資料としての利用は格段に遅れている。もちろん、資料価値が劣るものならやむを得ない。だが、果たして、国語学研究資料としての価値は劣るのであろうか。仮に、そのような価値付けがなされたとしても、その認識や判断は永久不変のものであろうか。

古文書が、その時代の言葉によって作成されたものであれば、その言葉は、同期の散文や韻文、または、仮名文学語や漢文訓読語、記録語などとも、あるいは、口頭語などとも共通する点があるであろう。しかし、一方、その意志表示のため、また、目的遂行のため、独自の文章様式や語彙・語法、文字用法や書式などのあろうことも予想される。そこで、古文書の言葉を整理・検討し、仮名文学語、記録語、その他とも比較・照合してみる必要がある。その過程において、古文書の言葉にはどのような特徴があるのか、その成因や経緯はどのようであったのか、それらの史的展開はどのように記述され、説明されるのか、その時代その時代の言語体系において、古文書の言語はどのように位置付けられるのか、こうした諸々の問題について考えてみなければならない。

歴史学では、文献史料を三大別して文書・記録・編纂物とする。(5) その古文書は、個々の存在としては比較的短文になるものが多い。要領を得て簡潔を旨とするからである。だが、古代の木簡資料以下、中世までに限ってみても、その全体は相当な点数にのぼり、言語量も厖大なものとなろう。中には類型的な文言、断片的な文書などもあり、これらをもってその短所とする向きもある。しかし、類型性とは明晰な表現方法の一つであり、高度な表現力を秘めており、僅かな木片・紙片には歴史や言語史を塗り替えるような情報も潜んでいる。のみならず、関係文書を集積し、個々の文書を相互に関係させ合うことによって情報を引き出す方法もあり、これが、記録・編纂物による以上に評価されることもある。これは、また、その国語学的研究においても可能な方法であろう。古文書は、何といっても記録以上の、最も信頼できる第一次史料（資料）であり、他方、編纂物は最も批判的に見なければならないものとされている。(6)「古文書はその性質上、人間生活の直接の所産であって、その正確さと具体的な点で最も有力な史料である」(7)と同時に、体制側の手になる編纂書、また、公家の記録などと異なり、その内容は、政治・経済から衣・食・住等々の様々な分野に及び、下層社会・地方社会、また、宗教（寺社）社会にも及ぶ。こうした古文書の種々相にわたり、その言語を総合的に、かつ、体系的に研究していくことの意義は少なくないはずである。

第二節　文書語と記録語

「古文書の諸要素の中で、特に重要なものは、文字、用語、文体等であろう[8]」とされる。それ故、古文書学においても、文字・言語の解明に力を注がれてきたようである。ところが、国語学の立場から、古文書の言葉につき、いまだ体系的に論じられたことはない。これは、この分野の研究が大きく遅れていることを意味する以外の何ものでもない。古文書の歴史学的研究はこれほどまでに進展しているのに、こちらは、なぜ、遅れているのであろうか。

この理由として考えられるのは、ひとえに古文書の意義についての理解が乏しかったことであろうが、それというのも、その文体が主として漢文体であるからであろう。古文書は、表音文字を主とする和文系資料やキリシタン資料などと異なり、基本的には漢字・漢文で綴られている。後代からすれば、これを正確に読み下すことは容易でなく、ために、音韻・表記・語彙・語法・文体等の研究資料には向かないとされてきたのであろう。国文法や音韻等の研究も、かつては、どちらかといえば、貴族的で典雅な言語作品を対象として行われる傾向が強かった。せっかくの仮名文書も、国文法や音韻等の研究資料としては、土臭い野卑なものとしてうち捨てられていたのではなかろうか。

同じく漢字・漢文によるものとして漢籍・漢訳仏典の類がある。これらは、中国語で綴られたものであり、日本人にとっては特別の学習を経ない限り、読解は困難であった。それ故、日本人は、返読という手法やヲコト点や仮名、声点といった符号を用いてその読解に努めてきた[9]。奈良時代末以降の、その学習時の訓点本が、奈良・京都を中心として各地に伝存している。いわゆる訓点資料と称されるのがそれであるが、これにより、訓読時の日本語が復元され、当時の日本語の種々相の解明にも有効であるとされてきた。ところが、これに対し、古文書の場合、その漢字・漢文には訓点（振り仮名）を付したものがない。[10]『尾張国解文』、その他、若干の訓点をもつものがあるが、これらは古文書としてより、さらにその後の用途にあるもの、[11]また、その他の何らかの事情にあるものと見られる。古代の古文書は、主として公文書であり、しかも、当時は、振り仮名というシステム自体が存在しなかった。平安時代以降、これが伝統的に継承され、文書・帳簿類には訓点を施さないという不文律のようなものも生じていたのかも知れないが、同時に、否、それならばなおのこと、古文書では、振り仮名がなくても困らない表記方法が採用されていたのではなかろうか。そうとすれば、それは、日常的に用いられる常用的な漢字を主用した「変体漢文（和化《わか》漢文とも）」の文体で綴られていたのであろう。[12]

築島裕著『平安時代語新論』によれば、日本において、平安時代は、量的にも質的にも国語の諸相は極めて豊富であり、中世以降、文法・語彙・文体など、この時代の国語は、口頭言語に対して文字言語（文章語）としての規範力をも有したとされ、この時代の言語体系として次の三類を立てられる。[13]

㈠　漢文の世界
㈡　平仮名文の世界
㈢　変体漢文・漢字片仮名交じり文の世界

㈠の漢文の世界の言語とは、右の漢籍・仏典の訓読の際に用いられたそれである。㈡は、和歌・消息・日記・物語等の言語である。㈢の内、変体漢文は、「主として男子の日記や公私の記録などに用ゐられた文体で、原則として漢字だけで記された文であるが、中に、正格の漢文には含まれない、特有の要素が見出される。しかし、全体としてはやはり漢文の世界の一の変形の現象として捉へることが出来る」とされ、その著名な例として、「元興寺露盤銘」（丙辰年〈五九六ヵ〉）・「法隆寺薬師仏造像記」（丁卯年〈天武持統朝頃製作〉）、『古事記』『出雲国風土記』などがあげられる。[14]

漢字片仮名交じり文の世界は、訓読語の要素の他に、多分に和文的要素や、さらに、独特の要素を含み、独自の文体を形成しているものと説明されている。変体漢文と純漢文との相違点、いわば変体漢文の認定条件については、これに先立つ「変体漢文研究の構想」[15]において詳述されている。

峰岸明著『変体漢文』（『国語学叢書11』）[16]では、日本における漢文体の文章を「日本漢文」と称し、これを「純漢文」と「変体漢文」に分け、次のように説明される。

〔純漢文〕　中国古典文の作成を志向し、中国古典の文章の表記・語彙・文法に正しく準拠するもの

〔変体漢文〕　漢文体の文章ではあるが、純漢文には存しない表記・語彙・文法を含むもの

1　純漢文の作成を目指しつつも、そのような和習を含むもの（和化漢文）

2　漢文様式によって国語文、すなわち日本語の文章を表記したもので、文体上、純漢文とは異なる独自の特徴を有するもの

①漢籍系の文体の色彩の濃いもの

②仏典系の文体の色彩の濃いもの

③実用文体の色彩の濃いもの（記録体）

3　漢字文ではあるが、一方に本来のものとして仮名文・漢字仮名交じり文が想定され、もしくは現に存するもの（真名本）

①記録体に近いもの

②真仮名文に近いもの

ここでは、「変体漢文」の中に、1の和習をもって認定される「和化漢文」があり、2の日本語の文章を表記した

ものの中には「記録体」があるとされる。この記録体につき、「私文書・日記など、日常実用の文章では変体漢文の一体である記録体が普通に使用された」云々と述べられ[17]、後の「第七章　変体漢文の文体」の条には「第三節　古文書の文体」の一節も付され、これには純漢文の文書、変体漢文の文書、仮名文の文書があると述べられている[18]。従って、右の「記録体」には私文書と公家の日記とが意図されていることになる。しかし、先行する大著『平安時代古記録の国語学的研究』では、公家の日記類である「古記録の言語・文体」を「記録語」「記録体」と称するとされ[19]、「古文書」の文章表記としては『高山寺本古往来』一点を取り上げ、論じられたにとどまる。これは、平安時代末期、天台宗比叡山の坂本あたりで取りまとめられた書状集である[20]。往来物の内でも、もっとも古態をとどめるものだが、これ一点をもって古文書とされた点には問題がある。結局、右二著の内、先行する大著の方では古文書の言語・文体についての実質的対処はないに等しく、後の『変体漢文』の方でも、形式的な分類案は示されたものの積極的な対応は十分でなかったということになる[21]。両著をもって志向されたのは、公家の日記の国語学的研究であったようである。この記録語については、一九二九年（昭和四）の武藤元信の論説、三一、三三年の松本愛重の論考以下、現在においても多くの先達によって論じられつつある[22]。

古文書には、文体面だけを見ても多様なものがある。しかし、それぞれを平面的に羅列し、あるいは、総花式に扱ったのではかえって大局を見失ってしまう。それらは等し並みに行われたものではない。七世紀以降、日常的に作成され、授受された下達・上申・平行文書は変体漢文体の文書である。天皇の意向を下達するために「公式令」に規定された「詔書《しょうしょ》」ですら、それまでの口頭伝達形式（宣・宣旨）を追認した宣命体である。以下の様式が「真書」を用いた漢文体のように見えても、とても中国語（唐代語）文は綴ることはできず、その内実・実態が日本語文を念頭に置いたものであったとしても不思議でない。特に、解という上申文書の形式は、唐制にならう以前、六朝時代の制度の影響を受けて、わが国で一般化しており、[23]この時期、日本語の表現手段として「和風漢文を基軸に、宣命体や仮名文がそれを補完する形で併存していたとみるのが正しいであろう」[24]とされる。令制の太政官少納言局の大少外記・大少史や中務省の大中少の内記、その他の官司の主典《さかん》や地方の国衙・郡衙の役人等、また、造東大寺司の写経所の別当・案主などは、程度の差こそあれ、日常的には変体漢文（および、宣命体・仮名文）を綴っていたのであろう。つまり、この時期、改めて唐から官僚機構・支配機構を導入し、文書行政の刷新を図ったものの、所用言語や表記体系・文体等の面においては、大きく旧態を出ることはなかったと推測される。[25]従って、まずは、この文体を基幹として古文書の位置付けを行い、純漢文の詔勅や国書の類、願文・表白等、また、仮名文書などは、特別の、あるいは、別途の存在として対処すべきであろう。そこで、右『変体漢文』における分類を借りれば、その「記録体」を二分し、「記録体（公家の日記）」と「文書体（古文書）」との二項を並置するのが穏当であろう。

本書では、以下、「変体漢文」のもとに「文書体（文書語）」と「記録体（記録語）」とを並置することとする。

記録体と文書体と、この二者を同じものとして対処される先学もある。例えば、斎木一馬著『古記録の研究　上』（吉川弘文館、一九八九年三月）では、「古記録の用語と古文書の用語とはほぼ共通のものであるから、記録語といっても、古文書古記録語といってもおなじことである」と述べられる条がある（二七三頁）。この二行ほど前に、「記録語は、本来は、古記録特有の語辞——詳しくは、古記録における特殊なる用字・用語および語法の意に用いるべきであろうが」とも述べられるが、この「記録語」とは、二者をほぼ同じとされての用語である。また、小山登久著『平安時代公家日記の国語学的研究』（おうふう、一九九六年五月）では、公家日記（古記録）と古文書（太政官符等）とを共に「記録体」「記録資料」とされている（一一八・七〇頁、他）。同氏は、また、「変体漢文体の歴史」（『講座日本語学７ 文体史Ⅰ』、明治書院、一九八二年八月）を執筆された折には、「記録体」でなく、「変体漢文」という用語を使われている。

だが、古文書の扱い方は同様である。これらに先行して、松下貞三氏は、国語国文学の主流から遠ざけられていた「記録を国語研究の対象とする」ため、「あらゆる角度から記録体の性格を検討しようとするものである」として、「記録体の性格——吾妻鏡を中心として——」（『国語国文』第二〇巻第九号、一九五一年一二月）について論じられた。「記録体とは公卿の日記や記録等の文章をさす。これらの文章は往来物等と共に和化漢文と呼ばれるが、往来物とは一応区別されてゐる。本稿は吾妻鏡を主な研究対象となし、明月記玉葉台記権記小右記御堂関白記、及び同時代の公文書を補助対象とする」と前置きされ、その記載様式・語彙・語法・文章構成等にあらわれた性格について論及された。この「公文書」とは太政官符をさし、やはり、二者を同じものとされている。

こうした見方は、ある意味で正しいであろう。というのは、公家や官吏は、公務中は文書語を読み書きし、帰宅後は記録語を綴るのであるから、(26)当然のことのようでもある。しかし、言語の研究のためには、二者を、一旦、分けて、対処していくべきではなかろうか。これは、歴史学（前節）におけるところに追随してのことではない。それぞれの性格や機能は異なるのであり、その間には、次のような相異点があると考えられるからである。

イ、時代—古記録の資料は、平安時代、九世紀以降に登場する。古文書は、少なくとも七、八世紀に遡る。ここには、資料ジャンルや言語の年代性に相異がある。

ロ、言語主体—古記録の記主は中央の公家や官吏であり、原則として男性である。古文書は、中央官人から地方官人、また、武士・百姓、寺社、男性・女性、その他によって執筆される。

ハ、様式・書式—古記録は、一応、自由である。古文書は、公式様文書はもちろん、書札様文書でも従うべき様式・書式がある。帳簿類でも、大なり小なり同様である。対者・読者が存在するからである。

ニ、執筆姿勢—古記録は、日々の備忘・記録の記事を主とし、時に、喜怒哀楽の感情を吐露する。古文書類は、多く、対者に働きかける形で執筆され、成立する。

古記録と古文書との間には、この他にも、用紙の用い方や字体の選択、その他、様々な相違点はあろうが、主な点だけをあげた。ただし、これらの相異点は絶対的なものではない。平安・鎌倉時代以降なら言語年代は同様であり、言語主体も重なるところはある。様式・書式でも、二者は連続的であり、古記録であっても自己、あるいは後裔といった対者がいるし、古文書であっても後日のための証書・記録として機能する場合もある。しかし、資料の特性を尊重しながらそれ相応の検討を加えようとすれば、こうした二極対置の方法も必要であろう。

問題は、右が言語研究の面にどんな意味をもつかということである。これにつき、例えば、次のような視点が可能となるのではなかろうか。すなわち、古記録においては、日夜の行動を律する「時」に関する表現、感情を形容する表現が多いと推測される。これは、語彙の面にも反映しよう。官位官職・儀式・物忌・天候などに関わる語彙、衣・食・住・調度等に関わる語彙なども豊富であろう。一方、古文書においては、対者(個人・機関・組織・社会)との関わりを表わす表現が発達し、待遇表現や強調表現、また、その語彙・語法などに注目される。文章構成上にも、簡明な合理性・類型性が看取されよう。対者によって文書様式・字体・用語・文体なども選択され、地方語や位相に関する語彙も少なくないであろう。下達文書・上申文書・平行文書、帳簿類、その他、発給・成立事情に応じて、また、さらには、賦課・家地・土産・徴兵・贈答など、時代や情勢に応じて特徴的な言語事象が認められるであろう。朝鮮半島や中国唐代の行政文書の影響も顧慮しなければならない。

以上のように見てくると、古記録と古文書とを、ひとし並みに扱うことには問題がありそうである。何よりも、見えるものが見えなくなってしまう虞《おそれ》がある。それぞれの性格・機能に応じて整理していけば、自ずから問題点や課題が浮上し、目指すべき目標が見えてくるであろう。二者は、まず、別途に検討していくのがよい。二者を統括する一段高い次元は、その後のことである。もちろん、この間、状況によって比較・対照していくことも必要である。

ところで、古記録（日記）は、現実のところ、奈良時代に遡るものは遺存していない。七五七年（天平宝字元）施行の『養老令』の「職員令3（中務省）」を手掛かりに、既に、当時（から九世紀にかけて）、内記局に内記日記や記録があって、『続日本紀』（後半）・『日本後紀』などもこれを原史料としたのではないかとされるが、実際の日記・記録は残っておらず、六九七年（文武元）以来の儀式の詳細を記したという「別記」（『官曹事類』序）や「記文」（『弘仁格式』序）の類（外記日記）があったというが、これも不詳である。(27)「伊吉連博徳書《いきのむらじはかとこがふみ》」（孝徳紀・斉明紀）や「難波吉士《なにわのきし》男《お》人《ひと》書」「安《あ》斗智《とのち》徳《とこ》日記」「調連淡海《つきのむらじおうみ》日記」「和邇《わに》部臣君手《べのおみきみて》記」なども不明である。正倉院文書の内に、具注暦（七四六年〈天平一八〉）に書き込みをしたものがあるが、日記といえるものではない。

古記録は、九世紀後半に「六国史」が途絶え、これと入れ替わるかのようにおびただしく出現してくる。これは、「国家レベルの記録システムが太政官組織から貴顕の『家』へとシフトしてきたことと連動する」(28)もので、ここには記録システムの構造的変動があったとされる。とすれば、九世紀から出現する古記録の源流は、どこにあったのであろうか。全くの無から生ずることはない。大伴家持・池主や平安時代古記録の記主たちの日常をもって推測するに、この源流は、奈良時代の文書語、すなわち、官庁の行政文書語であろう。「六国史」の文体は一様ではないが、右の

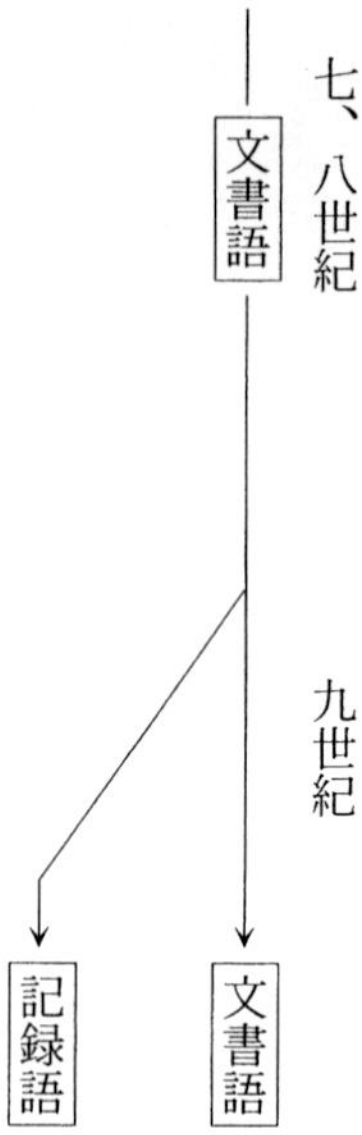

ような内記・外記の日記類の流れもあったであろう。だが、個々人の書記生活を推し量れば、やはり、日常的な文書語が主源流となり、これが九世紀になって記録語（古記録）という分野を花開かせたのであろう。この点、二者は親子関係にあり、また、兄弟関係にあるということもできよう。

ただし、右は、目下のところ、著者の仮説でしかない。だが、もし、その可能性が若干でも認められるなら、ここには時間軸に添って検討すべき問題が横たわっていよう。その一つは、奈良時代の文書語から平安時代のそれへの流れ、もう一つは、奈良時代の文書語から平安時代の記録語への流れの、それぞれ解明である。

文書語には、記録語の場合と同様、それ特有の用字・用語・語彙・語法がある。これらは、文書語を文書語たらしめるものでもあるが、一方、記録語と共通するところも多い。国語の歴史を明かす上では、特にこれら二者の間における共通点と相違点とを分析し、二者の関係を正しく把握しなければならない。右が通時的研究であれば、これは共時的研究であり、これらを統合するところに、文書語・記録語を総合した「変体漢文の研究」が位置しよう。

今日、記録語研究が先行し、盛行を迎えていることはよいことである。しかし、ことはこれひとりで完結するわけではない。その次代の言語体系はもとより、文書語、その他に対する配慮を怠れば、あるいは逆に、記録語、その他に対する配慮を怠れば、それぞれ近視眼的な記述に終始し、本末を混同するような事態を生ずるかも知れない。(29)

その一例として形式名詞「間《あひだ》」を取り上げよう。この活用語連体形を承接する形式名詞「間」には、時間的継続や原因・理由を表す用法がある。これは、かつて、変体漢文（古記録）独特の特有語とされ、その文章様式の指標と目されもした。しかし、時間的継続を表す用法は、奈良時代の『古事記』『風土記』『続日本紀』宣命、また、藤原仲麻呂・吉備真備の文書などの諸文体・諸資料にも見られ、のみならず、敦煌変文や『金剛波若経集験記』『遊仙窟』『太平広記』、鳩摩羅什訳『妙法蓮華経』、その他の中国文献にも認められることが報告された（後掲、鈴木恵「原因・理由を表す『間』の成立」・船城俊太郎「『間』の遡源」）。それから転じた原因・理由を表す用法も、変体漢文に生ずるとされたが（峰岸明著『変体漢文』、二三一頁）、鈴木氏は、この用法の成立時期と成立原因を考察し、その最古例に次のe（延喜五年）があり、遅くとも延長・承平年間頃（九二〇～九三〇）には確かに成立していたとされた。その後、辻田昌三「あひだ（間）」（『国語語彙史の研究』七）により、上代の宣命や『古事記』に同様の用例のあることが指摘され、鈴木氏も、その後の調査によってこれを検証し、「かかる用法は、上代において既にその『萌芽』『徴候』が見られる如くに付言する必要があるようである」（「和化漢文に於ける形式名詞の新生と分化について」、『鎌倉時代語研究』第一七輯、四九頁）と述べられる。鈴木氏は、この用法が、古記録と古文書とのいずれに出るものかという点には興味がなかったようだが、これは行政文書の中で成立した文書語の一つであり、しかも、その成立は、八世紀に遡る可能性が大きい。

この点に関し、佐藤喜代治「古文書の文体」（後掲、『書の日本史』第九巻、四九頁にa・b・dの例）・『日本文章史の研究』（一一六頁にcの例）には、次のような用例が示されている（e・fは鈴木氏による）。

a　辛苦之間、人夫持少々粮皆食（後略）

（『平城宮木簡二』、二二二一、〈140〉・〈30〉・4　081）

b　然則欠負之輩未レ得二解由一之間。不レ可二輙得一レ入レ京。若為処分。謹請二官裁一者。

（八四八年〈承和一五〉五月一四日太政官符、『類聚三代格』巻五、『新訂増補国史大系』、二四八頁）

c　国司雖レ欲下拠二件格一以紀行上。而寄二事貢御一。強称二旧跡一。嗷論之間、不レ得二輙改一。望請（後略）

（八七一年〈貞観一三〉六月一三日太政官符、『類聚三代格』巻一八、『新訂増補国史大系』、五八三頁）

d　甲之所レ行。乙還妨レ之。執論之間。政事擁滞。望請（後略）

（八八一年〈元慶五〉八月二六日太政官符、『類聚三代格』巻五、『新訂増補国史大系』、二二七頁）

e　庄厳已成之後、両卿相次薨卒、其後麻毛利宿禰一女子佐伯氏子居二住彼寺一、而不治之間、令レ破二壊数屋一、竟発二

邪心一、彼田地奉レ沽二故閑院大臣（藤原冬嗣）一、即買留、

（佐伯院付属状、九〇五年〈延喜五〉七月一一日、『平安遺文　古文書編』第一巻、二四二頁）

f　刑部卿従二東門一退出者、式部輔・丞皆称レ病不レ参、召二代官一間、巳四点政始、可レ免二近衛官人勘事一

（貞信公記、九三一年〈承平元〉二月一一日、『大日本古記録』、一三六頁）

鈴木氏の再調査では、さらに、七六六年（天平神護二）の「越前国諸荘荘券」や八一五年（弘仁六）の「五百井女王家施入状」、『古事記』（中巻・応神天皇）などの用例が検出できたとされる。従って、この用法は、まず、八世紀の木簡や古文書以下に見え、次いで、一〇世紀の『貞信公記』『九暦』『将門記』などの古記録に見えることになる。これをもって推測するに、この用法は、八世紀の太政官三局以下の行政文書の世界に生じたものと考えられる。つまり、形式名詞「間」は、七世紀の終り頃に中国唐から日本へ伝わり、八世紀の官人たちの日常的な文書語の一つとなる（時間的継続用法）、これが九世紀以下の文書語・記録語へと流れていく、この間において、原因・理由を表す用法も始まったが、その場は、やはり、八世紀の文書語の世界であったのであろう。

同様のことは「了《をはんぬ》」についても認められる。[30] これも、かつては変体漢文（古記録）に特有の語法とされていた。この他、従来、記録語（変体漢文）と称されてきたものの全般について、――形式名詞「條（条）」「由」「所」「處（処）」なども含め――改めて、古文書の側から検証していかなければならない。「被《る・らる》」の尊敬用法（辛島美絵氏、六四頁参照）も、奈良時代の古文書に遡る可能性がある。

繰り返せば、八世紀・九世紀前半くらいまでにおける書記言語の中枢部に位置するのは〝文書語〟であり、その所産が〝古文書〟である。場合によっては、いちいち、文書語という必要もなかろうし、また、文書語にもそれなりの限界があるであろう。その後においても、〝文書語〟は、書記言語界の大きな潮流をなすことになるが、一方に〝記

録語〃（公家の日記）の流れができ、これが一大潮流ともなるにつれ、両者それぞれ独自色が目立つようになるのであろう。

さて、前後するが、古文書は、次のような表記様式・文体で綴られる。ここでは、主に古代の文書を引いておこう。

①・御門方大夫前白上毛野殿被賜
・□□□□［　　］□□□□
（『藤原宮木簡一』九、SD一四五溝、219・24・3　6011）

②・卿等前恐々謹解□(寵カ)□［　　］
・卿尓受給請欲止申
（『藤原宮木簡一』八、SD一四五溝、〈206〉・21・1　6019）

③・椋□(直)伝之我□(持)往稲者馬不得故我者反来之故是汝卜マ(部)
・自舟人率而可行也　其稲在処者衣知評平留五十戸旦波博士家
（滋賀県野洲郡・西河原森ノ内遺跡出土木簡、溝跡二二〇五の上層、一号木簡、401・35・2　011）

④・十月廿日竺志前贄□□(寸尓カ)留　多比二生鮑六十具 鯖四列都備五十具
・須志毛十古　割軍布十古
（九州歴史資料館『大宰府史跡出土木簡概報一』、7、311・29・3）

⑤
「写書所」
政所符　　呉原生人等
筆漆管　　墨壱拾陸廷
右、且附二飽田石足一、所レ充／如レ件、故符、
「次官佐伯宿禰今毛人」
勝宝六年四月廿二日
（造東寺司紙筆墨軸等充帳(31)）

⑥
献東大寺
書屛風弐帖十二扇。並高四尺六寸五分、広一尺九寸五分。面五色紙、有二真草雑書一。（中略）
右件屛風書者、是　先考正一位／太政大臣藤原公之真跡也。妾之／珍財、莫レ過二於此一。仰以奉レ献二盧舎／那仏一。願因二妙善一奉レ薫二冥資一、早遊二／花蔵之界一、恒対二芳閣之尊一。
天平宝字二年十月一日
太保従二位兼行鎮国太尉藤原恵美「朝臣」（自署）
参議従三位行武部卿兼坤宮大弼侍従下総守巨勢朝臣「関麻呂」
（東大寺献物帳）(32)

右の内、①②は、藤原宮時代（六九四～七一〇年）の文書木簡で、その前者は、「（宛先）の前に白《まを》す、……被《る》レ賜《たまは》一」と読む。上申文書であるが、「前に白す」という語法は「養老令（公式令）」の「解式」より「古様」のものとされる。(33)唐代文書行政の影響を受ける前の文書様式・文書行政のあり方に注目される。(34)「大夫」「上毛野殿」は尊称らしい。後者は、卿《まえつきみたち》等への上申文書で、「（宛先）の前に恐々《かしこみかしこみ》謹《つつし》みて解《まを》す、……受給《うけたまは》り請《こ》は欲《む》と申《まを》す」と読む。①の変形のようである。助詞の一部を万葉仮名（尓・止）で、かつ、正訓字と同大に書く。この部分の書き方は、いわゆる宣命大書体といわれる文体（表記体）になるが、これは、宣命に出るものでなく、また、『万葉集』の非略体歌に由来するものでもなく、正訓主体の散文（変体漢文）を原則的に継承し、それを基盤としながら、正訓字と音仮名を対照的に用いて読みやすさを考えたものとされる。(35)「卿」は、「養老令」では八省の長官をいうが、これも単なる尊称らしい。語序、また、「御」「白」「被レ賜」「受給」「申」や尊称の類は、これらが日本語文であることを示している。

③は、七世紀第4四半期に遡る文書木簡である。評司（郡司）よりも下の階層の人々が、稲の運搬に関してやり取りした文書の一つで、(36)「椋直《くらのあたひ》伝ふ。我が持ち往《い》きし稲は、馬を不《え》レ得《ず》。故《かれ》、我は反り来る。故《かれ》、是《ここ》に汝卜部、／自《みづか》ら

舟人率《ゐ》て可レ行《いくべき》なり。其の稲の在処《ありか》は衣知評《えちのこほり》平留《へるの》五十戸《さと》の旦波博士家《たんばのはかせのいへ》そ」と試読される。「和文を日本語の語順のままに漢字で表記しており」[37]といわれるほどに和文がかった書き方であるが、漢文の助字や返読もあり、やはり、基本的には変体漢文として、そのより和文的表記にあるものとして対処されよう。当時、既に、こうした文体が、地方の郡部、下級官吏などにおいても一般的に行われていたらしい点には注意される。

④は、竺志前（筑前）国から大宰府に届けられた贄の品目を記した八世紀初頭の木簡で、帳簿作りの資料らしい。万葉仮名や訓字による名詞、「具」「列」「古」などの助数詞が見える。「名詞＋数詞＋助数詞」という書き方は、文書行政上、文書・帳簿類に義務付けられていた記載方式であろう。「具」は助数詞「貝」かも知れない。「賦役令」などにより、貢進物の称呼や数量の単位（単位・助数詞）、それらの表記法なども改定されていく。

⑤は、七五三年（天平勝宝五）から七五五年までの間に、造東大寺司政所が写経所に下した符の正文を貼り継いだ帳簿の一種である。佐伯今毛人（造東大寺司次官）の自筆になるが、今、やや細い薄墨の追筆部（同筆）を「　」に包んだ。「符」は、上の役所から下の役所に下す命令書・伝達書の様式である。位署を本文の次、日付の前に置く点が他の様式の文書と異なる（公式令、13符式）。しかし、位署の位置が外れたり、差出所が省かれたり、また、施行を命ずる文言（「符到奉行」）が規定に外れたりする例は少なくないようである。[38]

⑥は、光明皇太后が、父不比等の真跡屛風を東大寺大仏に献上した際の「東大寺献物帳」である。実質は詔勅であり、右とは対照的に多分に漢文体的である。だが、「右件屛風書者」の用法や闕字は「公式令」（14牒式・38闕字式）の規定のとおりであり、「莫レ過二於此一」も文書に慣用の強調表現の一つである。「太保」「鎮国太尉」「武部卿」「坤宮大弼」などは、この年（七五八年〈天平宝字二〉）八月に恵美押勝が改めた唐風の官名だが、これらも文書においてこそ一層の威力を有するのであろう。

七、八世紀、また、その後における古文書については、既に多々紹介されているので[39]、以下、省略する。

古代から中世、あるいは、近世までの間には多様な文書・帳簿類があり、中には正格漢文体（純漢文）と大差ないものもあれば、仮名書き（真仮名・片仮名・平仮名）を交えたものや宣命書きのものなどもある。だが、個別的な事例はともかく、また、語弊を懼れず繰り返せば、この種の文書類、および、帳簿類は、変体漢文を基調とするというべきであろう。一般的に、外見上は漢字・漢文体のようであるが、その内実は、日本人が日本語の文章（字音語を含む）を綴ったものが多く、これは当初から日本語として読むことが期待されているのである。それ故、「和化漢文体は、日本語を表現の基盤としていることから、和文体の下位に分類するのが実情に適っていよう」と述べられる先学もある[40]。よく理解できる趣旨である。しかし、そうはいっても、これはこれで躊躇される。変体漢文は、日本語の音声的側面を顧慮しないが、一方の和文体は、基本的には線状的な音声言語をそのままに表記する。変体漢文は、原則として活用語の語形や付属語などの表記を意図しない。これらには、表現主体の意志・感情が集約的にこめられ、和文体は、ここをもっとも大切にする。変体漢文体は、そうした和文体の特長とする繊細な表現方法を犠牲にして漢文体にならったのであり、志向するところは別にあったと推測される[41]。古代における文字、すなわち、漢字のあり方については、刀剣銘や刻銘土器・墨書土器、呪符木簡などによって解明されつつある[42]。七、八世紀においても日本人の漢字・漢文に対する想いは格別であり、内実はともかく、結局は漢字・漢文という外形、すなわち、形式を尊ぶことになったのであろう。加えて、古文書の場合、これは「公式令」によって明瞭に規定されている。「公式令66」には、およそ公文《くうもん》はことごとく「真書《しんしょ》」（楷書）に作れ、およそ簿帳《ふちょう》・科罪《かざい》……・抄牓《しょうぼう》の類の数あらんものは「大字《だいじ》」に作れとある。この条は、「唐令」[43]を踏まえるようだが、こうして国際法にも等しい隋・唐の「律令」に倣い、また、漢字文化圏に位置すること自体が、当時の日本における至上課題の一つであったのであろう。

注

（1）佐藤進一著『新版古文書学入門』（法政大学出版局、一九九七年四月、一頁）。二五年前に出された「旧版」（一九七一年九月）の一頁にほぼ同じ。

（2）「新版」では、ここに〔補注一〕が付され、この規定は、少し狭すぎるようだとされている（同書、二頁）。現在の古文書学界では、「定説的な古文書学の概念に含まれない文字資料」が多数あり、これらをいかに理解し、いかに位置付けるべきか問われている（三一三頁）。この点に関連しては、佐藤進一「中世史料論」（『岩波講座　日本歴史25』別巻2、一九七六年、同著『日本中世史論集』、岩波書店、一九九〇年）、また、早川庄八著『宣旨試論』、さらに、石上英一・杉本一樹・富田正弘・村井章介・山下有美、その他の所論も参照される（「序」、注(5)文献）。

（3）太田晶二郎「国語学者も古文書を見よ（格助詞「ヲ」を表記する「矣」）」（『日本歴史』第六二号、一九五三年〈昭和二八年〉七月）。『太田晶二郎著作集』、第三冊（吉川弘文館、一九九二年三月、一八二頁）に再収する。
また、佐藤進一「よいテキストへの願い」（『早稲田大学蔵資料影印叢書　月報8』、一九八五年一二月）には、影印を生かすにも翻字が大切であり、種々の索引作成も必要であるとされながら、「古文書における語彙・文章・用字の研究はまことに乏しい」として、若干の疑問点を示し、「以上、試みに挙げた古文書における用字・語彙・文章の研究、またその為の種々の索引の作成は、歴史家の多くはこれを国語学者に任せたつもりで興味を示さないし、国語学者は余り古文書を利用しないから、私の願いは一向に叶えられそうになかった」とある。

（4）佐藤喜代治編『国語学研究事典』（明治書院、一九七七年一一月）。「資料編」の目次（一〇〜一六頁）参照。

（5）相田二郎『日本の古文書』上（岩波書店、一九四九年一二月、一頁）。

（6）富田正弘「中世史料論」（『岩波講座　日本通史』別巻3、岩波書店、一九九五年一二月、二一頁）。

（7）佐藤進一著、注(1)文献（三頁）。

（8）宝月圭吾「日本の古文書」（『言語生活』第二四三号、一九七一年一二月、二〇頁）。

（9）中国語は、朝鮮半島の人々にとっても異国語である。朝鮮語と日本語は語順が近しい。その返読方法や符号の用法などは、渡来人・帰化人たちに学ぶところもあったであろう。

（10）ここでは主に白・墨・朱などの筆による訓点をいうが、精査したわけではない。

(11) 文体の類似する『将門記』、あるいは「古《こ》往来《おうらい》」、また、中世の『御《ご》成敗式目《せいばいしきもく》』や『東鑑《あずまかがみ》（吾妻鏡）』などの振り仮名資料も同様であろう。

(12) この種の文体につき、左記が参照される。

「東鑑体」――吉沢義則「語脈より観たる日本文学」（『国語説鈴』、立命館出版部、一九三一年九月）

「変体の漢文」――橋本進吉著『国語学概論』（岩波書店、一九四六年一二月、一五五頁）

「和化漢文」――春日政治「上代文体の研究」（『国語叢考』、一九四七年九月、一～三九頁）

「変体漢文研究の構想」――築島裕著『平安時代の漢文訓読語につきての研究』（東京大学出版会、一九六三年三月、第七章第三節）。もと、『東京大学人文科学科紀要』（第一三号、一九五七年八月）に掲載。

「記録語・記録体の概要」――峰岸明著『平安時代古記録の国語学的研究』（東京大学出版会、一九八六年二月、序章、第二節）。

なお、本書では、「変体漢文」と「和化漢文」とを同義とし、この下に「記録体（記録語）」と「文書体（文書語）」を並置する。「変体漢文（和化漢文）」の名称につき、できれば「日本常用漢文（体）」といい換えたいのであるが（拙稿「色葉字類抄畳字門語彙についての試論――「闘乱部」語彙の場合」〈『国語語彙史の研究』八、一九八七年一一月、九六頁〉）、これらの用語は、今日、既に、錯綜気味であるので、ここでは控えたい。

(13) 築島裕著『平安時代語新論』（東京大学出版会、一九六九年六月、五頁、一〇～一七頁）。

(14) 築島裕著『国語学』（東京大学出版会、一九六四年五月、第六章）。右の注(13)文献では、変体漢文は、「その正格からはみ出した形で記したといふことはあるにしても、全面的に漢文から離脱しようとした意識があつたとは私には考へられない。漢文を正規のものと考へる意識は極めて強かつたのであつて、寧ろ漢文に依存しようとする姿勢の一つの変形とさへ考へられると思ふ」（一一七頁）とある。

「法隆寺薬師仏造像記」（丁卯年〈天武持統朝頃製作〉）につき、前田富祺「古代の文体」（『講座国語史6』、大修館書店、一九七二年二月）では、これは国語の特色を生かすために、意識的に国語文との調和を計った文体で書かれているとされ（六五頁）、また、小松英雄著『日本語書記史原論』（笠間書院、一九九八年六月）では、「この銘文は、日本語話者が日本語に基づいて考えた内容を中国語古典文の構文規則を利用して綴ったものである。和／漢の要素が交えられているという意味では和漢混淆、ないし和漢折衷であるが、中国語と日本語との構文規則を、無秩序に、あるいは、恣意的に混和して綴られた文章ではない。比喩的に言うなら、当時、書記に関して無脊椎動物であった日本語が、中国語古典文の脊椎を借用し、疑似脊椎動物として行動している、といったところである。（後略）」（二一六頁）と述べられる。

なお、「造像記」の「丁卯年」は六〇七年（推古天皇一五）をいうが、像は、六七〇年（天智九）法隆寺火災以後の再興にかかるとする説が有力である（奈良国立文化財研究所飛鳥資料館編『飛鳥・白鳳の在銘金銅仏』〈同朋舎、一九七九年、一四四頁〉）。

(15)　築島裕著、注(12)文献、「変体漢文研究の構想」。

(16)　峰岸明著『変体漢文』（「国語学叢書11」、東京堂出版、一九八六年五月、一六頁）。

(17)　峰岸明著、注(16)文献（五頁）。

(18)　峰岸明著、注(16)文献（二七七～二八四頁）。

(19)　峰岸明著『平安時代古記録の国語学的研究』（東京大学出版会、一九八六年二月、「導言」、一頁）。

(20)　拙稿「『高山寺本古往来』の構成について」（高山寺典籍文書綜合調査団編『高山寺典籍文書の研究』、東京大学出版会、一九八〇年一二月）。

(21)　吉田金彦・他著『訓点語辞典』（東京堂出版、二〇〇一年八月）でも、「古記録」の種類・伝存状況・資料の性格・言語・資料の価値などについて執筆され、また、「古往来」についても執筆されているが、「古文書（の言語）」は含まれず、対象外とされている。

(22)　早いところでは、武藤元信「記録文の特色」（同遺著刊行会発行、一九二九年〈昭和四年〉九月、初出は『東洋学芸雑誌』第三三八号、一九〇九年〈明治四二年〉一一月）、松本愛重「記録に見えたる如泥の語に就いて」（『国学院雑誌』第三八巻第三号、一九三二年〈昭和七年〉）、同「松容の語を説明して大日本史の誤を弁ず」（同誌、第三九巻第一号、一九三三年）」があげられる。その後には、青木孝・亀田定樹・浅野敏彦・遠藤好英・小川栄一・梶原正昭・後藤英次・小林芳規・桜井光昭・佐藤喜代治・重見一行・鈴木恵・関靖・高松政雄・築島裕・馬場治・原栄一・東辻保和・藤原照等・布施秀治・舩城俊太郎・堀畑正臣・前田富祺・松下貞三・山口佳紀・吉野政治、その他、各氏の論文が発表され、記録語中心の著作として左記がある。

斎木一馬著『古記録の研究』、二冊（吉川弘文館、一九八九年三月）。
清水教子著『平安中期記録語の研究』（翰林書房、一九九三年五月）。
中山緑朗著『平安・鎌倉時代古記録の語彙』（東苑社、一九九五年九月）。
小山登久著『平安時代公家日記の国語学的研究』（おうふう、一九九六年五月）。
峰岸明著、注(16)・(19)文献。

関連して、亀田定樹著『中古中世の敬語の研究』（清文堂出版、一九七六年）にも関係論文が収められている。

橋本義彦・他著『日本歴史「古記録」総覧』の「古代中世篇」（新人物往来社、一九九〇年一二月）参照。

(23) 黒板勝美著『虚心文集』第五巻（吉川弘文館、一九四一年七月、「古文書学概論　第二部　古文書様式論」、二三二頁）。
東野治之「奈良時代以前の解」（『鎌倉遺文　月報23』、一九八二年九月）。

(24) 東野治之著『長屋王家木簡の研究』（塙書房、一九九六年一一月、一二九頁）。

(25) 先学によれば、この官僚機構も、九世紀の終りを過ぎる頃から退化し始め、次第に有名無実となっていくにつれ、古代の官僚制的秩序に規制された舌足らずの難解な漢文で書かれた文書も、和文文脈による親しみやすい形の書札様文書へ向かっていった、ただし、これは、書状の礼の厚薄を重視する書札礼の時代でもあった、日本の古文書は、古代の形式主義から中世の因習的繁雑さに向かった、とされる（弥永貞三「日本の古文書と書札礼――極東文化の二つの道――」『古文書研究』第四四・四五合併号、一九九七年三月）。

(26) 公家や官人たちの全てが日次記を書くわけではなかろうが、むしろ、彼らの――都でも国府・郡衙などでも――日常的な書記生活（文字言語）の中では文書語との接触が多かったろうことを忘れてはならない。また、こうした書記生活は、口頭語（音声言語）生活と併存し、相互に影響し合うこともあったと推測される。

なお、貴族の生活については、橋本義彦著『平安貴族社会の研究』（吉川弘文館、一九七六年九月）、有精堂編集部編『平安貴族の生活』（有精堂出版、一九八五年一一月）などが参照される。

(27) 「内記《ないき》日記」は、中務省の内記が天皇の動静について記録した公的日記。養老職員令（中務省条）に、内記（大中少）は御所の記録を行うとあり、考課令にも内記は「明二於記事一」とある。「外記《げき》日記」は、太政官の左右弁官局の大少史が宮中における恒例臨時の儀例などを記録した公日記（詔書や論奏・奏事を担当するのは大少外記）。当番の史生が清書し、文殿に納めたので「外記文殿日記」「文殿記」などともいう。各官司でも、その主典によって官内の公文書授受・儀式次第を記録したはずだが、詳細はわからない。

なお、中西康裕「『続日本紀』編纂の前段階」(『続日本紀研究』第三二三号、一九九九年) 参照。

(28) 村井章介「中世史料論」(『古文書研究』第五〇号、一九九九年一一月、四六頁)。

(29) 峰岸著、注(16)文献では、a「思うに、古記録の文章は、古文書の表記・語彙・文法の如きものを文体基調とし、史書の用語などもそこに関わって形成されたものと見ることができるのではあるまいか」(三一七頁) と述べられ、この点についての配慮がなされているかのようである。しかし、一方、b「古記録の言語は、当代の貴族教養層の言語の中から漢文訓読語を基盤として形成された文章語と理解すべきものであろう」(二〇五頁) とも述べられる。古文書の言語も漢文訓読語と無縁ではないので、著者の真意がどこにあるのか測りかねるが、本書における古文書の言語についての配慮は希薄であり、aの部分も二、三頁をもっての発言に過ぎない。

(30) 舩城俊太郎「了(ヲハンヌ)」考——〈変体漢文〉研究史にまでおよぶ——」(『人文科学研究』第百輯、一九九九年八月)。

(31) 『大日本古文書(正倉院文書)』第一三巻、八・九頁の間にコロタイプの図版を収める。

(32) 『大日本古文書(正倉院文書)』第四巻、三三六・三三七頁の間にコロタイプの図版を収める。

(33) 奈良国立文化財研究所編『藤原宮木簡一』(一九七八年一月、「解説」の「付章」、三四頁)。

(34) 「前白」文書については、早川庄八著『日本古代の文書と典籍』(吉川弘文館、一九九七年五月、九頁、六六～七八頁) に詳論がある。

(35) 沖森卓也著『日本古代の表記と文体』(吉川弘文館、二〇〇〇年五月、一一六頁)。

(36) 山尾幸久「森ノ内遺跡出土の木簡をめぐって」(『木簡研究』第一二号、一九九〇年一一月)。

(37) 稲岡耕二「国語の表記史と森ノ内遺跡木簡」(『木簡研究』第九号、一九八七年一一月) では、この三字目を「傳」、もしくは「俌」と考える。一方、六字目は「持」と読む可能性は乏しいとされる。

(38) 沖森卓也・佐藤信著『上代木簡資料集成』(おうふう、一九九四年二月、九三頁)。

(39) 早川庄八著、注(34)文献(二四頁)。

奈良国立文化財研究所編『藤原宮木簡一～二』・同『平城宮木簡一～五』・同『平城京木簡一～二』、向日市教育委員会編

『長岡京木簡一〜二』、また、沖森・佐藤著、注(37)文献、宮内庁正倉院事務所編『正倉院古文書影印集成』（現在一四冊刊行）、『大日本古文書』、『寧楽遺文』『平安遺文』『鎌倉遺文』『南北朝遺文』『戦国遺文』、その他。

なお、佐藤進一著『新版古文書学入門』では、「古文書の伝来」として各種の文書について紹介されている。また、『日本歴史「古文書」総覧』（新人物往来社、一九九二年四月）参照。

(40) 沖森卓也著、注(35)文献（七三頁）。

(41) 西宮一民著『日本上代の文章と表記』（風間書房、一九七〇年二月、五四・五七頁）では、変体漢文には、漢文体であろうとして不注意にも日本的な破格をもたらした場合と、基本的に漢文体に依拠しながら、積極的に日本語的表現を導入する場合との二種類があるとされ、『古事記』は、漢文機能をフルに活用し、結果的に和文としてもっとも効果的に読める文体として「変体漢文」を採択したのだと述べられる。

(42) 平川南著『墨書土器の研究』（吉川弘文館、二〇〇〇年一一月）。

(43) 仁井田陞著・池田温編集代表『唐令拾遺補』（東京大学出版会、一九九七年三月、七四〇頁）。

ここでは、「諸上書及官文書皆為真字、（中略）大字」云々と見える。

第二章　研究史と研究課題

第一節　はじめに

古文書の国語学的研究が、和歌や物語・訓点資料・古記録、また、抄物・キリシタン資料、その他を資料とする研究に比して格段に遅れていることについては先にも述べた。国語学者の手になる「国語辞書」がものの用に立たず、ことに中世古文書の研究などの場合、国語学からの助力には難儀があるとされてきた。(1) 国語学者は、文学書に拘泥するあまり、置いてけぼりをくってしまったのであろうか。

『ことばの文化史　中世（1〜4）』という小シリーズの「刊行のことば」の中に、次の一文が見える。

歴史研究の史料として文字が大きな比重を占める以上、史料の中のことばを注意深く検討して、史料の作成者および同時代の読者が理解したのと同一の解釈に達することが、文字史料利用の第一の前提でなければならないが、ことばの史的検証というこの自明の前提が見過ごされる傾きはなかったであろうか。(2)

この冷徹な、かつ、真摯に内省する言葉は、国語学の側から発せられたものではない。それが、まず残念であるが、この発言も、また、シリーズ四冊に収める各論考も、現今、国語学の側、少なくとも著者などからすれば、とても手の届かないレベルにある。「文字史料」も「ことばの史的検証」も、国語学者こそ、これを専らとするはずではなかったか。その「歴史研究」を「国語史研究」に、「史料」を「（国語学研究）資料」に置き換え、国語学研究のための文字資料のあり方、文字資料利用のための「第一の前提」、また、研究姿勢について学びたく思う。

しかし、古文書の国語学的研究は、そうはいいながらも、まったく低調であったわけではない。ことに、近年には新しい局面を迎えつつある。以下には、これまでの先学の足跡をたどり、併せて、今後の向かうべき方向と課題について考えたい。ただし、「変体漢文（和化漢文）」「古記録」、および「和漢混淆文」などに関する論考は枚挙にいとまがない。紙幅に限りもあるので、できるだけ新しい論考を優先し、最近の動向を把握することに努めたい。

なお、従来、古文書学では奈良時代・平安時代の古文書を「古代文書」（古代の古文書）とし、これを前提とする鎌倉時代以後、近世前の古文書を「中世文書」（中世の古文書）とする。だが、国語史上、奈良時代と平安時代とでは、音韻・表記の体系以下に大きな差異がある。木簡などの出土文字資料が増加し、また、「公式令」の実像がはっきりしてきた今日、古代文書という表現は曖昧でもある。ここでは、奈良時代の古文書として木簡と正倉院文書とに言及し（第二節）、次いで、第三節として平安時代から中世に及ぶこととする。また、平安時代以降の仮名文書については、これを第四節として別に扱う。いわゆる漢文文書と仮名文書とでは、研究資料としての対処法が異なるであろう。

第二節　奈良時代の古文書

1　木簡資料

古文書学の世界では、古代の木簡類、中世・近世の古文書類、また、地方文書などの発掘・公刊が相次いでいる。特に、古代を中心とする出土文字資料として、木簡や漆紙文書、また、墨書・刻書土器、金石文などが注目される。

ことに、木簡類は、前世紀後半より、全国各地で発見されるようになり、今日、「木簡学」という形で大きく展開しつつある。すなわち、一九六一年（昭和三六）一月、奈良国立文化財研究所による発掘調査で平城宮跡中央北部（大膳職跡）から四〇点の木簡が発見され、一九六六年一二月には、藤原宮跡からもこれが出土した。爾来、木簡は、飛鳥京、藤原宮、平城宮・京、長岡京などの都城の遺跡から、また、長野県の屋代遺跡群・新潟県の八幡林遺跡・静岡県の伊場遺跡・徳島県の観音寺遺跡、大宰府跡や多賀城跡、その他の地方官衙・城柵などの遺跡から陸続と発掘されだした。[3] このような状況の中で、一九七六年（昭和五一）一月、奈良国立文化財研究所の主催で「第一回木簡研究会」が開催され、三年後の一九七九年三月、「木簡学会」が発足した。これは、「木簡に関する情報を蒐集・整理し、木簡そのものについての研究・保存を推進するとともに、その成果の普及をはかり、史料としての活用に資することを目的とする」もので、その秋には学会誌『木簡研究』（年刊）も創刊された（一九七九年一一月）。木簡そのものについても、『平城宮木簡一』（奈良国立文化財研究所編、一九六九年一一月）、『藤原宮木簡一』（同研究所編、一九七八年一月）、『長岡京木簡一』（向日市教育委員会編、一九八四年一〇月）、『平城京木簡一――長屋王家木簡一――』（奈良国立文化財研究所編、一九九五年六月）以下の形で良質の図版が公刊されてきた。これらの新出史料により、それまでにおける史料の欠如という大きな壁が崩れ、古代学に関わる諸方面の、また、各機関における研究はめざましく進展し、かつては想像すらもできなかったような史的事実も判明してきた。新出史料は、あたかも湧出する泉のようであり、世に出る研究成果は、まさに百花繚乱といったところである。この趨勢は、目下、とどまるところを知らない。

木簡や漆紙文書、さらに金石文や墨書土器・刻書土器などの新出文字資料の取り扱いについては、格別の配慮が必要である。考古学・文献史料学・国語学・国文学・書道史・美術史・民俗学・民具資料学など諸々の隣接科学、また、中国・韓国等の簡牘学など、領域や国境を越えた学際的研究が望まれ、現に、そうした研究姿勢が着実に実を結びつつあるようである。なかんずく、国語学の方面からは、国語学研究資料としての木簡の意義、古代日本人の文字生活・文字言語に関する問題、仮名表記・訓字表記の問題、万葉仮名や音韻、異体字、和語の発掘、語彙・文体、漢文訓読や音義木簡等に関する問題などが論じられている。新出資料を踏まえ、それぞれに新鮮な成果があげられているが、主なところをあげれば、阪倉篤義「国語史料としての木簡」(『国語学』第七六号、一九六九年(昭和四四)三月)、同「木簡の語る世界」(『言語生活』第二四三号、一九七一年二月)、東野治之著『正倉院文書と木簡の研究』(塙書房、一九七七年九月)、同『日本古代木簡の研究』(塙書房、一九八三年三月)、同『長屋王家木簡の研究』(塙書房、一九九六年一一月)、小林芳規「平城宮木簡の漢字用法と古事記の用字法」(『石井庄司博士喜寿記念論集上代文学考究』、塙書房、一九七八年五月)、同「飛鳥池木簡に見られる七世紀の漢文訓読語について」(『汲古』第三六号、一九九九年一二月)、同「字訓史資料としての平城宮木簡――古事記の用字法との比較を方法として――」(『木簡研究』第五号、一九八三年一一月)、杉村俊男「奈良朝の実用文における漢文体の和風化について」(『共立女子短期大学文科紀要』第二二号、一九七九年二月)、同「上代史跡より出土せる木簡の国語研究資料としての調査報告」(同誌、第二三号、一九八〇年二月)、同「上代木簡に表記された国語語彙の検討」(同誌、第二四号、一九八一年二月)、同「上代木簡における国語表記のさまざまな方法について」(同誌、第二五号、一九八二年二月)、佐藤茂「国語資料としての金石文・木簡・古文書――これからの研究序説として――」(福井大学『国語国文学』第二二号、一九七九年二月)、稲岡耕二「木簡と表記史」(『松村明教授古稀記念国語研究論集』、明治書院、一九八六年一〇月)、同「国語の表記史と森ノ内遺跡木簡」(『木簡研究』第九号、一九八七年一一月)、小谷博泰著『木簡と宣命の国語学的研究』(和泉書院、一九八六年一一月)、同『上代文学と木簡の研究』(和泉書院、一九九九年一月)、平川南著『漆紙文書の研究』(吉川弘文館、一九八九年七月)、同『墨書土器の研究』(吉川弘文館、二〇〇〇年一一月)、同『古代地方木簡の研究』(吉川弘文館、二〇〇三年二月)、梶原由里「藤原宮・平城宮木簡異体字表」(『ノートルダム清心女子大学古典研究』第一七号、一九九〇年）、沖森卓也・佐藤信著『上代木簡資料集成』（おうふう、一九九四年二月）、犬飼隆「文字言語としてみた古事記と木簡」（『古事記研究大系11』、高科書店、一九九六年九月）、同「観音寺遺跡出土和歌木簡の史的位置」（『国語と国文学』第七六巻第五号、一九九九年）、同「木簡から万葉集へ」（平川南編『古代日本の文字世界』、大修館書店、二〇〇〇年四月）、沖森卓也著『日本古代の表記と文体』（吉川弘文館、二〇〇〇年五月）、西崎亨「漢字文化伝播の一斑――『「（門）」』構えを例として――」（『武庫川女子大学言語文化研究所年報』第一一号、二〇〇〇年七月）、高島英之著『古代出土文字資料の研究』（東京堂出版、二〇〇〇年九月）、拙著『木簡と正倉院文書における助数詞の研究』（風間書房、二〇〇四年一月）などがある。(4)

右は、管見に入っただけのものであるが、国語学のみならず、木簡学・古文書学・古代史料学・歴史学・国文学等の方面から国語学的事象に言及された佐藤信・清水みき・関根真隆・舘野和己・寺崎保広・平川南・三上喜孝・森公章・山下信一郎・和田萃、その他の各氏による、また、奈良国立文化財研究所（奈良文化財研究所）をはじめとする各調査・研究機関による著書や論文等がある。その全てをここにあげることは負担が大き過ぎる。(5)木簡、また、墨書土器・鉄剣銘・造像銘・碑文・繡帳銘など、古代出土資料等に関しては別途に整理・検討するのがよかろう。

2　正倉院文書、その他

正倉院文書を中心とする古代古文書学は、こうした新出資料の影響もあり、新しい史料学としての立て直しが図られつつある。すなわち、七、八世紀の文書、ならびに文書行政の実情が知られるようになり、これによって「公式令」の実像が照らし出され、古代古文書は、また新たな視点から観察できるようになったのである。正倉院文書自体も、その原形の復元や機能論的研究、写経所事業の分析などによって新たな知見が得られつつあり、(6)併せて『正倉院古文書影印集成』の刊行や精密な複製事業（歴史民俗博物館）も進行中である。(7) これらに導かれ、古代の日本語研究も、より広い視野でより精緻な研究が可能となり、表記・音韻・語法・文体・漢文助字・位相・音義や辞書など、あるいは、「記紀」や『万葉集』・風土記、「続日本紀宣命」や金石文など、それぞれの分野における研究が進展しつつある。その一部は右の論文・著者にも報告されているが、正倉院文書に限れば、これまでには仮名文書や人名・地名表記の研究、また、字体・字形・音韻研究などに成果が見られる。その主なところは、高松政雄「正倉院文書に見える字音注について――天平十八年三月二十三日校生手実紙面――」（『岐阜大学研究報告』第二四号、一九七六年）、奥村悦三「仮名文書の成立以前」（『日本文学・日本語論集1』、一九七八年）、同「仮名文書の成立以前（続）――正倉院仮名文書・乙種をめぐって――」（『万葉』第九九号、一九七八年）、杉村俊男「主として正倉院文書における借音表記語索引」（『共立女子短期大学文科紀要』第二六号、一九八三年二月）、永山勇「正倉院万葉仮名文書」（大東文化大学『日本文学研究』第二八号、一九八九年）、佐佐木隆「『正倉院万葉仮名文書』の文字と表現」（『文学』第三巻第三号、一九九二年）、桑原祐子「『正倉院文書』に於ける名詞の万葉仮名表記」（『万葉』第一二九号、一九八八年）、同「『正倉院文書』に於ける女性名の表記――女性名の構成要素『―メ』――」（同誌、第一三九号、一九九一年）、同「『正倉院文書』に於ける男性名構成要素『―マロ』の表記」（『叙説』第二一号、一九九四年一二月）、同「『正倉院文書』に於ける同名異表記」（『国語国文』第六六巻第八号、一九九七年）、長田夏樹「大宝二年籍帳の仮名体系について（上）――美濃・筑紫両方言音韻体系の資料として――」（『神戸外大論叢』第二三巻第三号、一九七二年）、同「（中）」（同誌、第二四巻第三号、一九七三年）、森山隆「大宝二年戸籍記載の人名について――長幼の序列表記私見――」（『文学論輯』第二八号、一九八二年）、同「養老五年下総国大嶋郷戸籍人名の方処的性格」（同誌、第二九号、一九八三年）、犬飼隆「訓仮名の使用環境――大宝・養老戸籍の人名にみる――」（『国語文字史の研究』第二号、一九九四年一〇月）、松浦加寿美「古代地名表記と漢字音――韻尾の利用を中心に――」（『ノートルダム清心女子大学古典研究』第一七号、一九九〇年、木簡・風土記・記紀等を対象とする）、山口角鷹「省文考」（『東京学芸大学研究報告』第一一輯、一九六〇年二月）、鈴木一男「上代人の正字意識について付　萬葉集か万葉集か」（『国語と国文学』、一九六八年一一月）、佐藤稔「正倉院文書」（『漢字講座5　古代の漢字とことば』、明治書院、一九八八年七月）、国士舘大学文学部考古学研究室編『正倉院文書文書異体字集成』（同研究室刊、一九九四年）、関根真隆編『正倉院文書事項索引』（吉川弘文館、二〇〇一年三月）などであろう。

研究課題としては、この他にも大小様々なものがある。文書様式、文体・語彙、字体・仮名字音の研究などに重要な問題が残されており、朝鮮文化・唐代文化との関わりも問い直す必要がある。そうしたテーマの一つに、いわゆる助数詞（類別詞・量詞）の問題がある。すなわち、正倉院文書における数量表現には、原則的に助数詞が使用されている。この状況は、木簡や後世の古文書類においても同様である。そこで、この助数詞用法につき、個々に調査し、また、相互に比較・研究する必要がある。古文書と助数詞とは特別の関係にあり、この問題は、古代国家の文書行政と助数詞との関係、日本語と助数詞との関係といった重要なテーマに発展する。後代の古記録や和漢混淆文《わかんこんこうぶん》などへの影響も問われる。この助数詞を扱ったものに、拙稿「古代における助数詞とその文字表記」（『国語と国文学』第七六巻第五号、一九九九年五月）、同「古代木簡資料における助数詞」（『島根大学教育学部紀要〈人文・社会科学〉』第三六巻、二〇〇二年一二月）、同「古文書における助数詞（一）・（二）」（同誌、第二三巻第一号・第二号、一九八九年七月・一二月）、同『正倉院文書』における墨を対象とする助数詞」（同誌、第三五巻、二〇〇一年一二月）、同「奈良時代の寺院縁起資財帳における助数詞の考察――古代中国における助数詞に触れて――」（『継承と展開1　古代語の構造と展開』、和泉書院、一九九二年六月）、同「上代における助数詞の古層と新層――船舶類・履物類・机類を数える助数詞――」（『鎌倉時代語研究』第二三輯、二〇〇〇年一〇月）、その他、また、仏像・屛風・動物・墨などを対象とする助数詞の考察、さらに、桑原祐子「正倉院文書に於ける墨の記述――墨頭・墨端と助数詞――」(『正倉院文書研究』8、二〇〇二年一一月)があり、『日本書紀』『万葉集』などの助数詞を論じたものもある。

字体・字形についても、写経生(仏典・写経所文書)や官司などに行われた文字の分析が、――事情が許せば、文書の作成者、すなわち、個人レベルに降りて――必要であろう。先に、内藤乾吉「正倉院古文書の書道史的研究」(正倉院事務所編集『正倉院の書蹟』、日本経済新聞社刊、一九六四年一二月)、山田俊雄「漢字字形の史的研究の問題とその一方向」(『国語学』第七二集、一九六八年三月)、同「漢字字形の規範の解釈にかかはる一問題――佐藤喜代治博士『日本文章史の研究』を評するに代ふ――」(同誌、第七四集、一九六八年九月)、同「漢字字形の流動と筆順――文献学的な準備としての漢字字形の解釈について――」(同誌、第七六集、一九六九年三月)、中島壌治「文字の階級――写経文字の出自をたずねて――」(『国学院雑誌』、一九七〇年一二月)、加藤豊仭「書としての正倉院文書研究序説――『手実』考――」(『正倉院文書研究』8、二〇〇二年一一月)などの論考もある。この六朝・隋・初唐系の文字には、いわゆる異体字が多いが、ここには各時代・各地方の字形規範が混在しているのであろう。それらは、中国において既に混在していて、そうした状況が『顔氏字様』『干禄字書』『五経文字』『五経字様』等の撰述をもたらすことになろう。日本では、『日本書紀』六八三年(天武一二)三月の条に、「丙午(一三日)。命㆓境部連石積等㆒更肇俾㆑造㆓新字《ニヒナ》一部《モト》冊四巻㆒。(8)」とある。これも、巻間に複数の字体・字形が行われていて一定せず、ことに文書行政などに混乱・支障をきたすことがあったからであろう。(9) こうした状況は、文字の日本への伝播が単純一様でなく、種々の経緯があったために生じたものと考えられる。もとより文字自体も、一時に単一の基準で成立したものではない。今日、異体字・略体字・俗体字と称されるもの、省文《せいぶん》・増文と称されるもの、また、これまで慣用音・古音などと称されてきたような字音は、まだ学術的な解明の手が入っていないところもあり、それぞれのよってきたところを解きほぐしてみなければならない。新しい王羲之の書体も、「聖徳太子撰」とも請来経ともいわれる『三経義疏《さんぎょうぎしょ》』の字体・字形も科学的な検討を経て、文字史研究の基準資料として活用すべきである。関連して、敬意表現法の一つでもある闕字《けつじ》（公式令）や欠筆（闕劃）[10]、画指《かくし》（戸令）[11]については具体的な広がりや実際の運用状況を調べ、日中間の用法差を探る必要がある。年号の「大宝」も「太宝」（大宝初年の木簡・正倉院文書）と書いた例がある。いずれに従うべきであろうか、先学の言及を欠く（七八頁参照）。

正倉院文書は、八世紀の東大寺写経所によって残された一大文書群である[12]。その文化史的価値については周知のとおりである。ただ、昨今の状況からすれば、新しい翻刻本文（および、総索引）の作成・公刊が望まれる。先に、『大日本古文書』第一巻（東京帝国大学文科大学史料編纂掛編纂、一九〇一年〈明治三四〉七月刊。一九八二年より東京大学出版会にて復刻）以下に編年体の活字翻刻本文が収められ、これによって多くの人々が恩恵を受け、諸分野の研究は大きく進展してきた。しかし、その結果として、また、百年も経た今日から見れば、ほころびの目立つのもやむを得ない。現時点における、これらの研究成果を踏まえた新しい翻刻本文が望まれよう。翻刻本文には、複製本とは、また、異なった意義があるはずであり、『奈良時代古文書フルテキストデータベース』も新しい本文に依拠すれば、なお有効であったろう。

奈良時代の古文書に関連しては、『類聚三代格』等に収める太政官符の用字研究もある。ここでは、名詞・動詞・副詞などに「一語多漢字表記の傾向」が強く、漢文体に近い面があると報告されている[13]。用法によって漢字を使い分ける傾向があり、こうした漢字用法も、既に、日本的な文書語の一端であると見受けられるが、用法それぞれの出自に注意する必要がある。太政官は、行政の最高機関であり、官符は、その事務局に当たる弁官局で作成・調整される。

この他、文字・表記・用字法に関し、福宿孝夫「法隆寺書跡の字体考――日本最古の木面墨書に関する試論」（『宮崎大学教育学部紀要　人文科学』第六八号、一九九一年）、同「行書体の起源」（同誌、第七四号、一九九三年、楚墓〜東晋）、紅林幸子「書体の変遷――『氏』から『弖』へ」（『訓点語と訓点資料』第一一〇輯、二〇〇三年三月）、蔵中進「奈良・平安初頭則天文字考」（『神戸外大論叢』第三四巻第三号、一九八四年）、王維坤「則天造字と日本における則天文字」（上田正昭編『古代の日本と渡来の文化』、学生社、一九九七年四月）、工藤祐嗣「『干禄字書』諸本の問題点」（『国語国文研究』第一一六号、二〇〇〇年七月）、大友信一・西原一幸著『「唐代字様」二種の研究と索引』（桜楓社、一九八四年）、呉哲男「古代表記論『和文』をめぐって」（『相模国文』第二一号、一九九四年三月）、西崎亨「上代人の文字意識と『真福寺本古事記』」（『鳴尾説林』第二号、一九九四年九月）、沖森卓也「風土記の文体について」（既出、『小林芳規博士退官記念国語学論集』所収）、西條勉「古事記における『～（之）時』の文体について――和語を書くことの文字法と漢文訓読――」（『上代文学』第七四号、一九九五年）、田中司郎「『日本書紀』の禁止表現について――『勿』」（『鹿児島大学国語国文薩摩路』第四一号、一九九七年三月）、中村昭「万葉集の変体漢文表記について」（『東洋文化』復刊第五三号、一九八四年）、語彙・造語法に関して、門前真一「上代における御の一用法追考――特に古事記の御＋動詞について――」（『境田教授喜寿記念論文集　上代の文学と言語』、前田書店、一九七四年）、吉野政治「六国史における『御』という字の動詞的用法について」（『同志社国文学』第一四号、一九七九年三月）、同「語にあらわれた発想の相違による和習――上代における『御』という字の敬語接頭辞用法について――」（同誌、第一五号、一九八〇年一月）、同「敬語接頭辞としての『御』の成立と展開」（同誌、第一九号、一九八一年一〇月）、同「六国史における『奉』という字の動詞的用法について」（『解釈』第三二一号、一九八一年一二月）、同「至尊をさす『御』――その名詞的用法」（『国語語彙史の研究』六、一九八五年一〇月）、同「官符用語の造語成分」（同誌、一二、一九九二年七月）、白藤礼幸「上代文字研究　各論（二）――『御』をめぐって」（『論集上代文学』第一八冊、一九九〇年）があり、先には山田孝雄「奉為考」（『芸文』第一六年第七号、一九二五年）、小野田光雄「奉為考」（『日本上古史研究』第二巻第七号、一九五七年）もある。入唐学問僧によってもたらされた「奉為《おほみために》」

は、秋田城跡出土木簡（七五二年〈天平勝宝四〉）にも見える。榎本福寿「日本書紀の敬語『奉』をめぐって」（『仏教大学研究紀要』第六八号、一九八四年）、于康「『古事記』に於ける『将』『欲』の用字法」（『広島大学教育学部紀要　第二部』第四四号、一九九六年三月）など、「記紀」「万葉」「風土記」「宣命」「祝詞」等における文字・用字の研究は多い。『万葉集』『古事記』『日本書紀』『続日本紀』、「律令」など、また、平安時代初期の漢詩文に唐代口語・俗語の用いられていることにつき、神田喜一郎・神田秀夫・小島憲之・後藤昭雄・瀬間正之・星川清孝・松尾良樹、その他の先学に詳論がある。平松秀樹「万葉集歌に見える白話的表現」（『美夫君志』第五三号、一九九六年一〇号）は、さらに、それらに「左右」「更不……」「幾許・幾時」「欲得」「比来」「従来」「各各」「漸漸」等を加える。唐詩にも口語が、例えば、「箇」「隻」、その他の助数詞（量詞）が使用されているが、かれこれ意図するところは異なるであろう。『万葉集』には、大伴家持が戸令を引いた詞書（巻一八・四一〇六番）、大伴池主が賊盗律・名例律・倉庫令等の語句を引いた家持宛私文書（巻一八・四一二八番）、あるいは、賦役令の語「冒隠」が引かれた左注（巻二・一二六番）なども見え、菅原道真の漢詩文にも律令語が用いられていると指摘される。[14] 律令体制下の官僚であった家持・池主、道真たちにとって、律令語は、日常的な存在であった。唐代口語や俗語、また、律令用語・行政用語[15]の存在を確認し、その意義を究明していくのも語彙研究上の重要な課題である。

日本漢文と朝鮮漢文との関係については、藤本幸夫「朝鮮漢文――吏読文からの昇華――」（『語文』第三四輯、一九七八年六月）、同「『中』字攷」（宮地裕編『論集　日本語研究(二)歴史編』、明治書院、一九八六年一一月）、同「古代朝鮮の言語と文字文化」（岸俊男編『日本の古代14』、中央公論社、一九八八年三月）、李成市「古代朝鮮の文字文化」（国立歴史民俗博物館編集『古代日本文字のある風景――金印から正倉院文書まで――』、朝日新聞社、二〇〇二年三月）があり、藤井茂利著『古代日本語の表記法研究――東アジアに於ける漢字の使用法比較――』（近代文芸社、一九九六年七月）は、上代文献と朝鮮漢字音・助辞「之」「者」・補助動詞「賜」「給」などについての論文集であり、その後、「日本上代の補助動詞『賜』再説」(『福岡大学人文論叢』第三二巻第三号、二〇〇〇号一二月)もある。

第三節　平安時代〜中世の古文書

この時代には、公家様文書(平安時代)・武家様文書(鎌倉・室町時代など)といった文書様式が行われた。また、文書が私文書の要素を増し、私文書形式――書札様文書が優勢となっていった時代ともいわれる。

1　字体・字形

古文書の読み方の容易でないことについては、その道の先達の異口同音にいわれることであり、[16]先の竹内理三編『鎌倉遺文』(古文書編、東京堂出版)についても、目下、その未収録文書の翻刻とともに「校訂」作業が続けられている。[17]古文書を読む、その第一歩は、情報を綴り込んだ文字列の文字、すなわち、原本における手書きの真・行・草の文字、字形・字体、異体字や省略体等の肉筆を読むことである。手書きの筆写体や筆法には、また、紙質や用紙の使い方、墨継ぎなどの形態面には、個性や立場・位相などが反映される(非文字情報)。そこで、この差異を判別し、個性を見極め、これを認識していく研究が必要になる。[18]それにより、筆者不詳文書(資料)の筆者が推定されることもあり、文書そのものが一段と有益な働きをすることがある。[19]この研究は、偽文書を排除して事実を得るためには重要な作業であり、かつてはこれが古文書学の目的とさえいわれていた。ただし、偽文書は排除すればよいのではない。これにはそれなりの意義があり、今日は、文書偽作の背景・過程、さらにその機能・伝来を追究し、それによって古文書学・歴史学の史料としなければならないとされる。(20) また、文字は社会的存在である。右の次には、個人差を越えたところにある字形の類型性を帰納し、字体の社会性や時代性について考察することになろう。しかし、現実のところ、古文書を調査母体とする字体研究（学）は大きく遅れている。古記録においても同様であるが、古文書の場合は、古記録や歴史書、仮名文学作品などと異なり、多くのオリジナルが存在する。場合によっては、特定個人を、あるいは、特定文書群（時代・地方・寺社など）等を対象とする文字研究さえ可能である。個々の文書・写本をもとに、字体・字形の精密な調査を積み上げ、これを理論と方法を備えた学問として昇華させる必要がある。そのためにも、河野福海・小林芳規執筆（高山寺本古往来）「異体字一覧　異字」（高山寺典籍文書綜合調査団編『高山寺本古往来・表白集』東京大学出版会、一九七二年三月）、石塚晴通執筆「異体字一覧」（同著『図書寮本日本書紀　本文篇』、美季出版社、一九八〇年三月）のような調査・研究は、実証的な字体研究を目指す場合には必須のものとなる。

漢字の字形については、先にあげた他、乾善彦「同形異字小考――西本願寺本万葉集を資料として――」（『国語文字史の研究』一、一九九二年九月）、峰岸明「『国字』小考」（『横浜国大国語研究』、第五号、一九八七年）、同「『御堂関白記』自筆本の漢字字体記述に関する一試論」（同誌、第一四号、一九九六年三月）、エツコ・オバタ・ライマン「朝鮮の国字と日本の国字」（『朝鮮学報』第一二九号、一九八八年）、飛田良文監修・菅原義三編『国字の字典』（東京堂出版、一九九〇年九月）、笹原宏之「国字と位相」（『国語学』第一六三集、一九九〇年）、佐藤稔「擬製漢字（国字）小論」（『国語と国文学』第七六巻第五号、一九九九年）、佐藤栄作「草書・草化と字体」（同誌、一九九九年）、字体の差異・変遷に関しては、佐藤稔「漢字字形の史的把握――『般若心経』による試み――」（『国語学』第一一四集、一九七八年九月）、西原一幸「楷書字形の正俗の源流について」（『金城国文』第六二号、一九八六年）、同「図書寮本『類聚名義抄』所引の『干禄字書』について」（同誌、第六三号、一九八七年）、山本秀人「類聚名義抄の観智院本と蓮成院本との間における標出字の排列順序の相違点について――「虫」部「艸」部を中心に――」（『福岡教育大学紀要』第三八巻第一分冊、一九八九年二月）、同「漢字字体の一問題――院政・鎌倉時代書写の片仮名文における木偏と手偏について」（同誌、第四一号第一分冊、一九九二年二月）、田村夏紀「前田本『色葉字類抄』と黒川本『色葉字類抄』の漢字字体の差異について――伊部の漢字――」（『鎌倉時代語研究』第一八輯、一九九五年八月）、同「観智院本『類聚名義抄』と『龍龕手鑑』の正字・異体字の記載の比較」（同誌、第二〇輯、一九九七年五月）、同「『干禄字書』と観智院本『類聚名義抄』の正字・異体字の比較」（『早稲田大学国文学研究』第一二五号、一九九八年六月）、同「漢字字体の史的研究に関わる一問題」（『国語語彙史の研究』四、一九九八年八月）、同「『干禄字書』における正字・異体字関係の類型について」（『国文学攷』第一三六号、一九九二年一二月）、同「漢字字体の史的研究に関わる一問題――親本・転写本関係にある『蒙求』二本を比較して――」（『国語文字史の研究』四、一九九八年八月）、同「図書寮本『類聚名義抄』と観智院本『類聚名義抄』の漢字字体の記載の比較」（『鈴峯女子短期大学人文社会科学研究集報』第四五号、一九九八年一二月）、高橋久子「室町時代の文献に見られる漢字の通用現象に就いて　其一・其二」（『東京学芸大学紀要』第二部門　人文科学、第四六・四七集、一九九五年二月・一九九六年二月）、山口純礼「字形類似による漢字の通用現象に就いて」（『日本語と辞書』第一輯、一九九六年五月）などがある。『将門記』の漢字などに関する論考は、次項に注記する。

浅井潤子「近世地方文書用字考」（『史料館研究紀要』第一六号、一九八四年）は、字体を扱い、「国語学者の文字論」に対し、近世の古文書学では「草書体を根底とした独自の用字論の考究を展開しなくてはならないと考える」という。後小路薫「勧化本にみえる省文」（『文芸論叢』第二八号、一九八七年）は、江戸時代の浄土真宗の勧化本の合字・略字等を扱う。大久保恵子「『様』の字の書き分けについて――『堀内伝右衛門覚書』写本の場合――」（『東京成徳短期大学紀要』第二八号、一九九一年二月）、柏本雄幸「千利休書簡における人物呼称――利休書簡の個性について――」（『広島女学院大学日本文学』第二号、一九九二年）、小川恭一「近世武家の通称官名の制約」（日本風俗史学会『風俗』第三〇巻四号、一九九二年）は、通称の分類・制約・官名の制約、改称理由などを扱う。また、草名・花押に関して、上島有「草名と自署・花押」（『古文書研究』第二四号、一九八五年）、古文書における抹消符号・非抹消符号に関して、千々和到「中世の『校正』符号」（『鎌倉遺文　月報21』、一九八一年一〇月）がある。

2　表　記

古文書は、基本的には変体漢文で綴られている。従って、同趣の古記録と同様の方法で読み下すことができる。

古記録の漢字用法の解読については、現今、峰岸明著『平安時代古記録の国語学的研究』[21]の「第一部　記録語表記の基盤とその解読方法」（一一九〜三三一頁）を出るものはない。ここには、解読の心構え・手続き以下の解読方法が示され、『古事記』『万葉集』などの時代には、既に、その「漢字の如きものに、単なる和訓ではなく、〈定訓〉と称すべき、その漢字に定着した和訓の存在したこと」が推定できること（一二九頁）、平安時代においても「漢字の定訓」は存在し、これによって「古記録を含めて、平安時代における漢字文・漢字仮名交り文などの漢字表記語の語形再現の作業は、その理論的根拠を得ることになろう」と述べられる（二〇一・二一一頁）。

右は、「日常常用の漢字」（「常用漢字」とも）には特定の「定訓」が存在すると説くものだが、小林芳規執筆「表記の展開と文体の創造」（岸俊男編『日本の古代14　ことばと文字』[22]）では、さらに進めて、「一定の訓が固着しており、その訓によって日本語を書くのに用いられた漢字を、表訓漢字、略して『訓漢字』と呼ぶ」とされ（三一九頁）、『古事記』などは、この一漢字一和訓、または、これに準ずる原則で書かれていると述べられる[23]。

両者の説くところは異なる。だが、こうした変体漢文の漢字が、特定の訓と密接にして特殊な関係にあると認める点では同じである。従って、その和訓を求めることにより、また、それが全く求め得ない漢字には字音をもって、あるいは、例証のない場合には、理論的に的確な方法を案出して、変体漢文の国文への読み下しは可能であるとされる(24)。かくして、その解読は、その漢字に定着した「定訓」の認定作業、あるいは、「訓漢字」の認定作業に重きが置かれることとなる。

ただし、古文書の場合には、朝鮮半島からの影響を受けた文字用法・語句と、唐代の律令制度や文書行政、また、唐代の当代語・口頭語の影響を受けたそれとがあるので注意を要する。こうした場合、先行する前者が常用漢字、遅れた後者が非常用漢字ということにでもなれば問題はない。だが、いつでもそうなるとは限らず、その「定訓」の考え方は、単純一様に適用できないようである。一例をあげれば、「指」は、和語動詞「さす」の常用漢字であり、『三巻本色葉字類抄』(前田本)にも初掲字で見え、朱筆合点が付されている。ところが、古文書では、「差」字をも「さす」と読み、これは『字類抄』にも、第三字目に合点を付して掲出されている。この用法は、古文書における「差《さす》二(専)使《を》一」という慣用的表現の中に行われ、「差」は、使者として選考し名指しする意と解される(25)。唐代の語法・用字法が日本の文書に導入され、まずは文書語として定着し、流布していったようである。似たような状況は、「受《うく》」「承《うけたまはる》」に対する「請《うく》」「奉《うけたまはる》」についても認められる。前二者は常用漢字としての用法らしいが、しかし、後二者も、古文書では、きわめてふつうの文字であり、かつ、重要な地位を占めている(26)。また、「仰」字も、より古くからは「仰《あふぐ》」の用法があるが、新しい文書行政とともに「仰《おほす》」の用法が伝えられ、これも古文書にとって重要な言葉となっている(27)。これら六語は、文書の世界では、みな常用される動詞であり、その意味では、みな常用漢字ということになり、『字類抄』でもそれらしく遇せられている。しかし、「定訓」は、となると、答えにくいものがある。

古文書を読み下すための主な参考資料として、左記があげられよう。

① 『尾張国郡司百姓等解文《おわりのくにぐんじひゃくしょうらのげぶみ》』の付訓資料
② 『将門記《しょうもんき》』の付訓資料
③ 『本朝文粋《ほんちょうもんずい》』の付訓資料
④ 『高山寺本古往来《こうざんじぼんこおうらい》』『雲州往来《うんしゅうおうらい》』、（「明衡往来《めいこうおうらい》」とも）など古往来の付訓資料
⑤ 『消息詞《しょうそくことば》』『書状文字抄《しょじょうもじしょう》』『雑筆往来《ざつぴつおうらい》』『拾要抄《しゅうようしょう》』、および、書札礼《しょさつれい》
⑥ 『三巻本色葉字類抄《さんかんぼんいろはじるいしょう》』『白河本字鏡集《しらかわぼんじきょうしゅう》』、また、『観智院本類聚名義抄《かんちいんぼんるいじゅみょうぎしょう》』などの古辞書類
⑦ 『御成敗式目《ごせいばいしきもく》』、および、『吾妻鏡《あずまかがみ》』などの付訓資料や古注
⑧仮名書き文書（平仮名・片仮名）

①の『尾張国郡司百姓等解文』（「尾張国解文」と略称する）は、尾張の郡司・百姓らが、国守藤原元命《ふじわらのもとなが》の非政・非法を三一カ条に列挙して朝廷に訴えた上申文書である。奥に「永延二年（九八八）十一月八日郡司百姓等」（早稲田大学本）とある。鎌倉時代、および、近世の写本がある。[28] 官庁に保管されていたはずの案文《あんもん》が、あるいは、正文《しょうもん》が、たとい、写しの形にせよ、庫外に流出し、しかも、付訓が付されて読本《よみほん》に供されたのは異常なことである。こうした申文は、範例文として、国守の横暴にあえぐ側の常に求めるところであったのであろうか。それとも、施政者側が意図的に世に出し、国家経営の基盤を良宰の手に戻そうとしたのであろうか。ともあれ、これは、一〇世紀末の地方支配の実態が窺われるため、歴史学の方では、早くから論究されてきた。[29] 国語学方面でも、その付訓が重視され、索引作成[30]・漢字用法と訓読、[31] 文章構成（後掲）などについての検討がなされている。

②の『将門記』は、平将門の乱を記録したもので、真福寺本の奥に「天慶三年（九四〇）六月中記文」と見える。戦記文学のさきがけともいわれるが、文体や語句などは『尾張国解文』と類似している。院政期の写本として真福寺

本（一〇九九年〈承徳三〉大智房の書写）・楊守敬旧蔵本がある。(32)

③の『本朝文粋』一四巻は、宋の姚鉉撰『唐文粋』にならって藤原明衡（九九一年〈正暦二〉、あるいは九〇年生、一〇六六年〈治暦二〉没）が撰集した漢詩文集である。八一〇〜一〇三六年（弘仁元〜長元九）の作品四三二編が、詔・勅書・勅答・位記・勅符・官符・意見封事・対冊・論奏・表・奏状・書状・書序・詩序、牒・祝文・起請文、表白文・願文・諷誦文、その他の三九部門に分類され、収められている。鎌倉時代の訓点本があり、先学の言及も多い。(33)『本朝文粋』の訓読には、博士家の訓説が伝えられているが、文書語研究には決して不都合なものではない。

④の『高山寺本古往来』や『雲州往来（明衡往来）』は、古往来の類である。(34)後者には、書陵部本・享禄本などの写本がある。⑤の『消息詞』（菅原為長〈一二四六年・寛元四没〉著、一五八七年〈天正一五〉尊朝親王筆）、『書状文字抄』（同上）、『雑筆往来』（鎌倉時代）、『拾要抄』（一三四三年〈康永二〉尊円親王撰述）は書札用語集である。付訓の年代や語句の配列に注意しながら利用できる。『和泉往来』『釈氏往来』『山密往来』『十二月往来』『尺素《せきそ》往来』、また、『庭訓往来』等も参照されよう。(35)

⑥は古辞書類である。『三巻本色葉字類抄』（前田本・院政期写、黒川本・江戸中期写、国語辞書）における初掲（また、それに準ずる位置）の漢字・朱筆合点を付した漢字（要文）・「俗用之」注記の加えられた漢字表記など、また、『白河本字鏡集』（二〇巻本・室町時代中期写、漢和辞書）における「正」注記の加えられた和訓、これらは「当時における日常常用の漢字」であり、また、「定訓」、もしくは、これに準ずる重要な和訓であるとされる。(36)『観智院本類聚名義抄』（一二五一年〈建長三〉顕慶写本の写）は鎌倉時代の漢和字書であり、先行書から多くの和訓が収集されている。

⑦の『御成敗式目』、および、その「追加法」は、室町幕府法以下にも大きな影響を及ぼした法制史料である。だが、その制定・発布の状況からしても、文体・語彙・語法などの面からしても、鎌倉時代の古文書一般とかなり近い

関係にあるようである。『御成敗式目』には室町時代の注釈書があり、語句についての訓説も伝えられている。(37) 後代には教科書様の読本・手本としても利用され、多くの刊本もある。『吾妻鏡』は、鎌倉幕府の事績を記した記録史料である。文体は記録体であり、以前は、この書名をもって記録文体（または、変体漢文）の称とされる先学もあった。寛永刊本には振り仮名が付されている。(38) 注意すれば、刊本も十分に活用できる。

⑧の仮名書き文書は、万葉仮名を別として、草仮名・平仮名・片仮名による古文書をいう。これらと、変体漢文による古文書群とを比較していけば、双方それぞれに読解上の便宜を得ることができる。場合によっては、対照可能のこともある。中世・近世には仮名文書が多くなり、これらは口頭語・地方語などの研究にも貢献できる（後述）。

右には、古文書解読のための一般的な資料をあげた。解読のみならず、語法・語彙・文体などの面でも利用できる資料である。この他、仮名等を付した資料に、東京大学史料編纂所蔵『南无阿弥陀仏作善集』（鎌倉初期点）・顕真自筆『古今目録抄』（嘉禎建長頃点）、天理本『日本往生極楽記』（応徳三年移点）などがある。ただし、付訓資料については、その付訓の性格、年代や付訓者・付訓場所などの諸事情に留意しなければならない。付訓の仮名が、常に正しいとも限らないし、読み方も変化することがある。近世の刊本も有効であるが、本文や付訓に対してはそれなりの注意を要する。この他、奈良・平安時代初期・中期の古文書には訓点資料や音義・辞書類が、また、中世・近世の古文書にはキリシタン資料・抄物など口頭語関係資料の参照が不可欠であり、場合によっては唐宋代の法制資料や古文書・口語資料、敦煌変文などの利用も必要である。

古文書関係では、築島裕「東大寺諷誦文稿の表記についての小見」（『中田祝夫博士功績記念国語学論集』、勉誠社、一九七九年二月）、前田富祺「『東大寺諷誦文稿』の片仮名の体系――片仮名字体史序説として――」（『奥村三雄教授退官記念国語学論叢』、桜楓社、一九八九年六月）、カイザー・シュテファン「『東大寺諷誦文稿』における読み仮名の研究」

（『築島裕博士古稀記念国語学論集』、汲古書院、一九九五年一〇月）があり、柴田雅生「東大寺諷誦文稿」（『漢字講座5　古代の漢字とことば』、一九八八年七月）は、その所用漢字、字体、虚字等の基本的な漢字用法について検討し、その文章史的位置付けを論ずる。大久保恵子「『鎌倉遺文』にみるイカサマ・ナニサマ」（『国文』第七二号、一九九〇年）、往来物については、大島悦子「『尺素往来』所用漢字に関する一考察――字種を中心に――」（『早稲田大学学術研究　国語・国文学編』第四六号、一九九八年二月）などもある。

古記録関係の論考の内、高松政雄「御堂関白記の実態――主に表記の面から見た――」（『国語国文』第三一巻第九号、一九六二年）は、藤原道長の表記の諸相を精査したもので、一個人の書記生活の実態、および、文字史・漢字音史等を研究する上で有益である。堀畑正臣「御堂関白記（古写本）に於ける文章改変の実態（上）」（『尚絅大学研究紀要』第一二号、一九八九年二月）は、その語順・補入・削除・語や文字の改変を分析する。関連して、原裕「『御堂関白記』自筆本の誤記例からみた十一世紀初頭の日常字音」（『中央大学大学院研究年報　文学研究科篇』第二七号、一九九八年二月）がある。浅野敏彦「『陸奥話記』の漢字とことば――平安時代識字層の常用漢字――」（『国語語彙史の研究』一二、一九九二年七月）、同「『小右記』の漢字とことば――平安時代識字層の常用漢字――」（『大阪成蹊女子短期大学研究紀要』第三〇号、一九九三年三月）、同「平安時代公家日記の漢字――『権記』寛弘七年一年間の漢字――」（『国語文字史の研究』二、一九九四年一〇月）などは、識字階層の文字言語を考察する。

3　語彙・語句

古文書の語彙につき、これを収集・考察されたものに、早くは、藤原照等「記録古文書語彙抄（一）」があるが、未完成のままであった。次いで、布施秀治「古文書記録に見えたる語群の一般的考察（上）（下）」（『帝国学士院紀事』

第二巻第一・二号、一九四三年三月・七月)、斎木一馬「国語資料としての古記録の研究――記録語の例解――」(『国学院雑誌』第五五巻第二号、一九五四年六月)、同「国語資料としての古記録の研究――近世初期記録語の例解――」(『仏教史研究』第三号、一九六八年一一月)、同「記録語の例解――国語辞典未採録の用字・用語――」(『古記録の研究』、続群書類従完成会、一九七〇年六月)、同「漢籍を出典とする記録語の若干について」(『史学論集　対外関係と政治文化』、吉川弘文館、一九七四年二月)のような考察がある。

布施は、「古文書記録辞典　ア部」(一九三二年)の試みに続き、「専ら未開拓の古文書古記録の中から」語彙を収集し(語彙カード二十余万枚)、それらにつき、読《よみ》・解釈・初見(または用例の古例)・出典・用例の五項にわたって検討・記述しようと意図した。しかし、その志は半ばにして終わったようである。斎木氏の四点は、著作集1『古記録の研究　上』(吉川弘文館、一九八九年三月)にも収められている。同氏は、これら一連の著作において、「記録語研究の必要と、その沿革等の大要について」言及され、「従来のあらゆる国語辞書は、その語彙を専ら文学書乃至は著述・編纂書等の成書のみに求め、古記録・古文書等の直接史料からは全く採集してゐない」、それらにおける用字・用語の採録は極めて粗漏である、「史学研究の基礎的作業の一つとして」その未採録語の用例を収集し、例解を試みたいとある(著作集3『古文書の研究』、一六七頁、また、「記録語の例解」、七〇・七九頁、他)。「記録語と国語辞書」(『国学院雑誌』第八〇巻第一一号、一九七九年一一月)でも同様に説かれるが、斎木氏が「記録語」といわれる場合は、古記録の用語と古文書のそれとをさしておられることは、先に触れた(第二節参照)。

右は、語彙といっても、用語集であり、古文書のそれを「語彙」(その言語体系で用いられた単語の総体)として論じられたものではない。また、それぞれの読み方についても、これから検討していくことになろう。この後、次のような考察が行われている。現在は、まず、こうした基礎的な考究を充実させることが大切であろう。

以下、【ⅰ】古文書・古往来の語彙・助数詞、【ⅱ】古記録の語彙・助数詞、【ⅲ】辞書類の順に述べる。ただし、それぞれに入り組むところがあって明確に区別することの難しい場合がある。助数詞を特別に扱うのは、これが文書語研究の一翼をになうからである。また、説話文・和漢混淆文は、古記録だけでなく、古文書とも関わりの深いジャンルであるが、便宜上、【ⅱ】の末において触れることがある。

【ⅰ】佐藤喜代治著『漢語漢字の研究』（明治書院、一九九八年五月）には、『平安遺文』『鎌倉遺文』の「用字用語」についての考察があり、仮名書きの語にも言及されている。「やや注目すべきものについて考察を試みる」とあるが、この選択は長年の語彙研究の上に立ってのものである。鈴木恵「和化漢文の連文『皆悉（ミナコトゴトク）』について」（『新潟大学教育学部紀要（人文・社会科学編）』第三〇巻第一号、一九八八年一〇月）は、和文資料・訓点資料・和化漢文資料・和漢混淆文を調査し、「皆悉」「悉皆」の二連文の訓法、その消長、仏書、また、『今昔物語集』等の和漢混淆文との関わりを考察したもの。その和化漢文資料には、多様なものが含まれる。高橋久子「五把利から五割へ」（『日本語と辞書』第一輯、一九九六年五月）は、古代文書により、もとは出挙の束稲の利率をいう表現が「―割」と推移した過程を明かす（同誌、第二輯に用例の「補遺」を収める）。古文書を出自とする言葉を特定していく研究でもある。田中雅和「和化漢文における『将・欲』と『可・当』等について」（『小林芳規博士退官記念国語学論集』、汲古書院、一九九二年三月）は、『東大寺諷誦文稿』『将門記』『和泉往来』による考察で、関連して、柚木靖史「和化漢文における『念』『思』の用字法」（『広島女学院大学国語国文学会誌』第二六号、一九九六年一二月）がある。用字法は、語彙・語法・文体などに関与することが多い。杦浦勝「『濫妨』から『乱暴』へ――悪の意識展開――」（『国語語彙史の研究』五、一九八四年五月）は、副題のとおりをテーマとする。山本真吾「平安鎌倉時代に於ける副詞『たとひ』の漢字表記について――僧侶実用漢字の世界――」（『三重大学日本語学文学』第一号、一九九〇年）は、「設」字の常用者層を求める。原卓志

「平安・鎌倉時代における『仮令』について」（『小林芳規博士退官記念国語学論集』）は、公家日記・古文書類を主資料とする調査である。辛島美絵「鎌倉時代以前における『明白なり』の特色——古文書他の用例から——」（『国語語彙史の研究』二二、二〇〇二年三月）は、その特徴的な出自や語意を論ずる。古文書の語彙の出自や性格、語意などにも多くの課題があろう。

往来物に関しては、先に『消息詞』や『書状文字抄』をあげた。これらは、「△進上《シン》　謹々上《キン〳〵》　謹上《キン》」以下の文書に常用される語彙集だが、「△謹《ツヽシンテ》以《モテ》所《トコロ》ㇾ請《ウクル》如《コトシ》ㇾ件《クタン》」「如《シ》二蒙《カウフテ》ㇾ瓫《ホトキヲ》向《ムカヘル》ㇾ壁《カヘニ》」「悦思《ヲモヒ》給《タマヒ》候」「△可《ヘシ》三被《サル》二仰下《オホセクタ》一」（尊朝親王筆消息詞）のような慣用的表現も収める。しかも、これが能書家の手になるということは、当時（中世）、これらの語彙や慣用表現が、手習いの場において、文字（筆写体）の習得と同時に学習されたことを示している。尊円・尊道・尊朝などの名筆家の手になる『雲州往来』や『釈氏往来』、その他の断章が手習いに用いられたのも同様であろう。論考として、山田俊雄「高山寺本古往来に見える漢語」（『成城文芸』第三七号、一九六四年九月）、来田隆「古往来の語彙について——高山寺本古往来と垂髪往来との比較——」（『鎌倉時代語研究』第九輯、一九八六年五月）、三保サト子「雲州往来私見——格言類を中心に——」（広島大学『国語教育研究』第二八号、一九八四年）、拙稿「『雲州往来（明衡往来）』と『文選』との関わり寸見」（『大谷女子大国文』第一三号、一九八三年三月）、同「『雲州往来』享禄本語彙表（上）・（下）」（『島根大学教育学部紀要（人文・社会科学編）』第二〇巻・第二二巻第二号、一九八六年一二月・一九八八年一二月）、同「古往来の語彙の考察——『拾要抄』について——」（『島大国文』第八号、一九七八年九月）、中山緑朗「国語辞書未採録語彙の問題——往来物に見る」（既出、『平安・鎌倉時代古記録の語彙』）、八木美代子「『大乗院雑筆集』に就いて」（『日本語と辞書』第三輯、一九九八年五月）、上村良作「上杉謙信自筆『伊呂波尽』について」（『山形県立米沢女子短期大学紀要』第四号、一九六九年）、菊田紀郎「上杉謙信自筆『伊呂波尽』の和訓」（同誌、第二二号、一九八七年）、同「上杉輝虎署名

『消息手本』の和訓」（同誌、第二四号、一九八九年）がある。

助数詞の研究としては、西宮一民「国語学上より見たる皇太神宮儀式帳」（『皇学館大学紀要』第九号、一九七一年一月）、坂本正典「延喜式に見える圍について（上）・（下）」（『帝塚山短期大学紀要―人文・社会科学編』第一八号・第二〇号、一九八一年一月・三月）、同「圍の変遷について」（『日本文化史研究』第七号、一九八四年）、田村悦子「藤原佐理書状　去夏帖について――榑の単位は材か村か――」（『美術研究』第三〇八号、一九七八年一〇月）、拙稿「延喜式における助数詞について」（『島根大学教育学部紀要（人文・社会科学編）』第三二巻、一九九八年一二月）、同「高山寺本古往来の助数詞について」（『平成四年度高山寺本典籍文書綜合調査団研究報告論集』、一九九三年三月）、同「中世辞書類における助数詞について」（『鎌倉時代語研究』第一六輯、一九九三年五月）、長節子「中世の魚の助数詞『こん』の消長」（『鎌倉遺文　月報34』、一九八七年八月）、その他、がある。

『延喜式』に関しては、神道宗紀「延喜式食物語句索引」（『ておりあ』第二六号、一九八三年）、金子善光「延喜式祝詞総索引」（『東京工大附属工業高校研究報告』第一二号、一九八一年）、風間力三「九条家本延喜式巻八祝詞分類索引（一）・（二）」（『甲南大学紀要文学編』第五二・五六号、一九八三・一九八五年）、同「綴り字逆順排列の古典索引――『延喜式』の場合――」（『文芸研究』、第一二八号、一九九一年）、沖森卓也編著『東京国立博物館蔵本延喜式祝詞総索引』（汲古書院、一九九五年）などがある。その善本の翻刻が望まれるが、注釈書として、現在、虎尾俊哉編『延喜式』（上、集英社、二〇〇〇年五月）が刊行中である。

【ii】右は、古文書、および、古往来、古辞書における論考である。一方、古記録、また、日本漢文等の側に立って語彙等を論じられたものもある（一部に古文書を利用する論考もある）。

遠藤好英「平安時代の記録語の性格――『夜前』をめぐって――」（『国語学』第一〇〇輯、一九七五年三月）、同「記録体における『夕方』の語彙の体系——『後二条師通記』の場合——」（『国語と国文学』第五五巻第五号、一九七八年五月）、同「記録体における『朝』の語彙——『後二条師通記』の場合——」（『国語学研究』第一九号、一九七九年一二月）、同「記録体における時の表現——『後二条師通記』の『昨日以前』・『昨夜』の意味の語句」（『国語語彙史の研究』一、一九八〇年五月）、同「記録体における『昨夜』以前の時の語彙——『後二条師通記』の場合——」（『佐藤茂教授退官記念論集国語学』一九八〇年一〇月）の一連の論文は、公家日記における時の語彙・表現を集中的に論じたものであり、今なお、記録語研究の一つのあり方を示している。ここには、特定個人の語彙体系（全体・部分）の究明と古記録という特定資料ジャンルの語彙体系の究明との二つの視点がある。前者は、古記録ならではの研究テーマであり、後者は、日本語語彙の体系を論じていく上で、不可欠のテーマであろう。前田富祺「軍記物語における武装描写の語彙——衣生活語彙史序説として——」（『国語と国文学』第五五巻第五号、一九七八年五月）では、「直垂」「鎧」をめぐる語彙の体系を考察し、これをもって衣生活語彙史の礎石の一つとされた。同様に、古記録・古文書など、各資料分野における特徴的な事象を視点とする語彙の体系的考察が必要であろう。

峰岸明「平安時代記録文献文体試論——用字研究からの試み——」（『国語と国文学』第五一巻四号、一九七四年四月）は、同じく古記録といっても、記主によって用字・用語が異なり、資料それぞれに独自の文体的特徴があることを指摘する。『貞信公記』『九暦』『小右記』以下につき、名詞「つね」の漢字表記「如常」「如恒」、「ひごろ」の「日来」「日者」、副詞「すでに」の「已」「既」、その他を調査し、この結果をもって、記主不詳の日次記・断簡・逸文などの研究や本文批判にも貢献できるとする。また、峰岸明「『よもすがら』用字考——平安時代記録資料を対象として——」（『国語と国文学』第四九巻第七号、一九七二年一二月）、同「中古漢語考証稿（一）——『逐電』考」（『文学論藻』第四八号、一九七三年六月）、佐藤武義「和製漢語の成立過程と展開——『をこ』から『尾籠』へ——」（『文芸研究』第六五号、一九七〇年一〇月)、遠藤好英「平安時代の記録体の文章の性格試論――『殊』(ことなる)と『指』(させる)をめぐって――」(『文芸研究』第六四号、一九七〇年六月)、同「平安時代の記録体の文章の性格とその変遷――『別』字の用法を通じて――」(『佐藤喜代治教授退官記念国語学論集』、桜楓社、一九七六年六月)、同「平安時代の記録体の文章の性格(上)――『徒然』の意味・用法を中心に――」(宮城学院女子大学『日本文学ノート』第三四号、一九九九年一月)などによれば、記録体の文章は、一一世紀前半と、一一世紀から一二世紀にかけての頃との二度の変化期を有するとされる。

この他、小山登久「公家日記に見える『寂然』と『随形』(かたにしたがふ)」について――記録語研究ノートから(1)――」(『ノートルダム清心女子大学国文学科紀要』第六号、一九七三年三月)、小泉道「漢文体説話集の語彙――日本霊異記の語彙研究のために」(佐藤喜代治編『講座日本語の語彙 第3巻 古代の語彙』、明治書院、一九八二年五月)、山内洋一郎「漢語『一却』について――虚辞を含む日本漢語の生成」(『国語語彙史の研究』九、一九八八年一一月)、穐田定樹「奈良平安初期の日本漢文における授贈語彙(承前)」(『人文学論叢』第二三号、一九八九年一二月)、原卓志「漢語『一定』の意味用法について」(『鎌倉時代語研究』第一二輯、一九八九年七月)、同「漢語『善悪』『是非』『決定』『必定』の副詞用法について」(同誌、第一四輯、一九九〇年一〇月)、同「『堅固』の意味・用法について」(同誌、第一六輯、一九九三年五月)、同「『堅固』『至極』の出自と性格」(同誌、第一八輯、一九九五年八月)、同「『全分』の意味・用法について」(同誌、第一九輯、一九九六年八月)、同「漢語『悉皆』の系譜」(同誌、第二〇輯、一九九七年五月)、「『都合』の意味・用法について」(同誌、第二二輯、一九九九年五月)、堀畑正臣「平安時代の公家日記における『因縁』について」(『国語語彙史の研究』一一、一九九〇年一二月)、柏谷嘉弘「『貞信公記』における『御覧』」(『国語語彙史の研究』一二、一九九二年七月)、同「『九暦』における『御覧』」(『神女大国文』第三号、一九九二年)、穐田定樹「平安時代儀制書における『覧』」(仏教大学『京都語文』第三号、一九九八年一〇月)、宇都宮啓吾「和漢混淆文に於ける漢語『終焉』の出自に就いて――

『往生伝』を出自とする漢語の存在――」（同誌、第一五輯、一九九二年五月）、同「本邦の僧伝資料に於ける漢語『誕生』の用法に就いて」（同誌、第一六輯、一九九三年五月）、同「天理本『日本往生極楽記』の訓法に就いて――文章の性格から観た和化漢文訓点資料の訓法に関する一考察」（同誌、第一七輯、一九九四年五月）、欒竹民「『成敗』小考――意味の〝転用〟の一例として――」（同誌、同輯）、同「漢語の意味変化について――『濫吹』を中心に――」（同誌、第一八輯、一九九五年八月）、同「漢語の意味変化について――『以外』を中心に――」（同誌、第一九輯、一九九六年八月）、同「『民烟』小考」（同誌、第二一輯、一九九八年五月）、同「『仰天』のよみと意味」（同誌、第二三輯、一九九九年五月）、西村浩子「『ケンカ』の始まり」（既出、『小林芳規博士退官記念国語学論集』）、堀畑正臣「『明月記』に見える『記録語』（その一）――斎木一馬氏の『記録語例解』との比較――」（『明月記研究　記録と文学』第六号、二〇〇一年）がある。

『吾妻鏡』に関しては、青木孝「『吾妻鏡』寛永板本付訓清濁考――特異な読み癖を中心として――」（『青山学院女子短期大学紀要』第二〇号、一九六九年）、同「内閣文庫蔵北条本吾妻鏡訓点考――仮名の傍訓を中心として――」（同誌、第二四号、一九七〇年一一月）、遠藤好英「記録・文書の語彙」（『講座日本語の語彙　第四巻　中世の語彙』、明治書院、一九八一年一一月）、後藤英次「『吾妻鏡』における和製漢語」（加藤正信編『日本語の歴史地理構造』、明治書院、一九九七年七月）があり、後藤氏には「記録特有語の口頭語化について――中世後期口語資料の検討から――」（遠藤好英編『語から文章へ』、同編集委員会、二〇〇〇年八月）、同「中世前期口語資料における記録特有語――記録特有語と口語資料（一）――」（『中京大学文学部紀要』第三六巻第三・四号、二〇〇二年三月）もある。『三教指帰注』（院政末期写本）・『却廃忘記』（文暦二年写本）・『光言句義釈聴集記』（正元元年写本）・『延慶本平家物語』などにより、文章語であった「記録（特有）語」の、中世以降における口頭語化を論ずる。

『今昔物語集』、また、和漢混淆文の語彙に関しては、馬淵和夫「説話文学における語彙」、峰岸明「和漢混淆文の語彙」（共に『日本の説話』7、東京美術、一九七四年）、浅野敏彦「今昔物語集の漢語語彙」（『日本霊異記の世界』、三弥井書店、一九八二年六月）、有賀嘉寿子「今昔物語集の語彙」（『講座日本語の語彙　第三巻　古代の語彙』、明治書院、一九八二年五月）、蜂矢真郷「今昔物語集における動詞の重複」（『国語語彙史の研究』一二、一九九二年七月）、柏谷嘉弘「上野本『平家物語百二十句本』の日本漢語の語彙表（上）」（『神女大国文』第一〇号、一九九九年三月）がある。有賀氏は、その語彙一八、八八二語を多角的に分析する。高橋敬一「今昔物語集における仏教用語の受容について――『日本往生極楽記』との用語の比較を通して――」（『活水日文』第三五号、一九九七年一二月）、藤井俊博「今昔物語集の翻訳語について」（『国語語彙史の研究』一一、一九九〇年一二月）、同「本朝法華験記の語彙と表記――霊験記・往生伝の文体をめぐって――（一）」（『京都橘女子大学研究紀要』第二一号、一九九四年）、同「今昔物語集の出典と用字法――『奇異』『微妙』をめぐって――」（『国語国文』第六五巻第一〇号、一九九六年）、同「今昔物語集の死亡表現――翻案の方法をめぐって――」（『国語語彙史の研究』一八、一九九九年三月）、同「和化漢文から和漢混淆文への道筋」（『日本語学』、二〇〇〇年九月号）などは、『今昔物語集』とそれに影響を及ぼした先行書との関わり方を検討する。

古記録の言葉に早くから注意されたものに、武藤元信「記録文の特色」（一九二九年）、松本愛重「記録に見えたる如泥の語に就いて」（一九三二年）、同「松容の語を説明して大日本史の誤を弁ず」（一九三三年）があること、先に触れた（第一章第二節、注(22)）。武藤の論説は、むしろ、語法に関するところが多いが、その先見性には驚かされる。また、著書の形で刊行された既出の『斎木一馬著作集』・穐田定樹著『中古中世の敬語の研究』・峰岸明著『平安時代古記録の国語学的研究』・清水教子著『平安中期記録語の研究』・中山緑朗著『平安・鎌倉時代古記録の語彙』・小山登久著『平安時代公家日記の国語学的研究』、その他にも語彙、また、慣用句に関する考察が多く見られる。慣用句や四字熟語・格言等についての視点も大切である。先の佐藤喜代治著『漢語漢字の研究』は、「『法苑珠林』と記録体」

との一節を収める。『法苑珠林』（六六八年〈唐総章元〉成、道世編集）は、『今昔物語集』などの説話に影響を及ぼしているが、これには中国唐代の実用文の片鱗が窺われ、これが記録体との関係上、見逃せないとされる。

以上は、主として変体漢文・和化漢文、また、説話文・和漢混淆文の語彙として論じられたものである。それぞれに丹念な調査を経た上での考察であり、もはや加筆や修正の必要はないであろう。ただ、多くは古文書を利用されていないので、場合によっては、古文書の側から何らかの形で検討を加える余地があるかも知れない。『九暦』以下の記録語の源流・基盤に、いきなり『万葉集』「記紀」を、あるいは、漢文訓読語を置く向きもあるが、その間に日常書記語・文書語を置き、これを検討してみる必要がある。その意味で、右は、いわば、今後の課題テーマでもあるといってよい。和漢混淆文・説話文などにおける語彙についても多くの論考が出されており、同様の検討・検証を必要としよう。新たな視点を加えることにより、各論考は、なお一層の深みを増すことであろう。

古記録の助数詞に関しては、峰岸明「平安時代の助数詞に関する一考察（一）・（二）」（『東洋大学紀要　文学部篇』第二〇・二一集、一九六六年一二月・一九六七年一二月）、西田直敏「『花園天皇宸記』の助数詞」（『創立三十周年記念甲南女子大学研究紀要』、一九九五年三月）、山内洋一郎「中世における助数詞について――その一『実隆公記』に見る数量表現――」（『広島文教女子大学研究紀要』第五号、一九七一年三月）、拙稿「鷹を数える助数詞」（『国語文字史の研究』四、一九九八年八月）、同「『山科家礼記』における助数詞について」（『鎌倉時代語研究』第二一輯、一九九八年五月）などがあり、関連して、拙稿「今昔物語集における助数詞について」（同誌、第一九輯、一九九六年八月）、関口佳子「覚一本平家物語の助数詞」（西田直敏著『平家物語の国語学的研究』、和泉書院、一九九〇年三月）、室井努「中世末期の数量表現――数量表現の語種と助数詞――ツの用法を中心に――」（『弘学大語文』第二二号、一九九六年三月）、金田一秀穂「数の語彙の分析」（『杏林大学外国学部紀要』第五号、一九九三年三月）、その他の考察がある。

語彙や表現には、社会・生活の変化に伴い、大小の新陳代謝が認められる。平安・鎌倉時代などには、自然現象や人事に関して日常的に吉凶が占われ、これに伴う文書として、朝廷には占文《せんもん》が行われた。公家や庶民レベルには、どのような文書、あるいは、口頭伝達が介在したか不詳だが、卜占の記事は古記録や文学作品などにも見えている。卜占に関する語彙は、日常生活にありふれた存在であったはずである。しかし、今日、既に解釈に窮するような事態も出来しており、その一端を拙稿「『やまひごと、くぜち』の意味について」(『文学・語学』第一一五号、一九八七年一二月)に述べた。卜占に関する語彙も、今の内に整理しておく必要があろう。室町時代には、女性語を反映する古文書もある(国田百合子著『女房詞の研究』、風間書房、一九六四年、井之口有一・他著『尼門跡の言語生活の調査研究』、風間書房、一九六五年、参照)。

【iii】国語の語彙を集め、その表記漢字の用法を示す『色葉字類抄』、および、『字鏡集』については左記がある。

こまつひでお「声点の分布とその機能(Ⅰ)——前田家蔵三巻本『色葉字類抄』における差声訓の分布の分析——」(『国語国文』第三五巻第七号、一九六六年七月)、峰岸明「今昔物語集における漢字の用法に関する一試論——副詞の漢字表記を中心に——〔一〕」(『国語学』第八四輯、一九七一年三月)、同「『字鏡集』白河本の和訓に加えられた「正」注記の意義について」(『訓点語と訓点資料』第六四輯、一九八〇年一〇月)、同「字類抄の系譜(上)・(中)・(下)——人事・辞字両部所収語の検討を通して——」(『国語国文』第五三巻第九〜一一号、一九八四年)、村田正英「前田本色葉字類抄掲出漢字に並記された別訓の機能」(『鎌倉時代語研究』第三輯、一九八〇年三月)、同「色葉字類抄における和名類聚抄掲出語の受容」(同誌、第七輯、一九八四年五月)、高松政雄「和用法の字音語——色葉字類抄畳字部より——」(『訓点語と訓点資料』第六九輯、一九八三年八月)、原卓志「色葉字類抄における和訓の増補とその表記形態」(『国文学攷』第一〇二号、一九八四年)、同「色葉字類抄に於ける別名の性格——古往来に於ける使用量と使用場面との分析を通して——」

（同誌、第八輯、一九八五年五月）、同「色葉字類抄における類書の受容」（『広島大学文学部紀要』第四四号、一九八五年）、同「三巻本色葉字類抄畳字部における『―名』注記について」（同誌、第一一輯、一九八七年八月）、拙稿「色葉字類抄畳字門語彙についての試論――『闘乱部』語彙の場合――」（『国語語彙史の研究』第八輯、一九八七年一一月）、同「同（続）」（『島根大学教育学部紀要（人文・社会科学）』第二一巻、一九八七年一二月）、佐藤喜代治「『本朝文粋』の和訓――『色葉字類抄』との関連において――」（『文芸研究』第一二二号、一九八九年）、同著『『色葉字類抄』（巻上・中・下）略注』（明治書院、一九九五年三～七月。先の『漢語漢字の研究』に「補遺」を収める）、高橋久子「『色葉字類抄』の価値」（『日本語学』二〇〇〇年九月、臨時増刊号）。『色葉字類抄』も、古記録との関係で言及されることが多かったが、古文書に用いられる特徴的な漢字用法や語彙なども多く収められている。

峰岸明「漢語解義の基本方法」（既出『小林芳規博士退官記念国語学論集』）では、漢語の語義の理解を的確に行うための方法論について述べられている。古字書・古辞書には語義の注釈が乏しく、古文献から帰納しようとすれば、その文脈上の意味に左右される恐れがある。そこで、その漢語の語義理解にも漢字の「定訓」を利用しようとする。先には、漢字表記語を「定訓」によって解読する方法が示されている。

古文書・古記録の研究者によるその語句・表現等についての論考に、安田元久「地頭の『対捍』と『抑留』」（竹内理三博士還暦記念会編『荘園制と武家社会』、吉川弘文館、一九六九年六月）、倉本一宏「摂関家古記録にみえる『散楽の如し』」（皆川完一編『古代中世史料学研究　上巻』、吉川弘文館、一九九八年一〇月）、また、『ことばの文化史』（四冊、既出）所収の諸論考などが参照される。後者では、古記録・古文書等をもって「声高・微音」「身の暇《いとま》」「落す」「得宗《とくそう》・与《よ》奪《だつ》・得宗方《とくそうかた》」「時宜」「なりからし」「募る・引き募る」「恥辱・悪口」「上無し」「ぼろぼろ」「名を籠める」「灰をまく」「公方」「法螺を吹く」「赤口」「永宣旨」「後家・やもめ」「宛米」「そふ・ソモ」「中間《ちゅうげん》」「内々《ないない》」「官底《かんてい》（―底）」「下地《したじ》」

「落堕《らくだ》」「異名《いみょう》」について考察されている。いずれも史料を読み込んだ上での解釈で、歴史学では、この種の論考は、むしろ、ふつうのことであろう。佐藤進一「日本の古語と現代中国語」（『季刊論叢日本文化と人1』の月報「日本文化季報」、I-1、一九七五年九月、「佗（侘）傺」「牢籠」などに言及）、長又高夫著『日本中世法書の研究』（汲古書院、二〇〇〇年四月、法制語「和与」「悔還」「越訴」などに言及）、また、『鎌倉遺文　月報』の、「負い目」（永島福太郎、月報3、一九七二年八月）、「加地子」（永原慶二、同3）、「惣官」（網野善彦、同5、一九七三年九月）、「南廷壱廷」（瀬野精一郎、同5）、「別結解・別符」（坂本賞三、同7、一九七四年一〇月）、『吾妻鏡』の「被・令」（安田元久、同9、一九七五年一〇月）、「縁友・縁共」（峰岸純夫、同10、一九七六年四月）、「畠・畑」（黒田日出男、同19、一九八〇年一一月）、「近夫《ちかふ》」（黒田弘子、同28、一九八五年四月）、「名を憚ること」（飯沼賢司、同28）、「旗・御旗を揚げる」（伊東正子、同32、一九八七年一月）、魚の助数詞「こん」（長節子、同34、既出）、また、中西進「古文書にみる上代人の生活」（『言語生活』、一九七一年一二月号）、三橋正「『小右記』の話法と『下官』の用法」（『季刊ぐんしょ』再刊第五二号、二〇〇一年四月）などの考察も注目される。

　山田孝雄著『国語の中に於ける漢語の研究』（宝文館、一九四〇年四月）、阪倉篤義著『語構成の研究』（角川書店、一九六六年三月）、同編『講座国語史3　語彙史』（大修館書店、一九七一年九月）、佐藤喜代治著『日本文章史の研究』（明治書院、一九六六年一〇月）、同『国語語彙の歴史的研究』（明治書院、一九七一年一一月）、同編『日本の漢語』（角川書店、一九七九年一〇月）、同編『漢字講座』（明治書院、一九八八年五月〈第一巻〉以下）、同編『漢字百科大事典』（明治書院、一九九六年一月）、前田富祺著『国語語彙史研究』（明治書院、一九八五年一〇月）、松下貞三著『漢語受容史の研究』（和泉書院、一九八七年一〇月）、浅野敏彦著『国語史のなかの漢語』（和泉書院、一九九八年二月）、佐藤亨『国語語彙の史的研究』（おうふう、一九九九年五月）などは、文書語・記録語、その他における語彙を考察する上で大いに参考となる。佐藤喜代治編『講座日本語の語彙』は、語彙の発達・語彙の諸相を観察し、語彙研究の今後の方向をさぐる意図で編まれたもので、各巻には有益な論考が収められており、加えて、その「別巻」は『語彙研究文献語別目録』（明治書院、一九八三年一一月）となっていて大きな利便が得られる。

なお、古文書の解説書類の中には、読本《よみほん》といって古文書の本文に読み仮名を付したものがある。ためになることが多いが、いずれかの時点で、国語学的な裏付けを行う必要がありそうである。

4　語　法

語法（日本文法・漢文法）に関しても変体漢文・和化漢文についての論考が多い。鈴木恵「原因・理由を表す『間』の成立」（『国語学』第一二八輯、一九八二年）、辻田昌三「あひだ（間）」（『国語語彙史の研究』七、一九八六年一二月）、舩城俊太郎「間（あひだ）の〝分布〟」（『国語学』第一五九集、一九八九年三月）、同「『間』の遡源」（『国語国文』第六四巻第八号、一九九五年）は、形式名詞「間」に関するもの。第一章第二節に触れたように、古記録ひとりの問題ではない。辛島美絵「古文書における『る・らる（被）』の特色」（『語文研究』第七一号、一九九一年六月）、同「『る・らる』の尊敬用法の発生と展開――古文書他の用例から――」（『国語学』第一七二集、一九九三年三月）、同「記録資料（平安・鎌倉）――『る・らる』を例に――」（『国文学解釈と教材の研究』、一九九四年九月号）は、その尊敬用法についての新知見をもたらし、かつ、従来、顧みられることの少なかった文書語研究の意義を知らしめる。堀畑正臣「古文書・古記録の形式名詞『條（条）』をめぐって」（『国語国文学研究』第三二号、一九九三年二月）は、古文書・古記録における同用法とその表現性を追究し、古文書の方が一歩先んじるという。同じく「『以～被～』（モッテ～ラル）の文型をめぐって」（『国語学』第一六七集、一九九一年一二月）、同「院政・鎌倉期の『（さ）せらる』（使役＋尊敬）について」（『国語国文研究と教育』第二七号、一九九二年）、同「『（さ）せらる』（使役＋尊敬）の成立」（『訓点語と訓点資料』第九六輯、一九九五年九月）、同「『被成（なさる）』の系譜」（『訓点語と訓点資料』第一〇二輯、一九九九年三月）は、和文資料・古文書・古記録・抄物、その他の諸資料を用い、記録体の当該語法と「以～被～」語法（構文）との関係、また、当該語法の〝使役＋尊敬〟から〝尊敬〟への用法変化、中世後期における口頭語化について論じる。穐田定樹著『中古中世の敬語の研究』の第八章では、古文書も駆使して「致す」「存ず」の謙譲語としての展開を論ずる。関連して、泉基博「中世古文書に於ける『給』『致』について」（『武庫川女子大学言語文化研究所年報』第四号、一九九三年）があり、西村浩子「平安・鎌倉時代における『解文』の接続詞について（一）」（『鎌倉時代語研究』第一六輯、一九九三年五月）は、一般的によく行われた解文というものの接続法について分析する。鈴木恵「院政鎌倉時代に於ける和化漢文の再読字管見」（既出『小林芳規博士退官記念国語学論集』）は、『尾張国解文』『将門記』、古往来などの再読字について言及する。

古記録・和化漢文においては、前掲の峰岸明・中山緑朗・小山登久、その他の先学の著作に取り上げられたものもある。小山登久「公家日記に見える『之』の字の用法について――平安時代の資料を対象に――」（『語文』第三二輯、一九七四年九月）、同「公家日記に見える『於』の字の用法について――平安時代の資料を対象に――」（『ノートルダム清心女子大学国文科紀要』第八号、一九七五年三月）、同「公家日記に見える『所（處）』字の用法について――平安時代の資料を対象に――」（『国語国文』第四六巻第四号、一九七七年四月）などは、記録語の基本的な部分に関わる研究で、著書の方にも収められている。中山氏には、平安・鎌倉時代の古辞書の語彙についての考察もある。小林芳規「訓点資料・記録資料」（『文学語学』第四八号、一九六八年六月）では、その研究の意義が説かれ、以下、小川栄一「記録体における形式名詞『由』」（『日本語と日本文学』、一九八一年）、重見一行「親鸞の和讃における『シム』の用法――鎌倉期和化漢文中の『令』に関する試論――」（『国語国文』、一九七七年一〇月号）、来田隆「和化漢文に於ける『令』の一用法」（『鎌倉時代語研究』第五輯、一九八二年五月）、堀畑正臣「平安時代の記録体資料に於ける『令（シム）』について」

（熊本大学『国語国文学研究』第一九号、一九八四年）、鈴木恵「和化漢文に於ける形式名詞の新生と分化について」（『鎌倉時代語研究』第一七輯、一九九四年五月）、同「和化漢文に於ける時の形式名詞について」（同誌、第一八輯、一九九五年八月）、田中雅和「和化漢文における否定表現の一考察——用字・語法上の漢文和化について——」（同誌、第一六輯、一九九三年五月）、磯貝淳一「平安時代後半期和化漢文資料の疑問詞疑問文における助字の用法」（同誌、第二一輯、一九九八年五月）、同「平安時代後半期の和化漢文資料における疑問助字の用法——表記主体の社会的属性の違いに関わる用字法の差異について——」（『国文学攷』第一五七号、一九九八年三月）、舩城俊太郎「変体漢文の『併』字」（『国語学』第八三集、一九七〇年一二月）、同「古消息の『併』字」（『新潟大学国文学会誌』第三〇号、一九八九年三月）、鈴木恵「『来迎院本日本霊異記』に於ける『幷』字と『竝』字の用法」（『鎌倉時代語研究』第二輯、一九七九年三月）、同「日本霊異記古写本の比較に基づく文末の助字『也』『矣』字の用法」（同誌、第三輯、一九八〇年三月）、同「『然而』をめぐって」（同誌、第六輯、一九八三年五月）、同「平安鎌倉時代に於ける『ナヲバ—トイフ』と『—トナヅク』について」（同誌、第八輯、一九八五年五月）などの研究がある。峰岸明「古代日本語文章表記における倒置記法の諸相」（『国語論究　第2集　文字・音韻の研究』、明治書院、一九九〇年六月）は、『御堂関白記』や『続日本紀』宣命・『東大寺諷誦文稿』・漢字仮名交り文等により、倒置記法（俗に返読語の類）の諸相をさぐる。また、原裕「『御堂関白記』自筆本の主語・述語転倒表記をめぐって」（『訓点語と訓点資料』第一〇四輯、二〇〇〇年三月）、同「変体漢文の近称指示代名詞の用字について」（同誌、第九七輯、一九九六年三月）、堀畑正臣「古記録に見える『為当』をめぐって——『唐代口語』出自の語に着目して——」（『筑紫語学研究』第五号、一九九四年）、同「軍記物語と古文書・古記録出自の形式名詞『條（条）』」（同誌、第八号、一九九七年一二月）、砂岡和子「平安古記録文中的唐代口語疑問句」（『駒沢女子大学研究紀要』第四号、一九九七年一二月）などの研究がある。瀬間正之「上代に於ける『者』字の用法——助辞用法から助詞表記へ——」（『国語文字史の研究』二、一九九四年一〇月）は、古代朝鮮資料・金石文・木簡から『古事記』までの同用法を検討する。

『吾妻鏡』に関しては、松下貞三「記録体の性格――吾妻鏡を中心として――」（『国語国文』第二〇巻第九号、一九五一年一二月）、同「吾妻鏡における『令（シム）』の考察――漢文和化の道をたずねて――」（『国語と国文学』一九七五年五月号）がある。前者は、『吾妻鏡』を中心とする資料によって、その記載様式・語彙・語法・文章構成について検討する。今日からすれば概説の類になるが、「記録を国語研究の対象とする」立場としては早期の一つである。青木孝「変体漢文の一用字法――『者（テイレバ）』を巡って――」（『国語学』第一七輯、一九五四年八月）は、『古事記』以下、古記録・往来物、その他における「者」を論じ、同語法は、引用句の終結を示すために六朝から唐代の官符の通行文に用いられていたものとする。同「吾妻鏡に見える謙譲の『令（シム）』」（『青山学院女子短期大学紀要』第一八輯、一九六七年）、同「吾妻鏡構文上の一特色――述語の上に、助字『於（オ）』をつけて補足語を提示する型――」（同誌、第二三輯、一九七二年）、同「吾妻鏡に見える『處（処）・所（𫝂）』両字の使い分けについて――接続助詞的に用いられた『處』字を中心として――」（同誌、第二八輯、一九七四年一一月）、同「吾妻鏡の文体――『被（ヒ）』字で受動態を表わす用法を中心として――」（山岸徳平編『日本漢文学史論考』、岩波書店、一九七四年）、その他、また、来田隆「『吾妻鏡』における助動詞『令』の用法について」（『鎌倉時代語研究』第一二輯、一九八九年七月）などもある。

以上に関連して、藤原照等「古事記の文接続について」（『国文学攷』第二三号、一九六〇年五月）、石塚晴通「上代から中古初頭の変体漢文に於ける『而』字の用法（上）・（下）」（『国語研究室』第六・七号、一九六七・一九六八年）、同「古事記の文末辞法」（『国語と国文学』、一九七四年四月号）、伊土耕平「『古事記』の接続詞について（上）・（下）――後件分類法による分析、接続詞を重視した解釈――」（『国語国文』第六四巻第二・三号、一九九五年）、新里博樹「上代散文における指示詞の用法――『古事記』地の文の場合――」（『淑徳短期大学研究紀要』第三五号、一九九六年二月）、吉野政治「古事記の補助動詞タマフの通時的位置について」(『国語語彙史の研究』一七、一九九八年一〇月)、森山由紀子「古事記における補助動詞『タマフ』の用法」(同誌、一八、一九九九年三月)、池田幸恵「宣命の漢文助字――助詞相当の助字について――」(『三重大学日本語学文学』第八号、一九九七年六月)、峰岸明「今昔物語集に於ける変体漢文の影響について――『間』の用法をめぐって――」(『国語学』第三六集、一九五九年三月)、中川千里「尊敬『す』を表す『所』字について――続紀宣命・式祝詞・万葉集を中心に――」(『北陸古典研究』第一〇号、一九九五年九月)、山内貴子「『間』と『程』――『今昔物語集』を中心としたその意味と文体――」(『語文』第四〇輯、一九八二年一一月)、鈴木恵「和漢混淆文における時の形式名詞について」(『新大国語』第二二号、一九九六年三月)、桜井光昭著『今昔物語集の語法の研究』(明治書院、一九六六年三月)、山口佳紀「今昔物語集に於ける『以テ』の用法」(東京大学教養学部『人文科学科紀要』第四六号、一九六八年一二月)、山本真吾「今昔物語集に於ける『速ニ』の用法について」(『鎌倉時代語研究』第一一輯、一九八八年八月)、桜井光昭『『古事談』の尊敬語』(早稲田大学教育学部『学術研究――国語・国文学編――』第二九号、一九八〇年一二月)、小川栄一「延慶本平家物語に見える原因・理由の接続助詞トキニ」(『福井大学教育学部紀要　第Ⅰ部人文科学国語学・国文学・中国学編』第三九号、一九九一年二月)、川岸敬子「『侍り』についての考察――延慶本『平家物語』における――」(『明治大学教養論集』第二八六号、一九九六年三月)、菅原範夫「延慶本平家物語の接続詞」(『キリシタン資料を視点とする中世国語の研究』、武蔵野書院、二〇〇〇年六月)、その他、「記紀」以下の語法、和漢混淆文・説話文などにおける問題等を扱ったものは少なくない。この他は、紙幅の都合上、省略する。

5　文章・文体・表現

前田富祺「古代の文体」(『講座国語史6　文体史・言語生活』、大修館書店、一九七二年二月)では、奈良時代(末期)か

ら漢文の一般化とともに公文書は漢文で書かれるようになり、孝謙天皇の勅旨（七五八年〈天平宝字二〉六月一日）、『本朝文粋』巻二所収の兼明親王の「勅符」・大江朝綱の「詔」などは、中国に典拠のある語句を用い、中国の故事を引きながら文を飾る文体が行われ、一方、私文書では、日本的な要素の入ることが多いとする（五八〜六二頁）。佐藤喜代治「古文書の文体」（『書の日本史』第九巻〈古文書入門／花押・印章総覧／総索引〉、平凡社、一九七六年三月）では、古文書の文体として、イ宣命書き、ロ漢文、ハ記録体、ニ候文体、ホ仮名文があるとする。イは、詔書の書式で日本語をそのまま書いた文体、ロは、衰えたイの形式に代って行われた詔の類の文体、ハは、ここでは変体漢文・吾妻鏡体に同じもの、公文書・私文書の文体・用語がこれで、中国官符の文も同様とある。ニは、『明衡往来』『貴嶺問答』、また、書簡文の類の文体、ホは、正倉院仮名書状以下、平仮名・片仮名の書状などの文体として、それぞれの特徴について述べる。小山登久「太政官符の文章――奈良時代の資料を対象に――」（『大坪併治教授退官記念国語史論集』、表現社、一九七六年五月）は、同官符の語序・用語・変字法・漢文的修辞などにつき、また、同「変体漢文の文体史」（『講座日本語学7　文体史Ⅰ』、〈既出、第二節〉）では、奈良時代の太政官符・正倉院文書・『万葉集』題詞と左注、平安時代の公家日記、鎌倉時代より江戸時代までの公家日記等における文体、語序の破格の型式、日本的な熟字、和語・和製漢語などについて述べる（共に、著書に収める）。峰岸明著『変体漢文』（『国語学叢書11』、〈既出〉）では、日記・古文書の文体、その他の資料の文体（説話集・霊異記・合戦記・縁起・学術書など）について論じる。佐藤喜代治著『日本文章史の研究』（既出）の「Ⅱ　文章の変遷」においては、各時代の漢文・公文書・書簡文・公文書の変化・記録・仮名交り文、また、『吾妻鏡』『貞永式目』往来物・和漢混淆文・仮名文・俗語文などについて論じる。これらにおいては、古文書の文体を他との関係において概説するもののようである。しかし、古文書の文体そのものにつき、また、これを総合的、体系的に記述された論著を管見にしない。このほとんどは、今後に残された課題ではなかろうか。個別的な論考としては、左記がある。

門前正彦「日本文章史上の諸問題——宣命と変体漢文——」（『日本文学研究』第二一号、一九九〇年）は、国語文の文字表記の発生を論ずる。乾善彦「部分的宣命書きの機能」（『国語語彙史の研究』一九、二〇〇二年三月）、同「『平安遺文』の宣命書き資料」（大阪女子大学『女子大文学国文篇』第五三号、二〇〇二年三月）では、『平安遺文』所収の宣命書き文書・漢字仮名交り文書を集成し（四四六通）、部分的宣命書きの文章の基本は、いわゆる変体漢文であって漢文的な措辞を多く含み、全体に宣命書きのものは、ほぼ日本語の語順に従って読むことができるとする。

拙稿「古文書における一待遇法」（『文学・語学』第九二号、一九八一年一一月）は、古文書に特有の引用表現と待遇表現とを併せ考察し、同「古文書における『侢』『称』『云』について」（『島大国文』第一〇号、一九八一年一二月）は、これらの使い分けによる引用表現について考察する。拙稿「古文書にみる漢文訓読特有の語法——『不可勝（称）計』について——」（『国文学攷』第八〇号、一九七八年一二月）、同〈共著〉「中世文書における語彙研究上の一問題——『非道』と『無道』——」（福井大学『国語国文学』第二一号、一九七九年二月）、同「古文書の国語学的研究——『為体』『為体也』を視点として——」（『文学・語学』第八六号、一九七九年一二月）、同「古文書の強調表現について」（『島大国文』第九号、一九八〇年九月）は、これらの語彙（また、「自由」「希代」「言語道断」「言語不及」など）が、古文書特有の強調表現に密接に関係することを論じる。拙稿「古文書の表現方法——『自由』の場合——」（弘前大学『文経論叢』第一四巻第二号、一九七九年三月）では、強調表現の一つとして「自由」が用いられ、これが六種の類型的構文によって運用されていることを述べる。古文書の表現方法とその語学的性格を究明する一つの試みであるが、古文書が〝類型〟を用いることの意義について考える必要がある。なお、「自由」という言葉も古文書に特徴的な強調表現に用いられるが、その後は、進藤咲子著『明治時代語の研究——語彙と文章』（明治書院、一九八一年一一月）、その他に言及されている。

高橋忠彦「古往来に見られる対偶表現について」（『日本語と辞書』第一号、一九九六九年五月）は、古往来における対偶の用法と淵源を考察する。拙稿「『高山寺本古往来』の第六状について——古文書における『乞也』・『悉之』の考察——」（『文経論叢』第一五巻第一号、一九八〇年三月）は、特定の文書に特定の語句・語法・表現法の用いられる事例の一つである。これらが、何のために何を源流とし、背景とするものか、さらに考えなければならない。

西村浩子「平安時代における解文の文章構成について——『尾張国解文』を中心として——」（『国文学攷』第一一六号、一九八七年一二月）、同「真福寺本『尾張国解文』の対句表現について——文章構成との関連において——」（『鎌倉時代語研究』第一二輯、一九八八年七月）、同「平安時代の『解文』における文章構成の類型的性格について」（同誌、第一三輯、一九九〇年一〇月）、同「平安時代の解文に見られる裁許要請文言の類型について」（『表現研究』第五七号、一九九三年）、同「鎌倉時代の申状に見られる裁許要請文言の類型について」（『鎌倉時代語研究』第二一輯、一九九八年五月）は、専ら上申文書（解文・申文）を対象とし、段落構成・接続詞・対句表現等を通して類型的表現の推移を分析する。

来田隆「古往来の敬語法」（『福岡教育大学紀要』第二四巻第一号、一九七五年）、佐藤武義「往来物の語彙——敬語語彙を中心に」（『講座日本語の語彙　第4巻　中世の語彙』、明治書院、一九八一年一一月）は、敬意表現に関するもの。往来・消息（書簡）の文体・表現に関しては、敬意表現に関する論文が少なくない。宝月圭吾「候文の歴史」・岩渕悦太郎「書簡文の歴史覚書」（共に『言語生活』、一九五五年一二月）、その他もある。

『御成敗式目』の「追加法」（七四五ヵ条）に関しては、拙稿「中世法制資料における否定・禁止の表現について」（『文教国文学』第二七号、一九九一年三月）がある。先に、峰岸明「平安時代記録文献文体試論——用字研究からの試み——」について触れた。古文書類は、各時代にわたり、様々な組織・機関、位相・階層、地域・地方などに及ぶ。同様に、用字や用語、漢字表記の方法、表現法などに、それぞれの特徴や偏向のあろうことが予測される。

古記録の文体・表現に関して、小山登久「『告諭』をめぐって――権記の文体――」(『語文』第二七号、一九六七年五月)、同「公家日記に見える仮定表現型式について――平安時代の資料を中心に――」(『論集日本文学日本語　2中古』、角川書店、一九七七年一一月)、穐田定樹「『小右記』の尊敬語」(同上書)、同「『小右記』の待遇表現」(『国語国文』第四六巻第四号、一九七七年)、同「『御堂関白記』『小右記』の敬語・敬語表現（その一～十六）」(『岡山大学教育学部研究集録』第四八号～七一号、一九七八年三月～一九八六年一月)、同「『御堂関白記』の引用形式」(『大谷女子大国文』第九号、一九七九年三月)などがある。清水教子「『御堂関白記』の原因・理由を示す表現」(『中国短期大学紀要』第一五号、一九八四年)、同「『権記』に見られる原因・理由を示す表現」(同誌、第二三号、一九九二年六月)、同「『小右記』における病気・怪我に関する表現」(『岡大国文論稿』第二一号、一九九三年三月)は、平安中期古記録の表現類型集大成の一環であり、同「『小右記』に見られる原因・理由を示す表現」(同誌、第二二号、一九九四年三月)、同「『小右記《おうき》』に見られる批判文の語彙」(『ノートルダム清心女子大学紀要　日本語・日本文学編』第二六巻第一号、二〇〇二年三月)は、語彙を検討しながら記主の心情表現を考察する。関連して、堀端正臣「『小右記』の文飾――用語・用字・語法からみた個性的文体について――」(『国語国文学研究』第二七号、一九九一年)、飯沼清子「平安時代中期における作文の実態――小野宮実資の批判を緒として――」(『国学院雑誌』第八八巻第六号、一九八七年)、中山緑朗「『実隆公記』の語彙（一）――感情表現を中心に――」(『学苑』第五九八号、一九八九年)があり、西田直敏著『「自敬表現」の歴史的研究』(和泉書院、一九九五年三月)は、伏見・花園・後奈良三天皇の宸記を中心にその自敬表現を論ずる。

この他、松尾拾著『今昔物語集の文体の研究』(明治書院、一九六七年一一月)、高橋敬一「『今昔物語集』天竺部の文体形成――『注好選』との副詞の比較を通して――」(『国語国文学研究』第二一号、一九八六年)、山口佳紀著『古代日本文体史論考』(有精堂出版、一九九三年四月)、川上徳明「『今昔物語』における命令・勧誘表現の種々相」(『札幌大学文

化学部紀要　比較文化論叢』第三号、一九九九年三月)、山口康子著『今昔物語集の文章研究』(おうふう、二〇〇〇年三月)、小川栄一「延慶本平家物語における記録的章段の文体」(『福井大学教育学部紀要　第Ⅰ部　人文科学　国語学・国文学・中国学編』第四六号、一九九六年三月)、また、湯沢質幸「八、九世紀東アジアにおける外交言語——日本・渤海間を中心として——」(『筑波大学文芸言語研究　言語篇』第三二号、一九九七年一〇号)などの論考がある。『今昔物語集』『平家物語』、その他の文体に関する論考は少なくない。

[願文・表白文・諷誦文]

中田祝夫著『改訂新版東大寺諷誦文稿の国語学的研究』(風間書房、一九七九年九月、初版は一九六九年)は、その総合的な研究である。この他、塚原鉄雄「諷誦文稿の史的座標——訓読史的意味と文章史的位置」(『国語国文』第四九巻第九号、一九八〇年)、築島裕「高山寺本表白集の研究」(高山寺資料叢書『高山寺本古往来　表白集』、東京大学出版会、一九七二年三月)、同「醍醐寺蔵本表白集について」(醍醐寺文化財研究所『研究紀要』第六号、一九八四年三月)、同「鎌倉時代の言語体系について」(『国語と国文学』、一九七四年四月号、六七頁)、峰岸明「表白の文章様式について」(高山寺資料叢書別巻『高山寺典籍文書の研究』、東京大学出版会、一九八〇年一二月)、金水敏「祭文・表白・願文三解題」(高山寺資料叢書『高山寺古典籍纂集』第四部、東京大学出版会、一九八八年二月)、大曾根章介「平安時代の駢儷文について——文章の段落と構成を中心に——」(『白百合女子大学研究紀要』第三号、一九六七年一二月)、同「平安時代における対偶表現——『本朝文粋』を中心として——」(『国語と国文学』第六一巻第五号、一九八四年)、また、山本真吾「『高山寺本表白集』所収の表白の文体」(『鎌倉時代語研究』第九輯、一九八六年五月)以下、同氏の一連の表白集・願文類の研究[39]、峰岸明「『本朝文粋』の文章について——日本漢文文体判定の基準を求めて——」(『国語と国文学』第六九巻第一一号、一九九二年)、韓棣「『本朝文粋』に於ける和習及び誤用(一)・(二)」(『熊本商大論集』〈第三九巻第一号、一九九二年〉・『熊本学園大学

文学・言語学論集』〈第四巻第二号、一九九七年一二月〉)、田中雅和「『石清水八幡宮権別当田中宗清願文案』二種（漢字仮名交り文・和化漢文）対照本文」（『鎌倉時代語研究』第二一輯、一九九八年五月）、同「『石清水八幡宮権別当田中宗清願文案』漢字索引」（同誌、第二一輯）、同「和化漢文と定家の訓読――石清水八幡宮権別当田中宗清願文案における助詞と助字との関係――」（同誌、第二二輯、一九九九年五月）、渡辺秀夫「願文用語略稿」（『国文学研究資料館文献資料部調査研究報告』第九号、一九八八年）などがある。

『本朝文粋』に関する論考は先にもあげた（注(33)参照）。さらに言及すべき先学の論考は少なくなく、また、新しい影印複製や翻刻、さらには、敦煌出土願文集などもあるが、割愛し、小峯和明・山崎誠「平安鎌倉期・願文表白年表稿」（『国文学研究資料館文献資料部調査研究報告』第一一号、一九九〇年三月）だけをあげておく。

第四節　仮名文書

仮名文書とは、万葉仮名・平仮名文・片仮名文、また、一部に漢字を交えた仮名文による文書をいう。機能・性格上、三蹟で知られる能書家等の書状（古筆）、能筆による手習い用の書状などは含めない。ただし、芸術・学習の場における仮名文字と実用的・生活的な場におけるそれとは、深い関わりはある。久曾神昇著『平安時代仮名書状の研究』[40]では、「正倉院真仮名文書」以下、各時代の仮名書状の概略が説かれ、「虚空蔵菩薩念誦次第紙背文書」以下の研究が行われている。「藤原有年申文」、また、『平安遺文』所載仮名文書にも言及されている。

今日に伝存する平安時代の仮名文書には貴族社会に関わる消息類が多く、そのためか、中央語的な要素が濃いようである。鎌倉時代の女房奉書なども同様であるが、他方、中世の証文類（譲状・売券・借用状等）や親鸞遺文・恵信尼消息・日蓮遺文などには、口頭語や地方語の反映が認められ、しかも、これらは差出人・宛名人・年月日等の判明するものが多く、かねてより、音韻史、および、方言研究の資料として注目されてきた。すなわち、早くには、遠藤嘉基・大塚光信・小林好日・島田勇雄・新村出・浜田敦・森田武・山田孝雄などの先学に仮名文書・日蓮遺文等の利用・引用がなされてきた。しかし、今日のように公刊された古文書は多くなく、抄物・狂言・キリシタン資料ほどには豊富な用例も得られなかったらしく、多くの研究者の関心を呼ぶことはなかったようである。

仮名文書の意義を、改めて説いたのは、福田良輔「方言と古文書」(『国文学解釈と鑑賞』、一九六九年七月臨時増刊号)と迫野虔徳「方言史料としての古文書・古記録」(平山輝男博士還暦記念会編『方言研究の問題点』、明治書院、一九七〇年八月)とである。前者は、各地方の古文書には古語や古い語法・音韻を遺しているものがあり、これが日本方言区画成立過程の考察に有益であるとし、「べし」「まじ」以下の語法・語彙について論ずる。後者は、「方言史研究の立場からその史料的意義を考えてみたい」として、「〜のように」「ごとく」、「ねまる」「ばいぎ」「たかぶ」「かぶち・おかだち・かんだち」といった語法・語彙、音韻関係の事象に言及する。迫野虔徳著『文献方言史研究』(清文堂出版、一九九八年二月)では、『伊達輝宗日記』『梅津政景日記』などにも詳しく触れられている。

これに前後し、中世語研究・口頭語研究という観点から積極的に古文書を取り上げたのは小林芳規「中世片仮名文の国語史的研究」(『広島大学文学部紀要』特輯号3、一九七一年三月)である。ここでは、中世語研究の意義を説き、『打聞集』『極楽願往生歌』『法華百座聞書抄』以下の片仮名資料、また、「高野山文書」「相良家文書」「石清水文書」「東寺百合文書」などの古文書によって、文字(仮名字体・漢字用法・補助符号)・国語音韻の変化・漢字音の国語化・文法の近代語的事象・語彙・位相(口頭語・東国語)について論じ、同じく「千葉県市川市在中山法華経寺文書に現れた中世語について」(平山輝男博士古稀記念会編『現代方言学の課題』第三巻、明治書院、一九八四年六月)でも、オ段拗音・合拗音「くわ」の直音化・「ダ」「ザ」の通用・四つ仮名の問題、また、国語音・助詞ヲの「お」表記、助詞「へ」「ながら」の用法・「こそ」の呼応、その他について論ずる。同「国語史料としての高山寺本古往来」（既出、『高山寺本古往来　表白集』）でも、仮名文書が活用されている。

以上に共通するのは、表音表記主体の仮名文書の長所を活かした研究であるが、古文書を、さらに積極的に用いたのが、後掲の辛島美絵氏による一連の文法研究である。

以下、仮名文書を主とする先学の研究を整理してみよう。

1　字形・字体・表記

築島裕著『日本語の歴史5　仮名』（中央公論社、一九八一年四月）は、万葉仮名の起源から近世に及ぶ「仮名」の史的展開を詳述し、万葉仮名文書や平仮名文書などに言及する。前田富祺「『東大寺諷誦文稿』の片仮名の字体について」（『語文』第五二号、一九八九年）は、字体の面から片仮名体系の成立を考えようとするもの、矢田勉「異体がな使い分けの発生」（『築島裕博士古稀記念国語学論集』、一九九五年一〇月）、同「異体がな使い分けの衰退――トの仮名の場合――」（『山口明穂教授還暦記念国語学論集』、明治書院、一九九六年六月）、同「平安・鎌倉時代における平仮名字体の変遷」（『国語文字史の研究』四、一九九八年八月）の一連は、一貫して実用的資料（消息類と源空・親鸞・日蓮等遺文など）を用い、平安から鎌倉時代までの平仮名史の記述に主眼を置くもの。「文字史の原理」は書記体の経済化にあり、古筆資料はこれに直接には連続しないとする。詳細な調査で、史上、一〇世紀後半、一〇五〇年頃～一一五〇年頃、平安末期～鎌倉時代に変化が認められるという。関連して、同「いろは歌書写の平仮名字体」（『国語と国文学』第七二巻第一二号、一九九五年）、同「『平仮名らしさ』の基準について――オの仮名を例として――」（同誌、第七六巻第五号、一九九九年五月）がある。この他、関連して、仲川恭司「平安時代における仮名散らし書き誕生についての一考察（上）」（『専修国文』第五六号、一九九五年一月）、村田正英「平仮名古文書に使用されたる和訓表記の漢字」（『尾道短期大学研究紀要』第二九号、一九八〇年一月）、金子彰「親鸞聖人遺文の表記研究（1）――自筆書簡に於ける語の漢字表記を主として――」（『新潟大学教育学部長岡分校研究紀要』、一九八〇年三月）、同「同（2）――親鸞自筆書簡・法然自筆書簡との比較を通して見た語の漢字表記について――」（『新潟大学教育学部附属長岡校園研究誌　教育論考』第二五号、一九八五年五月）などがある。仮名文書については、小松茂美著『かな――その成立と変遷――』（岩波新書、一九六八年五月）もある。片仮名の、院政期以降の字体変化については、「中世片仮名文の国語史的研究」（既出）に詳しい。

2　音　韻

この分野に関しては先にも触れた。仮名文書には規範意識の薄いものがあり、音韻・語法以下、各種の混乱例も現われやすい。これを利点とした研究が早くから見られる。すなわち、新村出「音韻史上より見たる『カ』『クヮ』の混同」では、『高野山文書』六（続宝簡集・七八）の「紀州阿弖河荘上村百姓等言上状」などにより音韻問題を論じる。(41)森田武「日蓮聖人遺文の仮名遣――その注意すべき二つの事象について――」（『国文学攷』第九号、一九四二年三月）、土井忠生・森田武著『国語史要説』（修文館、一九五五年。一九七五年に「新訂版」）、土井忠生編者代表『日本語の歴史』（至文堂、一九五七年六月。一九八四年に「改訂版」）等では、日蓮遺文・古文書などにおける開合や四つ仮名の混乱例等が指摘され、浜田敦「長音（上）・（下）」（『人文研究』第二巻第五・六号、一九五一年五月・六月）、遠藤嘉基著『訓点語と訓点資料』（中央図書出版、一九五二年）、大塚光信「開合の音」（『文学』、一九八〇年一〇月）等にも開合混用例の指摘がある。五島和代「古文書と四つ仮名」（『香蘭女子短期大学研究紀要』第一五号、一九七二年）は、東北・関東・中部・

近畿・中国・九州の古文書にあたり、その混同例は一六世紀後半以降に多く、東国地方文書に多いと帰結する。辛島美絵「国語資料としての仮名文書——鎌倉時代のォ段長音の開合と四つ仮名の混乱表記を通して——」（『国語学』第一四六輯、一九八六年九月）は、それまでの混乱例を検証しながら庶民層の言語史・口頭語史・地方言語史を考察する。

小林好日「語源論」（『方言語彙学的研究』、岩波書店、一九五〇年一一月）は、不動の客観性を付与するため、語源論には周到な文献学的研究を必要とするが、その上において、方言の知識は問題解決のための有力な武器であるとし、古文書をもって「一縮《いっしゅく》→一職（式・色・支具）→いっそ」という副詞の転成過程を説く。また、小林芳規「石清水文書田中宗清願文案に現れた藤原定家の用字用語について」（『鎌倉時代語研究』第三輯、一九八〇年三月）は、その仮名遣いが定家仮名遣いに合うことを指摘する。この他、中川美和「『平安遺文』における語中・語末のハ行音ほかの平仮名表記について」（『都大論究』第三二号、一九九五年六月）、古瀬順一「日蓮遺文の表記にみられる『お』と『を』の混同について」（『国語国文学報』第四一号、一九八四年三月）、同「日蓮消息文における動詞かなづかいの一傾向——ア・ハ・ワ行に活用する語の表記をめぐって——」（『愛知教育大学国語国文学報』第四三号、一九八六年）、同「『日蓮遺文』における『四つの仮名』の混同について」（『群馬大学教育学部紀要　人文・社会科学』第四〇号、一九九〇年）、金子彰「世代差と表記差——院政後期・鎌倉初期書写の仮名書状のハ行音表記を視点として——」（『鎌倉時代語研究』第一〇輯、一九八七年五月）などがある。

山田孝雄著『年号読方考証稿』（宝文館出版、一九五〇年六月初版、一九七〇年一一月復刻版）は、日本の年号の読み方（仮名表記・清濁等）を仮名文書に求めたものである。漢字音に関与するところが大きいが、同時に語彙に関する問題でもある。ただし、ここに用いられた資料は、『中家実録』を別とすれば、他は大きく時代が降る。小久保崇明「千葉本大鏡における漢字の振りがな及び声点について—附『年号読方考証稿』鶏肋」（『語文』第四四輯、一九七八年三月）・

『年号読方考証稿』鶏肋――『八巻本大鏡』による――」（『東洋』第二三巻六号、一九八六年、『国語学論説資料』二三―四）に、その補足がなされているが、改めて全面的な調査が必要であろう。読み誤りや読みのずれ、地方・時代によっては異伝も生じていよう。また、故実読みは、古い時代の全てを伝えるわけではないが（山田俊雄「読み癖・故実読み序説」〈『国文学解釈と鑑賞』、一九六〇年九月、六八頁〉）、例えば、『名目抄《みようもくしよう》』（藤原実熙《さねひろ》撰）にいう「年預……預字ニヨト可云也連声也」（群書類従、第二六輯）が「東寺沙汰衆中連署起請文」（一五〇四年〈永正元〉一一月五日、東寺百合文書・し函）の「ネンニヨ」と符合するなど、見るべきところもある。仮名文書によって、その検証を経れば、これら自体も研究資料として活用できよう。

なお、仮名文書に関しては、平仮名表記の研究や片仮名書きの説話類・仮名書き経典（妙法蓮華経・無量寿経・往生要集など）・親鸞の『西方指南抄』『三帖和讃』『教行信証』などによる研究、例えば、小林芳規「平安時代の平仮名文の表記様式（一）・（二）――語の漢字表記を主として――」（『国語学』第四四・四五輯、一九六一年三月・六月）、榎木久薫「中世片仮名文における片仮名表記字音語について」（『鎌倉時代語研究』第一六輯、一九九三年五月）、同「中世片仮名文における字音語の拗音表記について」（『鳥取大学教育学部研究報告　人文・社会科学』第四四巻第一号、一九九三年七月）、片岡了「恵信尼『仮名写経』の字音――特に舌内入声音について――」（『国語学』第五八輯、一九六四年九月）、また、佐々木勇「日本漢字音史の研究法――平安・鎌倉時代を中心に――」（『日本語学』二〇〇〇年九月、臨時増刊号）などの研究成果がある。

3　語　彙

先の他、金子彰「男女差と表記差――鎌倉時代の一夫婦の漢語の表記を視点として――」（『文化言語学』、三省堂、一九九二年一一月）、同「平安時代の女性仮名書状について」（『女性学研究所年報』、一九九三―九四、一九九四年三月）があり、同「平安、鎌倉時代の仮名書状について――漢語とその表記を視点として――」（既出、『築島裕博士古稀記念国語学論集』）は、藤原為房妻・恵信尼・法然・親鸞等の書状類につき、漢語の使用率と表記法を分析する。西村里呼「言継卿記紙背文書における男性書状の『書止』について」（『東洋大学日本語研究』第二号、一九八九年）は、書状様式と書止の諸相について考える。助数詞に関し、拙稿「後鳥羽上皇逆修僧名等目録における助数詞」（『島大国文』第一八号、一九八九年一一月、共著）は、漢文文書と仮名文書とを対照する。「一鋪」と「一ふく」との対応例などがある。

4　語　法

辛島美絵「古文書語彙の性格――副詞を中心として――」（『語文研究』第五七号、一九八四年六月）、同「国語資料としての仮名文書――鎌倉時代の二段活用の一段化例、ナ変の四段化例をめぐって――」（既出、『奥村三雄教授退官記念国語学論叢』）、同「国語資料としての仮名文書――助動詞をめぐって――」（九州大学国史学研究室編『古代中世史論集』、吉川弘文館、一九九〇年八月）、同「仮名文書の助動詞――『す・さす』『しむ』――」（『九州産業大学教養部紀要』第三〇巻第二号、一九九三年一二月）、同「仮名文書の形容詞（一）・（二）・（三）・（四）」（『九州産業大学国際文化学部紀要』第一〇・一一・一二・一三号、一九九七年一一月・一九九八年三月・同年七月・一九九九年一月）、同「仮名文書の形容詞――特色ある形容詞語彙について（その二）――」（『語文研究』第八九号、二〇〇〇年六月）、同「シシ語尾形容詞について――仮名文書の例を中心に――」（『国語国文』第六九巻第六号、二〇〇〇年）の一連は、前節に見たところとともに仮名文書による文法研究という、実質的な新領域を拓いたに等しい。地方文書・近世文書などは、今後、ますます発掘され、公刊されるであろう。仮名文書には、漢文文書と、また異なる課題もある。様々な問題についての検討が期待される。

5　文章・文体

網野善彦「日本の文字社会の特質」（同著『日本論の視座――列島の社会と国家』、小学館、一九九〇年一一月。〈初出の『列島の文化史』5、日本エディタースクール出版部、一九八八年五月〉に補正）は、『平安遺文』と『鎌倉遺文』（一〇四六～一三一八年分）を調査すれば、仮名混用文書は、一二世紀から一四世紀にかけて五％から二〇％を越えるまでに増加する、だが、この主力は平仮名文書と平仮名・漢字混用文書であり、片仮名交り文書は、一貫して二％前後にとどまり、あるいは、三％前後を出ないこと、文字としての基本的な特徴・機能を相対的に述べれば、平仮名は、主に書き、かつ、読む文字として機能していた、片仮名は、口頭で語られる言葉の表記に用いられ、無文字社会の豊かな音声の世界を表現する記号であったという。黒田弘子著『ミミヲキリハナヲソギ――片仮名書百姓申状論――』（吉川弘文館、一九九五年三月）は、一二七五年（建治元）の紀伊国阿弖河荘上村百姓の訴状一三カ条につき、詳細な語学的・歴史的注釈を行い、中世の在地社会においては、――地域性も考慮しなければならないが、当紀伊国近辺に限っていえば――、地頭・公文らは漢字や平仮名を、百姓らは（一部の漢字と）片仮名を用いて文書を作成したという。この文書には、日常的な口頭語や方言が見え、かねてから注目されている。関口裕子「平安時代の男女による文字（文体）使い分けの歴史的前提――九世紀の文書の署名を手がかりに――」（『日本律令制論集　下巻』、吉川弘文館、一九九三年九月）は、日本社会の文明化の特殊性が、性差による文字使用という世界史的にもまれな状況をもたらしたと論ずる。以上は、いずれも歴史学からの立論である。この他、島田浩幸「言継卿記紙背文書の国語学的研究――仮名消息の文体について（一）・（二）――」（『東洋大学日本語研究』第一・二号、一九八五・一九八九年）がある。

日蓮聖人の表現法に関しては、島田勇雄・春日正三・佐田智明・高橋一夫・岡田喬・古瀬順一などの諸先学の論考があり、(42)葭谷内和人「敬語法からみた蓮如自筆『御文』の文体」(『新大国語』第一二号、一九八六年)がある。

関連して、森野宗明「鎌倉時代の敬語二題」(『金沢大学教養部論集 人文科学篇』、一九六四年二月)・近藤政美「鎌倉時代における形容詞の敬譲表現について――金沢文庫古文書を中心にして――」(『名古屋大学国語国文学』第三〇号、一九七二年六月)は、「御」を冠する形容詞について論ずる。この他、植村洋子「書簡文よりみた対者敬語『侍り』と『候ふ』の交替――平安時代の現存書状を資料として――」(『愛文』第一六号、一九八〇年七月)、青柳好信「中古・中世女房日記の尊敬語一覧」(『栃木県立足利女子高校研究論集』第一六号、一九八五年)、同「鎌倉時代女房日記の敬語」(『国語〈教育と研究〉』第一四号、同年)、森昇一「平安末期仮名書状の敬語――『思う給へ参らす』考――」(『野州国文学』第三七号、一九八六年三月)、また、前掲、堀畑正臣「『(さ)せらる』(使役+尊敬)の成立」(『訓点語と訓点資料』第九六輯、一九九五年九月)などの論考が目につく。

6　方言・口頭語

仮名文書は、方言の研究資料としても期待される。先に、福田良輔「方言と古文書」(既出)、迫野虔徳「方言史料としての古文書・古記録」をあげた。関連して、迫野虔徳「古文書にみた中世末期越後地方の音韻」(『語文研究』第二二号、一九六六年一〇月)、同「東国方言とオ段の開合」(『福岡大学日本語日本文学』第六号、一九九六年一一月)、原口裕「『に』と『へ』の混用――近世初頭九州関係資料の場合――」(『福田良輔教授退官記念論文集』一九六九年一〇月)などがある。中世には、「へ」の用法が拡大して対象や帰着点指示、さらに場所をも示すようになり、「に」の領分を侵犯する。これらは共に、掲げられた問題だけでなく、応用範囲の広い論考である。菅原範夫「中世文書に見る地域言語――『毛利家文書』元就・隆元・輝元文書を中心にして――」(『国語国文』第六八巻第五号、一九九九年五月)は、安芸の

「毛利家文書」により、その仮名表記、開合・四つ仮名、地域語について論じる。安部美絵「古文書による国語史研究序説——『豊太閤真蹟集』について」（『文献探求』第一二号、一九八三年七月）は、その表音的表記の性格、尾張の方言音・語彙等を指摘する。東国語については、迫野虔徳「『梅津政景日記』——江戸時代初期東国語文献——」（『文学研究』第七九輯、一九八二年三月）、同「方言語彙史」（『講座日本語の語彙8　方言の語彙』、明治書院、同年四月）、また、猿田知之「文禄期一地方武士の語彙——大和田重清日記を中心として——」（『日本文学論叢』第一〇号、一九八五年）もあり、主に地方語彙について報告する。

右は、仮名文書・漢字交り仮名文書（および、日記）によるものだが、漢文文書にも方言に関わるものがある。いずれをもっても、古文書におけるこの分野は、文書語研究の重要な一翼を担うことになる。と同時に、これらの資料は、方言書・方言集に同様、「方言国語史」「方言（言語）地理学」の分野に大きく貢献するはずである。(43) 近時、発掘・研究が盛んになりつつある口語・地方語資料や角筆文献(44)などとともに、仮名文書に期待されるところは少なくない。

仮名文書の利用に際しては、それが、なぜ仮名書きなのかという点も考慮しなければならない。一般的に、仮名文書成立の事情として、口頭表現をそのまま伝達する必要のある場合、あるいは、能力的に漢字を用いることができない場合、当事者間の事情によって意図的に仮名書きが選択された場合、仮名書きが市民権を得ている場合、または、通常の漢字表記になじまない口頭語・地方語がベースになっている場合などが考えられる。そうした成立事情の如何により、その後の解釈に相違がでてこよう。

仮名文書の利用は、その文字記号の連鎖から出発するしかない。従って、仮名の字形・字体や用法、字配り・墨潤なども問題となることが多い。複製・影印が望まれ、また、良質の翻刻が必要とされるのもそのためである。ただし、注意しなければならないのは、その文字連鎖が、実際の音声をそのまま写しているかどうかという点である。会話は達者でも、うまく仮名文字を綴ることができないとか、筆具による筆記障害を受けるとか、逆に、「ある基準を人為的に設定して[45]」仮名を使い分けるとか、一般とは多少異なる体系のもとで綴られるとかといった状況もあるかも知れない。「仮名遣い」も、時限的なものもあれば、一部の地域や個人・集団などに限定的なものもあろう。また、そこに、「元年」を「ガン」と書いた用例があるからといっても、これが直ちに一般全体を写したとは限らず、さらには、この語素を有する語彙の全てが同様の発音であったとも限らない。字音と語音とは、また、異なる。文字は学習によって習得された表記の手段であり、音声そのものとイコールではないことに留意しておかなければならない。

なお、研究資料に関して、白藤礼幸『「平安遺文」仮名文書語彙索引稿』（私家版、一九七九年）、金子彰「法然上人自筆起請文・仮名書簡総索引」（『新大国文』第一二号、一九八六年）、宮田裕行「親鸞聖人自筆消息索引（一）——自立語の部——／(二)——附属語の部——」（『東洋大学短期大学紀要』第一三・一四号、一九八二・一九八三年）、金子彰・伊藤守「恵信尼書簡総索引稿（上）・(下)」（『新潟大学教育学部紀要』第二七巻第一・二号、一九八五・一九八六年）、金子彰・他「専修寺蔵ひらかな本唯信抄——総索引稿——」（『兵庫教育大学研究紀要』第九巻第二号、一九八九年）、佐々木勇・他編「恵信尼写『仮名書き無量寿経』翻刻並びに対照本文漢字索引稿」（『鎌倉時代語研究』第一七輯、一九九四年五月）、来田隆「六波羅殿御家訓総索引」（『鎌倉時代語研究』第七輯、一九八四年五月）、宮田裕行「『言継卿記紙背文書』仮名消息索引稿——自立語の部——」「（同）——附属語の部（一）・(二)——」（『東洋大学短期大学紀要』第一六〜一八号、一九八四〜一九八六年）、同「『言継卿記紙背文書』男性消息索引（一）〜(三)」（同誌、第二五〜二七号、一九九三・一九九四年）、関連して、黒川高明『源頼朝文書の研究　史料編』（吉川弘文館、一九八八年七月）、梅原真隆著『恵信尼文書の考究』（永田文昌堂、一九六〇年）などがある。

第五節　おわりに

古文書の言語、すなわち、文書語の研究の現状について概観してきた。この時点で、自らの立つ地点を確認し、周囲を展望することも必要であろう。振り返ってみれば、古文書の国語学的研究も、既に、かなり進展しているようである。歴史学・古文書学の側からの発言も大きい。特に、木簡・墨書土器などの関与する分野においては顕著である。歴史学は、時代を生きた人々の営為を分析する学問であり、綴られた文字資料を分析するのは、まず、国語学の仕事ではある。だが、昨今、文字資料を読み解くには、国語学の手に余ることも少なくない。両者は、多少入り口が異なるだけであり、究極は、共に先人の生活文化を明らめ、人間の生き方を学ぶ学問であることに変わりはない。

文書語につき、これまでには、関心のない、あるいは、薄いと見られる時期もあり、記録語（古記録）研究等のための補助材程度にすまされる論考もあった。特定の宗教者の書状や一部の事象についての興味が先行するのはやむを得ないかも知れない。だが、「古文書の言語の学」という自覚が必ずしも十分でなかったとすれば、これを改め、先行する諸研究のあとを追わなければならない。こうした歩み自体、目覚めの遅れた後発組の甘受しなければならない試練でもあるが、未来に美しい緑野の広がっていることだけは確かである。

今後の課題とみられる点を列挙すれば、次のようである。

1、文書語を共時的に記述し、その性格・特徴などを見極めること。

2、文書語の成立過程や展開の諸相を把握し、その推進力となったものを究明すること。

そのための具体的な階梯として次があげられる。

3、古文書の語彙についての総合的な記述を行うこと。差し当たり、綜合的な語彙集を作成し、その総体を把握すること。語彙構造の面から古文書の世界を把握することの意義は大きい。
4、文書語と和文語・訓読語・記録語などとの関係（相異相同）を多角的に調査すること。
5、ことに、「記録特有語(46)」といわれている言語事象について検証し分析すること。
6、『色葉字類抄』『字鏡』、その他の辞書と古文書との関係をより具体的に解明していくこと。
7、文書語と古代朝鮮半島の関係、また、唐代の口頭語・当代語、俗語、また、法制語などとの関係を調査すること。
8、個々の用字・用語・語法・文体・表現などの史的展開について調査・分析すること。
9、地方文書、仮名文書などについては、それぞれの個性や特性に相応した研究方法を開拓すること。

古文書の読み方についての客観的な根拠も、この過程において、自ずからそなえられていくであろう。かくして、究極の目標となるのは、古文書の言語についての、独自の体系性を有する学問を育て上げることである。

なお、冒頭にも記したように、本章は、文書語研究のための一ステップである。どちらかといえば、古い方より新しい動向を優先し、こちらに重点を置く形で述べてきた。既に、紙数も大幅に超過してしまったが、しかし、触れるべき重要な論考を洩らした懼れはある。井蛙の見を恥じる他ない。また、関連する「記紀」「万葉」「風土記」以下、説話集や戦記文学、および、仮名文学作品などに関する文字表記・語彙・語法・文体等の論考はあまりにも多く、触れることはできなかった。またの機会を期したい。

注

（1）　中村直勝著『日本古文書学　上』（角川書店、一九七一年、五四九頁）。

（2）網野善彦・笠松宏至・勝俣鎮夫・佐藤進一編『ことばの文化史　中世1』（平凡社、一九八八年一一月、三頁）。その「中世4」（一九八九年八月）の奥付裏に「第1期全5冊」とあるが、出版社は、四巻で終了したという。

なお、石上英一著『日本古代史料学』（東京大学出版会、一九九七年五月）に、「史料体による情報伝達行動」の分析・観察者は、「史料体を媒介にして、その史料体が生成されたある歴史的時空間におけるコンテクスト・史料体・接触・コード・発信者（史料体作成者）・受信者（史料体受領・被提示者）の構成素の相互関連、すなわち史料体の生成・機能に関わる歴史事象の相対を認識する」べきこと、また、「史料体が内包し、あるいは外延的に随伴する歴史情報の解読は、コンテクスト・接触・コード・発信者・受信者の五要素との相互関連の中においてのみ正しく十全に行われ得る」（九頁）と述べられている。

（3）奈良文化財研究所作成「木簡データベース」・「遺跡データベース」、高島英之作成「古代木簡出土遺跡一覧」（平野邦雄・鈴木靖民編『木簡が語る古代史　上』、吉川弘文館、一九九六年九月）、同「古代木簡出土遺跡報告書一覧」（平野邦雄・鈴木靖民編『木簡が語る古代史　下』、吉川弘文館、二〇〇一年二月）、同著『古代出土文字資料の研究』（東京堂出版、二〇〇〇年九月。「地方出土木簡」、一三六～一九〇頁）などが参照される。

（4）著書・論集に収められた論文については、それが最初に著作・公刊された年月（初出年月）を重視しなければならないが、今、その詳細を省く。

（5）木簡、その他は、古代（七、八世紀）に限らず、平安時代から近世にかけても出土している。木簡学会編集『木簡研究』所収の諸論考、水藤真著『木簡・木札が語る中世』（東京堂出版、一九九五年六月）、早川万年「岐阜県出土の文字資料について――七世紀後半から一〇世紀の墨書・ヘラ書き土器――」（『岐阜大学教育学部研究報告人文科学』第四七巻二号、一九九九年三月）などが参照される。

（6）『正倉院年報』（第一八号まで）・『正倉院紀要』、『正倉院文書研究』などの論文の他、主なものに左記がある。

石上英一著『日本古代史料学』、注(2)文献。

山下有美著『正倉院文書と写経所の研究』（吉川弘文館、一九九九年一月）。

石上英一・加藤友康・山口英男編『古代文書論　正倉院文書と木簡・漆紙文書』（東京大学出版会、一九九九年一一月）。

杉本一樹著『日本古代文書の研究』（吉川弘文館、二〇〇一年二月）。

西洋子著『正倉院文書整理過程の研究』（吉川弘文館、二〇〇二年一月）。
山本幸男著『写経所文書の基礎的研究』（吉川弘文館、二〇〇二年二月）。

（7）折しも、国立歴史民俗博物館は、その創設二〇年を記念し、朝日新聞社の協力のもとに、千葉・京都・石川・宮崎・香川・横浜の各地で「古代日本　文字のある風景――金印から正倉院文書まで――」展が開催された（二〇〇二年三月～翌年五月）。日本における文字文化の成立・展開を主テーマとし、学界における最新の成果を簡潔にまとめ、世に広く伝えようとした意義深い事業である。

（8）『新訂増補国史大系　日本書紀　後篇』（吉川弘文館、三六一頁）。

（9）小島憲之「文字の揺れ――飛鳥朝『新字』の周辺――」（『文学』第四七巻第五号、一九七九年五月）では、天武朝の『新字』は、唐代制定の「今字」、（「古字」を背景とする）に刺激されて案出されたもの、一般官人文人などへの文化政策・文化事業の一つであったと述べられる。

（10）中川芳雄「文字の形態について――字態のことども――」（『国語国文』第二二巻第二号、一九五三年二月）、同「口宣・口宣案の語構造とその本義」（『静岡女子大学研究紀要』第九号、一九七六年）。

（11）唐の文書に倣い、「戸令28」にも規定されている。借銭文書や土地売券などに、九世紀あたりまでの実例がたどられる。仁井田陞著『唐宋法律文書の研究』（大安、一九六四年四月再版、三八頁、他）、林屋辰三郎「日本古文書学発達史（2）」（『古文書研究』第五二号、二〇〇〇年一一月、八〇頁）。

（12）杉本一樹「正倉院文書」（『岩波講座　日本通史』第4巻「古代3」、岩波書店、一九九三年六月、二九九頁）。また、同氏著『日本古代文書の研究』（吉川弘文館、二〇〇一年二月）。

（13）小山登久著『平安時代公家日記の国語学的研究』（おうふう、一九九六年五月、一一八～一五七頁）。『新訂増補国史大系　類聚三代格　弘仁格抄』所収の六二点（養老七年八月二八日～延暦一二年三月九日）、『寧楽遺文（上）』所収の一二点（宝亀四年二月八日～同四年三月九日、他一点）、『類聚符宣抄』（宮内省図書寮刊）所収の一点（天平九年六月二六日）の計七五点による調査。

（14）後藤昭雄「菅原道真の詩と律令語」（『中古文学』第二七号、一九八一年五月）、同「菅原道真の詩と律令語　続稿」（『静岡大学教育学部研究報告』第三三巻、一九八三年三月）。

(15) 野村忠夫著『律令官人制の研究』（吉川弘文館、一九六七年六月〈一九七八年に増訂版〉、一〇四〜一二〇頁）。
(16) 瀬野精一郎「読みの定着」（『古文書研究』第三一号、一九八九年九月、一〇〇頁）、同「『南北朝遺文――九州編――』の刊行と問題点」（同誌、第三六号、一九九二年一〇月）。
大川善男「文献文字学について」（『鎌倉遺文研究』第九号、二〇〇二年四月）。
(17) 早稲田大学大学院中世史ゼミ「『鎌倉遺文』所収「東寺文書白河本」の校訂（１）」（『鎌倉遺文研究』創刊号、一九九八年四月）、以下。『平安遺文』『鎌倉遺文』の未収文書については、五味文彦「『平安遺文』と『鎌倉遺文』の間」（『鎌倉遺文研究』第三号、一九九九年四月）参照。『南北朝遺文　九州編』には「正誤表」がある。
(18) 個性の現れ方は、状況によって異なり、また、料紙によって発給者の身分・立場等が推定されることがある。上島有「雑掌が御判御教書を書くということ――筆跡検討の一つの試み――」（『古文書研究』第五二号、二〇〇〇年一一月）、同「中世の檀紙と御教書」（『日本歴史』第三六三号、一九七八年）、富田正弘「中世文書論」（『岩波講座　日本通史』別巻3、一九九五年一二月、一二七頁）など、参照。
(19) 東野治之著『正倉院文書と木簡の研究』（塙書房、一九七七年九月、八七〜一〇〇頁）。
(20) 網野善彦著『日本中世史料学の課題』、「第二部　偽文書」（弘文堂、一九九六年三月）。
桑山浩然「飛鳥井家伝来蹴鞠道文書の研究」（皆川完一編『古代中世史料学研究　下巻』、吉川弘文館、一九九八年一〇月）。

瀬野精一郎「五十三年前の偽文書」（『古文書研究』第四一・四二合併号、一九九五年一二月、一七八頁）。

上島有著『足利尊氏文書の総合的研究［本文編］』（国書刊行会、二〇〇一年二月、二七二頁）。
(21) 峰岸明著『平安時代古記録の国語学的研究』（東京大学出版会、一九八六年二月）。一九八四年に発表された「上代における漢字の定訓について」「平安時代における漢字の定訓について」の二論文も収める。
(22) 岸俊男編『日本の古代14　ことばと文字』（中央公論社、一九九六年一一月、一九八八年三月刊の文庫版）。
(23) 『日本思想大系　古事記』（岩波書店、一九八二年二月）の「古事記訓読について」、また、「訓読補注」など。
(24) 峰岸著、注(21)文献（二三七・二九七・三二一・三三〇頁など）、また、峰岸明著『変体漢文』（東京堂出版、一九八六年五月、三三一頁）、その他。
(25) 拙稿「古文書における『差（さす）』と『遣（つかはす）』について」（『国文学攷』第八六号、一九八〇年六月）。

(26) 拙稿「古文書・古往来における『請』について」(『鎌倉時代語研究』第四輯、一九八一年五月)、同「古文書類における『奉《うけたまはる》』について」(『鎌倉時代語研究』第五輯、一九八二年五月)。
(27) 本書、第二部、第三章(文書語「仰(おほす—あふぐ)」)。
(28) 早稲田大学図書館本(一二八一年〈弘安四〉写、井上恒一旧蔵本)・東京大学史料編纂所本(一三一一年〈応長元〉写)・真福寺本(一三二五年〈正中二〉写)、称名寺金沢文庫本(鎌倉時代末期ヵ抄出)の古写本がある。諸本に関しては、梅村喬「尾張国解文諸本の基礎的研究——近世近代写本を中心として——」(『日本歴史』第三八一号、一九八〇年二月)、同「大須真福寺文庫新出の尾張国郡司百姓等解文写本について」(『愛知県史研究』第四号、二〇〇〇年)。
(29) この資料は史料的価値が高く、阿部猛・弥永貞三・加賀樹芝朗・川上多助・北山茂夫・小中村清矩・坂本賞三・佐藤宗諄・高田実・竹内理三・田名網宏・戸田芳実・林屋辰三郎・宮城栄昌・村尾次郎・森田悌・山中武夫・吉村茂樹・渡辺滋、その他の諸氏による多くの論考が発表されており、注釈書として阿部猛著『尾張国解文の研究』(新生社、一九七一年一月)がある。
(30) 拙稿「『尾張国解文』宝生院本——漢字索引——」(『訓点語と訓点資料』第七四輯、一九八五年一〇月)、同「『尾張国解文』宝生院本における漢字について　付、『漢字索引』正誤表」(同誌、第七六輯、一九八七年二月)、西村浩子「真福寺蔵尾張国解文正中二年訓点索引」(同誌、第八〇輯、一九八八年六月)、梅村喬「尾張国解文訓読語句一覧」(『愛知県立女子短大文学部論集』第三〇号、一九八一年三月)。
(31) 拙稿「『尾張国解文』の研究——古文書における表現方法の基本的原則を求めて(一)——」(『鎌倉時代語研究』第三輯、一九九八年三月)、同「同(二)・(三)」(『大谷女子大学紀要』第一八号第二輯・一九号、一九八四年二月・一九八五年一月)、梅村喬「尾張国解文古写本の検討——校合と訓読をめぐって」(『愛知県立女子短大文学部論集』第二九号、一九八〇年三月)、加賀樹芝朗「将門記と解文との相似性」(東海史学会『東海史学』一—四、一九六八年九月)、同「尾張国解文の訓読」(同誌、第五号、一九六九年)。
(32) 古典遺産の会編「将門記関係文献目録」(『将門記・研究と資料』、新読書社、一九六三年一一月)、梶原正昭「『将門記』研究文献目録」(『文学』、一九七九年一月)、鈴木恵「真福寺本『将門記』漢字索引」(『鎌倉時代語研究』第五輯、一九八二年五月)、浅野敏彦「真福寺本『将門記』漢字索引」(『同志社国語学論集』、和泉書院、一九八三年五月)、浦部重雄「真福

寺本『将門記』言語索引（一）・（二）」（『愛知淑徳大学論集』第九・一〇号、一九八三・一九八四年）、小林芳規著『平安鎌倉時代に於ける漢籍訓読の国語史的研究』（東京大学出版会、一九六七年三月、序章・第三節、『本朝文粋』『高山寺本古往来』等についても言及あり）、同「将門記承徳本の仮名遣をめぐって」（『国文学攷』第四九号、一九六九年三月）、同「将門記における漢字の用法――和化漢文とその訓読との相関の問題――」（『日本漢文学史論考』、一九七四年一一月）、山田俊雄「漢字手写の場合の字形の変容について――楊守敬旧蔵本将門記を資料とする調査の方法とその概略」（『成城大学国文学論集』、一九六八年一一月）、浅野敏彦「真福寺本将門記の漢字・漢語についての一考察」（『国語語彙史の研究』三、一九八二年五月）、同「真福寺本将門記にみえる複数字体の漢字について――日本語の歴史における漢字の受容」（『同志社国文学』第四一号、一九九四年一一月）、岸野大「漢字字体一隅――真福寺本『将門記』における艸冠字と竹冠字をめぐって――」（『横浜国大国語研究』第一四号、一九九六年三月）、同「続・漢字字体一隅――真福寺本『将門記』における攴繞字と欠字をめぐって――」（『横浜国大国語教育研究』第四号、一九九六年四月）、鈴木恵「将門記古写本の検討――校合と訓読をめぐって」（『東洋大学短期大学紀要』第一四号、一九八三年三月）、同「真福寺本将門記に於ける助字の訓法と読添の方法」（『鎌倉時代語研究』第一二輯、一九八九年七月）、舩城俊太郎「変体漢文はよめるか――『将門記』による検討――」（『日本語学論集：小松英雄博士退官記念』、三省堂、一九九三年七月）、また、岡田希雄「将門記の訓点」（『立命館文学』第二巻第七号、一九三五年七月）、安田博子「楊守敬旧蔵本将門記仮名点の性格――その字音語表記をめぐって――」（『語文研究』第三五号、一九七三年八月）、柳瀬喜代志「『将門記』の表現――特に初学書・流行の漢籍出典をめぐって――」（早稲田大学『学術研究国語・国文学』第三七号、一九八九年）。小林芳規「和化漢文における口頭語資料の認定」（『鎌倉時代語研究』第一二輯、一九八九年七月）は、『将門記』楊守敬旧蔵本や『和泉往来』文治二年写本の訓点に、当時の口頭語の反映があると指摘する。この他、犬飼隆・加賀樹芝朗・梶原正昭・川口久雄・坂詰力治・平井秀文・村上春樹・山田忠雄、その他の先学の研究もある。なお、岩井市史編さん委員会編『平将門資料集　付藤原純友資料』（一九九六年六月）には、真福寺本・楊守敬旧蔵本・蓬左文庫本の図版と注釈（福田豊彦）等を収める。

（33）古写本に、真福寺本（巻一四、一二一七年〈建保五〉写）・神田喜一郎旧蔵本（巻六、一二三〇年〈寛喜二〉写）・久遠寺本（巻二〜一四、一二七六年〈建治二〉写）・金沢文庫本（巻一、一二七七年〈建治三〉写）・真福寺本（巻一二・一四、一二八〇年〈弘安三〉写）・梅沢記念館本（巻一三、一二九九年〈正安元〉写）・醍醐寺本（巻六、一三〇八年〈延慶元〉写）、

また、鎌倉時代初期写本の宮内庁書陵部本（巻六）・お茶の水図書館本（巻七）・大河内海豪蔵本（巻一三・一四）、同中期写本の天理図書館本（巻一三）、鎌倉時代写本とされる高野山宝寿院本（巻六）・猿投神社本（巻一三、三本、鎌倉時代写）、その他がある。伝存本に巻六・巻一三が多く、その実用例文集としての性格につき、中尾真樹「『本朝文粋』の史料性をめぐる諸問題――身延本をはじめとする古写本の書誌学的研究――」（『古文書研究』第四〇号、一九九五年三月）に論がある。

藤井俊博編『本朝文粋漢字索引』（おうふう、一九九七年一〇月）、土井洋一・中尾真樹編『本朝文粋の研究校本篇』・『同漢字索引篇』（勉誠出版、一九九九年二月）、阿部隆一「本朝文粋伝本考――身延本を中心として――」（『重要文化財本朝文粋』の「解題」、汲古書院、一九八〇年九月）、小林芳規「醍醐寺蔵本朝文粋巻第六延慶元年書写本の訓点について」（醍醐寺文化財研究所『研究紀要』第一二号、一九九二年三月）、山本秀人「久遠寺蔵本朝文粋清原教隆点の訓法について――助字の訓法を中心に――」（『鎌倉時代語研究』第一四輯、一九九一年一〇月）、宇都宮啓吾「紅葉山文庫本『令義解』序との比較から観た久遠寺蔵『本朝文粋』所収「令義解序」の訓法――久遠寺蔵『本朝文粋』の訓読の一側面――」（『国文学攷』第一三四号、一九九二年六月）、同「久遠寺蔵『本朝文粋』に於ける訓読符に就いて――その施された背景に着目して――」（『大谷女子大国文』第二五号、一九九五年三月）、同「久遠寺本『本朝文粋』巻第六における藤原家点本の利用について」（『鎌倉時代語研究』第二〇輯、一九九七年五月）。大曾根章介・岡田正之・柿村重松・川口久雄・小島憲之・中尾真樹・山岸徳平、その他、多くの先学の研究、および、影印本等の刊行があるが、省略する（語法・文体・文章に関する論考は後掲）。

(34) 小林芳規「国語史料としての高山寺本古往来」（高山寺典籍文書綜合調査団編『高山寺本古往来　表白集』、東京大学出版会、一九七二年三月）、峰岸明「高山寺本古往来における漢字の用法について」（同書）、拙稿「高山寺本古往来の所用漢字について」（『平成三年度高山寺典籍文書綜合調査団研究報告論集』、一九九二年三月）、佐藤武義「明衡往来の国語史学的研究」（山田忠雄編『国語史学の為に　第一部往来物』、笠間書院、一九八六年五月）、拙稿「明衡往来実憲本の割注」（『弘前大学国語国文学』第五号、一九八一年三月）、同著〈共著〉『雲州往来享禄本　研究と総索引　本文・研究篇』（和泉書院、一九八二年三月）、同著〈共著〉『同書　索引篇』（和泉書院、一九九七年二月）、同「『雲州往来』の難解語句私注」（『大谷女子大学紀要』第一七号第二輯、一九八三年一月）、同「『雲州往来』享禄本語彙調査」（『大谷女子大国文』第一七号、一九八六年一二月）、同「雲州往来（明衡往来）についての一考察（一）～（三）」（島根大学教育学部『教科教育研究論集』第四～六集、一九九〇年三月・同七月・一九九二年三月）、同「明衡往来刊本の考察」（『島根大学教育学部附属教育実践研究指

導センター紀要』第三号、一九九三年三月)、三保サト子「雲州往来注釈断章(一)～(五)」(『福井大学教育学部紀要』第三一～三五号、一九八三～一九八六年)、宮崎希子「『雲州往来』の資料的価値について」(熊本大学『国語国文学研究』第三六号、二〇〇一年二月)。

なお、往来物については、石川謙編纂『日本教科書大系　往来編』第一巻(講談社、一九六八年二月)以下、橘豊著『書簡作法の研究』・同『続篇』(風間書房、一九七七年・一九八五年)、真下三郎著『書簡用語の研究』(渓水社、一九八五年六月)、天野晴子著『女子消息型往来に関する研究』(風間書房、一九九八年)などもある。

(35) 拙稿「消息詞・書状文字抄――本文篇――」(弘前大学人文学部『文経論叢』第一三巻第五号、一九七八年三月)、同「『消息詞』の国語学的研究序説――伝本の考察――」(『文学・語学』第八二号、一九七三年六月)、同「消息詞――索引篇――」(『訓点語と訓点資料』第六三輯、一九七九年四月)、同〈共編〉「消息詞――漢字索引――」(同誌、第六三輯、一九七九年四月)、同「書状文字抄――索引篇――」(同誌、第六五輯、一九八〇年一一月)、三保サト子著『寺院文化圏と古往来の研究』(笠間書院、二〇〇三年二月)、研究会編「雑筆抄　本文・諸本解説・語彙索引・漢字索引」(既出『国語史学の為に　第一部往来物』〈注34〉)、八木美代子「『大乗院雑筆集』翻字本文」(『日本語と辞書』第三輯、一九九八年五月)、高橋忠彦・八木美代子「『大乗院雑筆集』漢字索引」(同誌、第三輯)、蔵野嗣久「東京大学所蔵の室町時代往来物について」(『安田女子大学紀要』第一四号、一九八五年一〇月)、福島邦道「和泉往来字音十則」(『訓点語と訓点資料』第二八輯、一九六四年四月)、来田隆「高野山西南院蔵和泉往来の漢字の用法について――高山寺本古往来と比較して――」(『広島大学文学部紀要』第三二巻第一号、一九七三年)、岩淵匡「『庭訓往来』に見る漢字使用について――『庭訓往来抄』字種表(稿)――」(早稲田大学『学術研究国語・国文学』第三四号、一九八六年)、同「使用頻度から見た『庭訓往来』の使用字種――『庭訓往来抄』本文の場合――」(同誌、第三五号、一九八七年)、同「漢字調査と『庭訓往来』の漢字」(『国文学研究』第九四号、一九八八年)、中田千代子「庭訓往来の語彙異同について」(『実践国文学』第三三号、一九八八年)、柏本雄幸「国立公文書館内閣文庫蔵『庭訓往来』の影印と傍訓索引」(『広島女学院大学国語国文学誌』第一八号、一九八九年)、拙稿「天理図書館蔵庭訓往来宝徳三年写本　本文と漢字索引」(『島根大学教育学部国文学会叢書1』、一九九二年三月)、同「庭訓往来天理図書館本について」(『小林芳規博士退官記念国語学論集』、汲古書院、一九九二年三月)、同「庭訓往来天理図書館蔵本の所用漢字について」(『国語文字史の研究』二、和泉書院、一九九四年一〇月)、北恭昭「国立国会図書館蔵百舌往来の字音Ⅰ・Ⅱ」・「（同）和訓」（『島根大学教育学部紀要（人文・社会科学編）』第六・七・一五巻、一九七二・一九七三・一九八一年）、岩間敬子「弘安書札礼と院宣・綸旨」（『古文書研究』第三三号、一九九〇年四月）、百瀬今朝雄著『弘安書札礼の研究――中世公家社会における家格の桎梏』（東京大学出版会、二〇〇〇年五月）。

(36)　峰岸明著『平安時代古記録の国語学的研究』（一八四～二三八頁）。同様の発言は、本書の随所に見られる。

(37)　拙著『鎌倉幕府法漢字索引　第一部　校本御成敗式目』（サンキ印刷、一九八五年一一月）、高橋久子・古辞書研究会編著『御成敗式目　影印・索引・研究』（笠間書院、一九九五年九月）、拙稿「鎌倉幕府法漢字索引　第二部　追加法〈第二分冊〉」（一九九〇年度科学研究費補助金研究成果報告書別冊、一九九一年三月、なお、現在、全分冊の索引化完了）、同「御成敗式目古点の考察――鶴岡本について（一）――」（『文経論叢』第一六巻第一号、一九八一年三月）、同「『御成敗式目』古註における諸家の訓説について」（『大谷女子大国文』第一四号、一九八四年三月）、同「『御成敗式目』古註における清原家訓説について」（『大谷女子大学紀要』第二〇号第一輯、一九八五年七月）。

なお、「律令」（本文）の読み方につき、築島裕「律令の古訓点について」（『日本思想大系　律令』、岩波書店、一九七六年一二月）参照。

(38)　峰岸明編『寛永三年版吾妻鑑巻二漢字索引』（笠間書院、一九七九年三月。「寛永版影印」が汲古書院より刊行されている）、同「『吾妻鏡』の言語に関する諸問題」（『国語論究5　中世語の研究』、明治書院、一九九四年一二月）、遠藤好英・佐藤武義・鈴木則郎・佐藤喜代治「『吾妻鏡』諸本の収集とその研究」（一九九〇年度科学研究費補助金研究成果報告書、一九九一年八月）、五味文彦研究代表「『明月記』『吾妻鏡』の写本研究と古典学の方法」（一九九九～二〇〇二年度同報告書、二〇〇三年三月）。高橋秀樹氏に「『吾妻鏡』文献リスト（稿）」がある。

(39)　山本真吾「京都女子大学蔵表白集解説並びに影印」（『鎌倉時代語研究』第一〇輯、一九八七年五月）、同「『江都督納言願文集』所収追善願文の文章構成について」（同誌、第一五輯、一九九二年五月）、同「仁和寺経蔵の表白文について――付・霊宝館第五七函『十八道初行表白』二巻一包影印・翻刻――」（同誌、第一六輯、一九九三年五月）、同「金沢文庫蔵二十二巻本『表白集』所収表白文の文体について」（同誌、第一八輯、一九九五年八月）、同「自証房覚印の表白文について――十二世紀における表白集の編纂活動――」（同誌、第二二輯、一九九九年五月）、同「平安時代に於ける表白文の文体的性格――和化漢文的要素に注目して――」（『国文学攷』第一一五号、一九八七年九月）、同「漢字の用法から観た平安時代の表白文の文体」(同誌、第一一八号、一九八八年六月)、同「高山寺経蔵に伝存する鎌倉時代書写の表白文の文体について」(同誌、第一二三号、一九八九年九月)、同「鎌倉時代に於ける表白付説教書の文章構成と文体」(同誌、第一三二・一三三号、一九九二年三月)、同「日光輪王寺蔵諸事表白の成立について」(同誌、第一四九号、一九九六年三月)、同「平安時代の表白文に於ける対句表現の句法の変遷について」(『国語学』第一四九集、一九八八年六月)、同「平安時代の願文に於ける冒頭・末尾の表現形式の変遷について」(『広島大学文学部紀要』第四九号、一九八九年三月)、同「空海作願文の表現世界——伊予親王関連願文を中心に——」(『三重大学人文学部文化学科研究紀要　人文論叢』第八号、一九九一年)、同「平救阿闍梨作為の諷誦文類について——十一世紀前半期の漢字仮名交り文資料として——」(『訓点語と訓点資料』第九八輯、一九九六年九月)、同「平安鎌倉時代における諷誦文類の収録状況と訓点に関する一考察——表白文、願文を中心として——」(同誌、第九四輯、一九九四年九月)、同「表白・願文の用語選択——金沢文庫本『言泉集』の記述をめぐって——」(同誌、第一〇二輯、一九九九年三月)、同「平安時代の願文に於ける対句表現の句法の変遷について——表白文のそれとの関わり——」(同誌、第一〇九輯、二〇〇二年九月)、同「文章構成法から観た平安初頭期追善願文の文体」(『三重大学日本語学文学』第二号、一九九一年六月)、同「高山寺経蔵に伝存する鎌倉時代書写の表白文の訓点の性格について」(同誌、第三号、一九九二年五月)、同「平安時代中後期追善願文の文章構成について——『本朝文粋』・『本朝続文粋』所収願文を軸として——」(同誌、第四号、一九九三年五月)、同「十一世紀における表白文の対句表現について——僧侶作成の表白文を加味して——」(同誌、第六号、一九九五年六月)、同「『本朝文粋』所収追善願文における人名語彙の象徴的意味について」(同誌、第七号、一九九六年六月)、同「日光輪王寺蔵『諸事表白』所収説話の方法(上)・(下)——漢文翻訳の表現とその意図をめぐって——」(同誌、第八・九号、一九九七・一九九八年)、同「日光輪王寺蔵『諸事表白』の文章構成と文体」(同誌、第一〇号、一九九九年六月)、同「願文語彙の量的構造——文体組成の究明に向けて——」(同誌、第一二号、二〇〇一年六月)、同「平安時代の追善願文における『松』の象徴的意味について——文章構成との関わりから——」(『国語語彙史研究』一七、一九九八年一〇月)。

(40)　久曾神昇著『平安時代仮名書状の研究』(風間書房、一九六八年一〇月初版、一九七六年五月新訂版)。

(41)　初出は、『国学院雑誌』、一九〇六年一一月・一二月。『東方言語史叢考』(岩波書店、一九二七年一二月)にも収めるが、今、『新村出全集』第一巻(筑摩書房、一九七一年四月、二七二頁)による。

(42)　日蓮の表現法に関するもの―島田勇雄「口語資料としての日蓮聖人御遺文から――『ごとし』について――」(『立正大学文学部論叢』第一号、一九五三年一一月)、春日正三「日蓮聖人ご遺文の国語学的研究(一)――消息文を資料として――」(同誌、第二七号、一九六七年二月)、同「日蓮聖人ご遺文の国語学的研究――消息文における代名詞」(『文芸論叢』第三号、一九六七年二月)、同「日蓮聖人遺文の国語学的研究――真偽未決御書に表われる助動詞語形の一断面――」(『立正大学文学部論叢』第八一号、一九八五年三月)、佐田智明「日蓮遺文における助動詞の用法」(『北九州大学文学部紀要』第一号、一九六七年一二月)、また、高橋一夫「日蓮聖人遺文の『まいせ』について」(国立国語研究所論集『ことばの研究』第一集、一九五九年二月)、岡田喬「日蓮聖人消息中の『候』について――語法の記述的考察(遺稿)」(『愛媛国文研究』第一九号、一九六九年一二月)、古瀬順一「『日蓮遺文』の資料としての評価と研究の動向――国語学的研究のために――」(『愛知教育大学研究報告人文科学』、第三四号、一九八五年)、同「日蓮遺文の文長――計量分析を通して――」(同誌、第三五号、一九八六年)、同「御遺文からみた日蓮の文章」(同誌、第三七号、一九八八年)、同「日蓮遺文の文体――計量分析を通して――」(『統計数理』第三六巻第一号、一九八九年)、同「日蓮遺文にみられる格助詞「の・が」について――待遇上の差と使用範囲の差を中心に――」(『国語国文学報』第四二号、一九八五年三月)、「『日蓮遺文』における類似副助詞の出現傾向」(同誌、第四五号、一九八七年)、同「『日蓮消息文』の形容詞語彙――『源氏物語』『平家物語』『宇治拾遺物語』『増鏡』『義経記』との比較において――」(同誌、第四六号、一九八八年)、同「日蓮消息文における助動詞『き』『けり』の出現傾向について」(『立正大学国語国文』第二四号、一九八八年)、飯塚浩「日蓮書簡の文体――仮名文・漢文の表現位相――」(『解釈』第三一巻第一二号、一九八五年)。

(43)　方言国語史とは、各地方言の様々な事象を活用して国語史を研究する方法、方言(言語)地理学とは、地域差のある言語事象の分布を解釈し、言葉の伝播模様や変化の要因を探り、その歴史を推定するもの、これに対して、「文献国語史」は、過去の文献資料を手掛かりとして主に中央の上層言語を研究するものとされる(「方言国語史の研究法」〈『日本語学』、二〇〇〇年九月、臨時増刊号〉)。また、左記の迫野虔徳著『文献方言史研究』は、文献資料に基づいた方言史研究をテーマとする(小林隆「書評　迫野虔徳著『文献方言史研究』」〈『国語と国文学』、一九九九年七月号〉)。なお、奥村三雄著『方言国語史研究』(東京堂出版、一九九〇年九月)、馬瀬良雄著『言語地理学的研究』(桜楓社、一九九二年一一月)、彦坂佳宣著『尾張近辺を主とする近世期方言の研究』(和泉書院、一九九七年三月)、篠崎久躬著『長崎方言の歴史的研究――江戸時代の長崎語――』（長崎文献社、一九九七年五月）、迫野虔徳著『文献方言史研究』（清水堂出版、一九九八年二月）、また、岩佐正三・斉藤義七郎・佐藤武義・諸星美智直、その他の先学の成果が参照される。

(44) 小林芳規「東国所在の院政鎌倉時代二大文献の用語」（既出、『方言研究の問題点』、一九七〇年）、同「鎌倉時代語研究の課題」（『鎌倉時代語研究』第一〇輯、一九八七年五月）、同「和化漢文における口頭語資料の認定」（同誌、第一二輯、一九八九年七月）、同「鎌倉時代の口頭語の研究資料について」（同誌、第一一輯、一九八八年八月）、また、諸星美智直「土佐藩主山内豊興の言行録における御意の口語性について」（『国学院雑誌』第九六巻第三号、一九九五年）、また、小林芳規「方言史料として観た角筆文献」（『国語学』第一七一集、一九九二年一二月）、同「近世の角筆文献研究の課題（一）（乾）高野長英獄中角筆詩文の解読と研究上の意義」（『文学・語学』第一五一号、一九九六年六月）、同「同（二）（坤）庄内方言の角筆文献の解明と方言史の開拓」（同誌、第一五二号、同年一〇月）、その他。

(45) 築島裕著『歴史的仮名遣い』（中央公論社、一九八六年七月、二三頁）。

(46) 峰岸明著『平安時代古記録の国語学的研究』、四八・七八・五二九・五三七・五四〇・八三三頁、その他の随所に「記録特有語」「記録特有の用語」などと見える。これらの実態について検討する必要がある。

［付記］ 成稿後、辛島美絵著『仮名文書の国語学的研究』（清文堂出版、二〇〇三年一〇月）が出版された。

第二部　古文書の文字・用語

第一章　古文書の文字

第一節　はじめに

主体が、一定のまとまった意志なり思想なりを綴った書類という点において「古文書」は「古記録」と類似している。しかし、第一部（第一章第二節）に述べたように、古文書は、作成・伝達上、特定の対象を有して即効的に機能することが多く、これに対し、古記録は、特定の対象を有せず、備忘・記録を目的として遅効的・永続的に機能する。前者には、そうした機能に相応し、作成目的や記載内容に伴う諸様式がもうけられるが、後者には、これがなく、主として日付と記文とから成る。こうした点で、両者の間には大きな相違が見られる。当然、言葉の面にも、それなりの相違のあることが予測されるが、日本の場合、この点は、必ずしも本来的なものと考えられないことにつき、同じく先に述べた。

「公式令」（養老令）は、「隋令」「唐令」にならって公文書の用途・作成手続きを規定したものであり、既に、「浄御原令」「大宝令」にも存したようである。「養老令」のそれによれば、詔書式以下、二一様式が示されているが、中には、どのように実施されたか問題視される様式もある。時代が推移し、律令制の衰微するにつれて、古文書・私文書に多くの様式・機能が生じたらしく、従来の古文書学の概説書では、「公式様文書」「公家様文書」「鎌倉時代の武家文書」「南北朝—戦国時代の武家文書」「上申文書」「証文類」「書状」「寺社文書」といった分類によって解説が行われている。[1] 文書は、しかしながら、その働き（機能）が大事であるとされる。様式面から見ていく方法は、入門期の学習者にとっても親切である。だが、人間の実生活における表現手段の一つが文書であるとすれば、個々の文書の働きこそが問題であると述べられる。[2]

古文書学は、こうした古文書を研究する科学の一領域であり、主に様式論的研究、形態論的研究、機能論的研究の三領野から構成される。国語学（日本語学）は、この内、形態論的研究分野に大きく関与し、古文書の成立基盤ともいい得るその言葉の調査・研究に従事することになる。文書と称されるからには文字・用語・文体が用いられる。この表記や表現の問題、また、文章語・口頭語・地方語といった問題、あるいは、古文書の読み解きや誤字・宛字等の意味するところなどを担当するのが国語学である。

ここでは、そうした諸問題の内から、古文書の文字、特に漢字について考えてみよう。

第二節　公文書の文字（書体）

奈良時代の公文書を規定した「公式令66」に、「凡公文。悉作㆓真書㆒。凡是簿帳。科罪。計贓。過所。抄牓之類有㆑数者。為㆓大字㆒。[3]」と見える。公文書の文字の書き様を規定する条で、この「真書《しんしょ》」とは「楷書」のことであると注釈される。[4] 今日、「楷書」といえば、義務教育課程で習うような字形楷正《じぎょうかいせい》の楷書体が連想される。しかし、この「楷書」とは、中国唐代に至って確定し、規範的な正書（公用の書体）ともされた書の法式をいい、必ずしも厳密に特定された単一の字体をいうわけではない。

右「養老令」は、「唐令」の「諸上書及官文書皆為㆓真書㆒、仍不㆑得㆓軽細書写㆒、凡官文書有㆑数者、借㆓用大字㆒、（謂

一作レ壱之類[5]」を、おおむね、踏まえたものである。この「真書」とは、いうまでもなく中国唐代の文字、すなわち、漢字であって、かつ、その書体の一つの「楷書」をいうものである。

「真書」につき、例えば、諸橋轍次著『大漢和辞典』巻八に、「楷書。古は正書といふ。」と語釈し、「[法書通釈]古無二真書之称一、後人謂二之正書・楷書一者、蓋即隷書也。但自二鍾繇一之後、二王変体、世人謂二之真書一。」云々と引用する（二〇一頁）。昔は「真書」といういい方はなかった、後人が「正書・楷書」というのは隷書《れいしょ》のことであろう、ただし、鍾繇《しょうよう》の後は、二王の変体を「真書」という、とある。鍾繇（一五一〜二三〇）は、三国時代・魏の官人で、書をよくし、その創作した隷書を鍾隷《しょうれい》という。「二王《におう》」とは、東晋の書家王羲之《おうぎし》（一説に、三〇七〜三六五〈永嘉元〜興寧三〉）とその第七子王献之《おうけんし》をいう。「変体」とは、隷書を変化させた王羲之父子の書流・書風をいうのであろう。もっとも、楷書は隷書（漢隷）から発したもので、王羲之父子の書ばかりが楷書ではない。鍾繇・王羲之の他、初唐の虞世南・欧陽詢・褚遂良、中唐の顔真卿なども楷書をよくし、王羲之は、また、行・草書もよくした。だが、彼は、隋・唐時代、取り分けて評価され、唐初の皇帝太宗もこれを熱愛し、後に古今無二の書聖と称揚された。「唐令」にいう「真書」とは、この王羲之に代表される「楷書」の書体を意味し、これを正書として公文書に用いるよう規定したのであろう。今、王羲之の真蹟は遺っていないが、刻本・双鉤填墨本、また、その七世の孫という僧智永の親筆『真草千字文』（小川広巳氏蔵[6]）によって窺い得る。

『令義解』の「学令15」には、また、「凡書学生。以二写書上中以上者一聴レ貢。〈謂。定二書品第一。待二式処分一。其書生。唯以二筆迹巧秀一為レ宗。不下以レ習二解字様一為上レ業。与二唐法一異也。〉（後略[7]）」と見える。書《ふみ》の学生《がくしょう》の成績判定に関する規定であり、その技量が上の中以上なら、「書生《しょしょう》」に薦挙することを許すという。書生とは、中央・地方の省庁で文書事務に従事する下級官吏である。その細字注の部分に、書道の学生は「筆迹巧秀」だけが求められ、「字様《じよう》」を学ぶ必要はない、この点、「唐法」（唐令）と異なるとある。『令集解』には、「私案。但書写者。自然勘二知字様一耳。(8)」ともある。字様とは、文字の書き方のことで、字形や書法を糺すための規範書などを意味する場合もある。唐初には、数世紀来の事情を反映して種々の字形・字体が氾濫しており、そのため顔師古の『顔氏字様《がんしじよう》』以下、顔元孫の『干禄《かんろく》字書』・張参の『五経文字《ごけいもじ》』・唐玄度の『九経《きゆうけい》字様』などの書法・範式が作られ、科挙の参考書ともされた。

日本の書道の学生は、この習解を学業としないというのであるから、彼らは、在来の字形・字体を学び、異体字を避けることもなく、ただ筆の上手に努めればよかったのであろうか。書道の学生がこうであれば、明経道・算道など、他の学生も推して知られようが、しかし、彼らは、次代の行政官吏の卵である。これで、果たして、「真書」を以て公文書を作成できるような官吏が養成できたのであろうか。

八世紀における公文書、また、そこに用いられた書体は、今日に遺る「正倉院文書」や木簡資料によって窺うことができる。(9) その「正倉院文書」を調査された内藤乾吉氏(10)は、大宝から天平に至る公文書の書風には、定型的な変化が見られることを指摘され、おおむね、次のようなことを述べられる（取意）。

・「御野国味蜂間郡春部里戸籍」（七〇二年〈大宝二〉一一月）や「筑前国嶋郡川辺里戸籍」（同年）などには、文字の結体が隋唐風でなく、六朝風の書体が見られる。天平に入ると、「大倭国大税幷神税帳」（七三〇年〈天平二〉一二月二〇日）・「尾張国正税帳」（七三四年一二月二四日）・「駿河国正税帳」（七三八年二月一八日）・「越前国江沼郡山背郷計帳」（七四〇年）などには、初唐風の書体や書風が見られる。これは、大宝前後から役所の書記の書に唐風が支配してくることを示していよう。

・中国の東晋末の西涼の戸籍（四一六年〈建初一二〉）・西魏の計帳（五四七年〈大統一三〉）・唐初以下の戸籍（七一九年〈開元四〉）・七四七年〈天宝六〉・七六九年〈大暦四〉）などによれば、建初から大暦に至る三五〇年ほどの間、同じような書風を書いていることに注目される。これは、中国でも、役所の書記などの書く文字に一種の定型があって伝承されていたことを物語る。

・わが国の戸籍の書も、中国のそれを「直輸入」したものであることがわかる。わが国の公文書の書風に「大宝以後、唐風が濃厚になってきたのは、唐の永徽令を継承したといわれる大宝律令の施行とともに、唐風への追随が一段と強化された結果であろうと思われる」(二三頁)。

この「唐風」とは、右の初唐の「楷書」、すなわち、王羲之、その他の書風をいう。この指摘により、「公式令」の実施された八世紀初頭には前代的な六朝風が行われ、まだ、唐風の「真書」は行われなかった、しかし、天平期(七三〇年代)以降の書記たちは、たとい、それが上級クラスであったとしても、あるいは、それが地方在任の官史であったとしても、かなり唐風の楷書をマスターしていたと知られる。それまでは、現実的なところ、せいぜい、「筆迹巧秀」のあたりで妥協せざるを得なかったのであろう。だが、天平期頃から、「公式令」にいう「真書」は、日本でも実行されつつあったということになる。内藤氏は、「これら税帳その他、国から中央政府へ上申する諸帳簿の筆者は、国司の中の目《さかん》ないし史生である」、「諸国の目や史生は、中央政府から派遣されている地方官であって、彼らの書の修行は、おおむね中央でなされたものと思われるから、彼らの書に地方的特殊性などはないものと考うべきである。またそれが律令制度の目標である中央集権政治の要求するところでもある。彼らは書記として文字を正確に上手に書くことが職業的要件であったはずであって、中央へ上申する諸帳簿などは、彼らの書の腕前の見せどころであったと思われる」云々(二四頁)とも述べられる。地方行政官の書の実態は、近時、出土物の方面から解明されつつある。

ただし、それにしても、「真書」をマスターすることと「字様」を学習することとは同じではないようである。「字様」を「習解」する、その内実が、(11)必ずしも明瞭ではないが、八世紀の、しかも、中華の外の日本においてこれを学んでも実効は期待できず、たとい義務付けても意味あることではなかったかも知れない。

ところで、その「真書」であるが、これは、どのようにして習得されたのであろうか。「正倉院文書」には、それらしい書法は多く見えない。ただ、抽んでて目立つのは王羲之のそれである。すなわち、光明皇后の聖武先帝七七忌の折の『東大寺献物帳』（七五六年〈天平勝宝八〉六月二一日）に、「頭陁寺碑文并杜家立成一巻」「楽毅論一巻」（皇太后筆）などに続いて「書法廿巻」と見える。この二〇巻とは、「搨晋右将軍王羲之草書」以下、全て彼の手になる書法であり、その草書・行書に交って「同羲之書巻第五十一〈真草千字文二百三行　浅黄紙　紺綾褾　綺帯〔紫檀軸〕《附箋》〉」の一巻が見える。[12] 王羲之は、破格の扱いにあることがわかる。唐僧鑑真の将来品の中にも「王右軍真跡行書一帖・小王真跡三帖」と見えるから、[13] 彼の書は、当時の貴顕の最も愛玩するところであったらしい。『東大寺献物帳』（同年七月二六日）には、王羲之の臨書を用いた屛風一具・欧陽詢の真跡を用いた屛風一具が見えるが、[14] これ以外に、書家の名は見えないようである。王羲之、および、欧陽詢にしても、こうした扱い方からすると、下層官吏層・書の学生・写経所の写経生などにとって、その書は、とても目にできる存在ではなかったであろう。内藤氏は、大宝以後の公文書に初唐の欧陽詢・褚遂良・薛稷らの影響はあるが、直接にそれらの書を習ったかどうかはわからない、少なくとも彼らの影響下にあった初唐の書風を習った結果である（二五頁）、あるいは、「唐人の書がすでにそうであるのを、そのまま受けついでいるものが多いであろう」（二六頁）と述べられている。

他方、東野治之氏は、「正倉院文書」や藤原宮跡出土木簡や平城宮・平城京跡出土木簡における『千字文』の落書、また、王羲之の楷書の第一に推された『楽毅論』の落書により、奈良時代初期には一般的に「王羲之書（真書）の流行」があった、李暹などの『注千字文』も行われており、『千字文』は、初歩的な教科書として、また、渡来の漢籍に等しく利用されてもいたと述べられる。[15] そのとおりかも知れない。ただ、こと、書蹟（筆蹟）のテキストということとになると、「王羲之」とか「千字文」とかをいっても始まらない、その質が問題である。書物の言葉や内容なら転写本でも十分伝えることが可能である。だが、その書蹟を伝えていくのは容易でなく、模写・臨写を重ねていく内には似て非なるものが横行しよう。あるいは、それらは、「楷書」の手本ではあるが、これといった書家の名を冠することは難しいかも知れない。(16)

右の「学令15」につき、『令集解』には、「大宝令」の注釈（七三八年〈天平一〇〉頃成立）の「古記」を引き、「古記云。問。何以得レ知二写書上中以上一哉。答。以二書博士等写書一准量耳。神亀二年三月十四日太政官処分。貢二書生一者。板茂連安麻呂。嶋田臣広道等同類已上者聴レ貢。已下不レ須。(17)」とある。書学生の技量の判定基準は書博士のそれに准量するといい、神亀二年の太政官処分では、板茂連安麻呂・嶋田臣広道らのレベル以上なら書生に薦挙することを許すという。東野氏は、この二名の内、「板茂連安麻呂」は、七三〇年（天平二）正月、大宰帥大伴旅人のもとで催された梅花宴で歌（『万葉集』巻五・八三一番）を詠んだ「壱岐守板氏安麻呂」であり、この宴に列席した人々は、多かれ少なかれ『蘭亭集序』を共通の教養とするであろう、また、この「神亀二年の太政官処分によってうちだされた書の基準は、王羲之風のそれであった」と解せられまいか、とされる。(18) 固有名詞が提示されているほどだから、その技量は「書博士」に匹敵し、唐風にも長じていたのであろう。また、『万葉集』巻三・三九四番に義訓「印結而　我定義《て》之《し》　住吉乃……」を詠みこんだ余明軍も、大伴旅人という第一級の貴族・文化人に伺候したそれなりの人物であったと見られ、かなりの学芸に秀でた資人《とねり》であったのであろう。しかし、「蘭亭記」自体は、書法としてのみでなく、詩序としての利用法もあったであろう。(19)

第三節　写経の文字（書体）

第二節は、奈良時代の公文書の場合である。これに関連し、写経の場においてはどうであったろうか。

仏教の経典を写す写経文字につき、中島壌治氏は、「字体も字形も、中国北方地域に南北朝期に出現した、碑・墓誌・造像記に通うものが多い」、中国では、仏教は、まず、北方で大盛行を見たが、南朝の中国政府地域では伸びやんだ、経典の「写行には非貴族的な労働が必要であった。創始期はともかく、次第に身分の低い書吏や僧の仕事となる」、仏典の地位は、北方人にとっては貴いものであったが、中国人にとっては経書・道書に次ぐものであったと説かれる。[20] 仏教は、この北朝文字を伴い、高句麗に入り、百済に進み、日本・新羅に遷っていく。伝聖徳太子筆『法華経義疏』、法隆寺の「薬師像光背銘」「金堂釈迦像光背銘」、その他には、そうした文字に特徴的な「点画の増減による異体文字」や「間架結構のとりかたが不均衡な異形文字」が目立つとされる。ところが、これに対し、上流の貴族階級・上級官吏層では、王羲之の書が珍重されており、例外はあるものの、[21] 中国におけると同様、日本でも、この「貴族文字」と「下層階級の文字」とは峻別されていたと述べられる。「正倉院文書」によれば、当時の一部の写経生（秦東人・村主作麻呂・中室浄人・秦乙兄など）の手実に北朝系の筆法の見られることにつき、内藤氏は言及されている（四〇・四二頁）。しかし、少なくとも天平期には、既に初唐系の文字もよく行われており、玄奘訳『大般若経』・義浄訳『金光明最勝王経』・実叉難陀訳『新訳華厳経』以下の唐経請来や写経・写疏事業[22]などからしても、峻別という言い方が可能かどうか問題のように思われる。

「正倉院文書」の写経関係の文書（八世紀中頃）には、その経典の用紙、表・緒・軸などの装幀につき、また、所用の書体（筆跡）について細かく注記したものがある。その書体として、「漢手」「唐手」、「新羅手」「百斉《済》手」、「倭手」「和」などと見えるが、堀池春峰氏は、「漢手・唐手」の経には、黄紙に朱軸・白檀軸・水精軸などが用いられ、他方、「新羅手」「百斉《済》手」には、白紙に漆軸が多いと指摘されている。[23] 黄紙は、黄檗で染めた緻密な紙質の黄麻紙、白紙は、染めない斐交楮紙（または、楮紙）、朱軸は、軸端に朱漆を塗ったもの、漆軸は、単に黒漆のままのものであろう。

単純にはいかないが、「大唐」渡来の「漢手・唐手」は他よりも優品のようで、他との間には差別があるようである。黄紙に漆軸が用いられた「呉手」も見えており、これは六朝時代の南朝（江南）の写経であって、こうした注記は、「中国写経がテキストとして高く評価されていたことを示していて、道昭将来の唐経が「書迹楷好」のゆえに尊重されたというエピソードと、あい呼応するであろう」とされる。[24] 首肯されるところである。ただ、この場合も、単に、新羅などの朝鮮系に対して中国写経の評価が高かったというだけでなく、それが王羲之風の「楷書」の流れを汲むという前提が必要であろう。道昭のエピソードとは、『続日本紀』巻一、七〇〇年（文武天皇四）三月己未の長文の卒伝である。道昭は、六五三年（孝徳天皇白雉四）五月に第二次遣唐使に従って入唐し、玄奘三蔵（六〇二〜六六四）に師事して六六一年（斉明七）に帰国した（法相第一伝）。玄奘からは所持の舎利・経論・鐺子《なべ》を譲られている。天下を周遊して民衆に尽し、後、勅請によって東南禅院（飛鳥寺禅院）に止住し、「僧尼令」の編集に加わったとされる。伝には「此院多有㆓経論㆒。書迹楷好。並不㆓錯誤㆒。皆和上之所㆓将来㆒者也。」とある。その経論の多くは、玄奘等の新訳にかかる経典の複本であり、当然、その書体は初唐期の「楷書」によるものである。すなわち、「書迹楷好」との四字は、正しく王羲之風の楷書を意味すると考えられる。時の皇帝太宗（五九八〜六四九）と玄奘との関係、太宗と王羲之の書との関係については、ここに縷述する要はなかろう。王羲之の書、あるいは、その書法（楷書）が玄奘や道昭に及んでいないはずはない。

内藤乾吉氏[25]は、「正倉院文書」における写経・造寺関係文書を鑑定され、写経生の高屋赤麻呂・辛国《からくに》人成が王羲之・智永・虞世南の風、爪工《はだくみ（つまだくみ）》家麻呂が欧陽詢風、志斐《しい》麻呂が褚遂良風、他田水主《おさだのみぬし》が王羲之風と、それぞれ唐代の書風を代表していると指摘され（四九頁）、写経所には「智永の千字文の摸本」、また、「草書の手本として、王羲之の十七帖その他の法帖」の摸本が置かれていたのではないかと想像されてもいる（四八頁）。章疏等には草書によるものがあり、ために、写疏生らは、王羲之の『十七帖』や智永の『千字文』等によって草書も習わなければならず、こうした彼らの努力によって、奈良朝における楷書・草書は大きく発展したと述べられる。

第四節　おわりに

公文書の「真書」について見てきた。下級の官吏や学生たちは、王羲之や智永『千字文』などの臨書や模写本によって書を練習することはあったであろう。だが、そのテキストの質ということになると、なお、考えてみなければならない。一方の写経生関係につき、内藤乾吉氏は、「写経生には諸官司の史生などの中の能書者をよりすぐっていることを知る」（前掲論考、二九頁）とされ、公文書に比し、こちらの方に書法として見るべきものが多いのも、「写経の書は、官司の公文などとは違って、永存を目的とし、厳しい規格とともに、芸術性をも要求されるために、その筆者たちが、一層の習練を要求されたことから来る当然の結果である」（四八頁）と述べられる。

そのテキストとして、王羲之、その他の書家や智永の『千字文』に言及されたわけだが、写経生の場合には、また、玄奘三蔵等の翻訳になる新訳経典の将来があったことを重視すべきであろう。その漢訳に際しては、証義・綴文・証梵語梵文・筆受とともに浄書に当る「書手《しょしゅ》」が用意されている。翻訳の後は、同様の能筆によって多くの複本が作られ、『般若波羅蜜多心経』『大般若波羅蜜多経』『瑜伽師地論』『唯識三十頌』『成唯識論』『摂大乗論』など、その一端は日本にももたらされている。これらは、取りも直さず、優秀な初唐期の「書法」そのものであるといってよい。これらを精密に模写すれば、「真書」、すなわち、楷書はかなりのところまで習得できたはずである。

奈良時代における初唐風の楷書は、また、次の書風に取って代られる。これにつき、杉本一樹氏は、「八世紀中葉に、唐の流行の変化を反映した肉太の豊麗な書が伝わった後、およそ天平勝宝頃を境に、初唐風の痩勁な楷書が影をひそめてしまう」とされ、「私は、六朝風から初唐風へという変化は、書の全部がそっくり転換するようなものではなかったと考える。ベースにある六朝風の規定的な力は、ほとんど変わらないまま、その上に新しい流行として乗ったのが初唐風の鋭さを持った楷書であった。このため次の流行の波が押し寄せたとき、一斉転換が可能だったのである。それに比べると、六朝風の書は、朝鮮半島の影響を受けて、長い時間をかけて水が滴るように日本に流れ込み、深く根を下ろしていたと言えよう」と述べられる。(26) 似たようなことは、漢語の字音体系や助数詞（量詞）の用法など、渡来系言語の面にも認められる。これは、日本古代文化の構造的な問題のようである。

ところで、奈良時代には、また、啓や状のような非公文的文書には、行書（体）が用いられることがあった。「正倉院文書」中の「大津大浦啓」（七五八年〈天平宝字二〉九月四日）や「田辺史真人校生貢進状」（七五八年頃ヵ）など、(27) また、空海の「風信帖《ふうしんじょう》」や最澄の「久隔帖《きゅうかくじょう》」、さらには『知恩院蔵本大唐三蔵玄奘法師表啓』もそれである。「公式令7」には、啓は、春宮坊が春宮に奉る公文書と規定されているけれども（三后の場合もこれに准ずる）、あるいは、その唐式以前から、こうした私の書状が行われていたのかも知れない。その基本的性格は口頭伝達の代用であって、多くは差出者の自筆になる。ために、自ずからそこに自由な書き方・思い思いの言葉が表われ、(28) 敬意表現法上、差出所・下付などの言葉遣いにも注目される。

啓・状は、平安時代以下には書札様文書として発展的に継承されていく。富田正弘氏は、古代文書の中世における展開として、「公式様・下文系文書」と「書札様文書」とをその「二大潮流」と位置付けられ、二者間の様式上の相異、文体（漢文体・候文体）や字体（真書体・行書体）、料紙（後者は薄めのもの）や墨（油煙墨・松煙墨）の種類、料紙の筆記方法や用い方、その他の相異点につき、時代を追って詳述されている。(29)

近世には、版木による出版が可能となったが、往来物で知られる『庭訓往来』（一説に、室町時代初期・玄恵著）の各種版本を見ると、その本文のほとんどは行書により、未だ、楷書を用いたものを知らない。『御成敗式目』一六二八年（寛永五）開版以下も同様のようである。また、国語辞書として知られる『節用集』には「真草二行節用集」「二躰節用集」と称されるグループがあり、真書（楷書）と草書（実際は行書）との両方の字体が示されている。ところが、この中央の本文には、行書の方が用いられ、楷書はその左に小さく傍記されている。しかも、前者は現実的な語の形で、後者は学習用の単字の形で示され、それなりの読み方が付されている。後者が、「草書」と標榜しながら、その実は行書となっているのは、草書は、その文字連鎖の中で活きるものであり、こうした語形を掲出する辞書類には不向きの字体であるからである。字形《じなり》を理解するためにも行書を掲げ、実地には適当な字体で運用せよということであろう。

こうした状況からすれば、当時、日常的・実践的には行書・草書こそが必須であり、楷書は、改まった場に用いられる程度であったろう。浅井潤子氏は、近世の古文書には草書によるものが多く、草書に基づく用字論が必要であると提言される（第一部第二章第三節）。近世に先行する中世でも、いわゆる肉筆による筆写体、すなわち、行書や草書が主用されている。古代から通時的にみれば、楷書の領分は行書、および、草書によって狭められていくのであろう。

古文書における文字としては、この他、数字の「大字《だいじ》」（壱弐参……）や仮名文字の問題がある。前者は、唐代公文書におけるところを学んだものであろう。その「唐令」には、これを「借用」せよとあった。この「借用」とは、仮《か》借《しゃ》（六書《りくしょ》の一）に同様と解される。ただし、中国におけるその開始期は、「唐令」に先行して、少なくとも五世紀には遡るようである。(30) 中国古代法制史・文書史からの発言もまたれる。
なお、仮名（万葉仮名）文書は、七、八世紀には、既に、よく見えている。仮名文字は、単なる形態論上の問題でなく、様式論・機能論等にも関わる問題として対処しなければならない。

注
(1) 日本歴史学会編『概説古文書学　古代・中世編』（吉川弘文館、一九八三年五月）。
(2) 佐藤進一「中世史料論」（『岩波講座　日本歴史25』別巻2、一九七六年九月、一〇一頁）。
(3) 『新訂増補国史大系　令義解』（二六〇頁）。
(4) 『日本思想大系　律令』（岩波書店、一九七六年一二月、三九九頁）。「隷書楷書等をいふ」と説明されることもある（『標注令義解校本　坤』〈新訂増補故実叢書〉、明治図書出版・吉川弘文館、一九五一年、三五六頁）。
(5) 仁井田陞著・池田温編集代表『唐令拾遺補』（東京大学出版会、一九九七年三月、七四一頁）。なお、「唐令」本条は、あるいは、日本養老令文と同一であったかも知れない、ともある。
(6) 阿辻哲次著『図説漢字の歴史』（大修館書店、一九八九年一月、一二九頁）。小川環樹・木田章義注解『千字文』（岩波書店、一九九七年一月）。巻末に、智永親筆の図版を収める。
(7) 『新訂増補国史大系　令義解』（一三二頁）。
(8) 『新訂増補国史大系　令集解』前篇（四五六頁）。
(9) 正倉院事務所編『正倉院古文書影印集成』第一～二期（八木書店、一九八八～二〇〇一年）。その他。奈良国立文化財研究所編『藤原宮木簡一・二』、一九七八・一九八一年。同『平城宮木簡一～五』、一九六六～一九九六年。同『平城京木簡一・二』、一九九五・二〇〇一年。向日市教育委員会編『長岡京木簡一・二』、一九八四・一九九三年。その他。

(10) 内藤乾吉「正倉院古文書の書道史的研究」(『正倉院の書蹟』、日本経済新聞社、一九六四年一一月)。

(11) 内藤氏は、これを、中国の書道の根底に位置する篆隷への反省と解され、従って、この条は、日本の書道が篆隷などと無縁であることをはっきり宣言したものであると説明される(注(10)文献、五〇頁)。

(12) 『大日本古文書』第四巻、一一四・一一五頁。「搨《とう》」は、その模写をいう。

(13) 『唐大和上東征伝』観智院本(古典保存会)。七七九年(宝亀一〇)淡海三船著。

(14) 『大日本古文書』第四巻(一七八頁)。

(15) 東野治之著『正倉院文書と木簡の研究』(塙書房、一九七七年九月、一一五頁以下、また、一二五頁以下)。

(16) 平城京の薬師寺の井戸から出土した「霊亀二年(七一六)三月」の木簡に『千字文』の冒頭二句が書かれている(注(6)、『図説漢字の歴史』、一三一頁)。楷書風の筆法が見られはするが、だからといって王羲之の模写本・臨写本が座右にあったとは限らない。どんなテキストを手本としたのかが問われる。

(17) 注(8)文献(令集解、四五六頁)。

(18) 東野氏、注(15)文献(一二四頁)。

(19) 小島憲之著『上代日本文学と中国文学　中――出典論を中心とする比較文学的考察――』(塙書房、一九六二年三月)でも、この歌序により、王羲之の「蘭亭記」は万葉人の目に触れたものであろうとされる(一一五五頁)。

(20) 中島壌治「文字の階級――写経文字の出自をたずねて――」(『国学院雑誌』、一九七〇年一一月号)。

(21) 写経文字でも、六八五年(天武天皇一四)の写とされる『金剛場陀羅尼経』(筆者は教化僧宝林)は、写経体でなく、初唐の欧陽詢・欧陽通の流れを汲む文字、七四八年(天平二〇年)薬師寺僧恵勝の写した『唯識論後序』は、王羲之系の貴族的な書流、天理図書館蔵「桑原村主安万呂書簡(試字)」は、褚遂良から出た当時の官用文字的な、貴族体に近いものとされる(注(20)文献)。

(22) 石田茂作著『写経より見たる奈良朝仏教の研究』(〈東洋文庫論叢・第11〉、東洋文庫、一九三〇年五月)。
井上薫著『奈良朝仏教史の研究』(吉川弘文館、一九六六年七月)。

田村圓澄著『古代日本の国家と仏教――東大寺創建の研究――』(吉川弘文館、一九九九年五月)。

(23) 堀池春峰「華厳経講説よりみた良弁と審祥」(『南都仏教史の研究　上』、法蔵館、一九八〇年)。

同「入唐求法僧と請来経」（文化庁『重要文化財　月報』第二一号、毎日新聞社、一九七七年）。

(24) 東野治之「正倉院文書からみた新羅文物」（『遣唐使と正倉院』、岩波書店、一九九二年）。

(25) 内藤氏注(10)文献。
高屋赤麻呂が、智永の「真草千字文」を習ったことは、ほとんど疑いない、辛国人成は、大体において王羲之の「聖教序」風の趣を得ており、智永の「千字文」を習ったことは疑いなく、虞世南も習ったかも知れない、爪工家麻呂は、欧陽詢、ないし欧陽通風の楷書を書いている、志斐麻呂は、褚遂良系統の書風を基礎にしながら、あるいは古風の楷書を試み、あるいは欧陽通風を試みている、他田水主の書は、王羲之流を習ったことは間違いない、王羲之風一辺倒である、校生の上馬養は、智永の「千字文」を習っている、といった鑑定がなされている。

(26) 杉本一樹著『日本古代文書の研究』（吉川弘文館、二〇〇一年二月、一八二頁）。

(27) 日本歴史学会編『演習古文書選　古代・中世編』（吉川弘文館、一九七一年六月、図版六・七）。

(28) 相田二郎著『日本の古文書』上、岩波書店、一九四九年第一刷、三六八頁。

(29) 富田正弘「中世史料論」（『岩波講座　日本通史』別巻3、一九九五年一二月、五九〜六三頁）。
なお、「第三の潮流」として「仮名消息の系譜」があるが、後日を期すとされる。

(30) 漢代の居延簡にも「桼」「壱」などの文字は見えるが、易字《えきじ》的用法は、五世紀前半頃のトルファン文書（十六国時代の涼州地区出土）以下に見られ、西魏瓜州効穀郡計帳様文書（五四七年〈大統一三〉、S. 613 v.）TUN-HUANG AND TURFAN DOCUMENTS CONCERNING SOCIAL AND ECONOMIC HISTORY 2 (B), TOYO BUNKO, 1984. 一〇頁）、阿斯塔那五二〇号墓文書の五九四年（高昌延昌三四）調薪文書（中国文物研究所・他編『吐魯番出土文書〔壱〕』、文物出版社、一九九二年一〇月、三一九頁）、その他にも大字が使用されている。

第二章　古文書の用字・用語

第一節　はじめに

古代・中世の古文書には様々な様式が見られる。しかし、基本的に、それぞれは比較的安定している。そうでなければ、安定的な機能は期待できないのである。その様式は、言葉や紙墨・花押・封式などの形態的素材によって構成される。ことに、その中枢部を占めるのは文字言語、すなわち、表記・語彙・語法・文体などである。従って、ここには古文書の諸様式と言語との関わり合いをテーマとする諸問題が横たわっている。どんな言葉遣いによってどんな様式が成立し、また、どんな機能が付与され、達成されていくのか、この関係を解き明かすことが重要な課題となる。もちろん、そうした言葉遣いが、どのようにして形成され、また、展開していったのかという視点も必要であろう。

第二節　古文書の用字法

日本人が漢字を借りて国語文を表記する場合（変体漢文）、漢字と国語とは比較的狭い対応関係にあることが前提となる。古代から中世、近世に至るまで、その対応関係は常に一定しているわけでなく、文体によって、さらには個々の資料によって多少の差異はあろう。だが、大筋では、その「狭い対応関係」として次のような状況が考えられる。(1)

A、一漢字が一つの国語の表記だけを担当する。

B、一漢字が二つ以上の国語の、しかし、限定的な国語の表記を担当する（同字異訓）。

C、複数の、しかし、限定的な漢字が同一の国語の表記を担当する（同訓異字）。

Aの場合、この漢字は、その国語を表記するにつき、直ちに想起することのできる最も日常的な常用漢字である。その漢字を見れば、すぐに、その「定訓」[2]が想起できるのであり、よって、この漢字を、そこに固着している訓を表記するために用いられたものと見て「訓漢字」[3]と称する立場もある。ここでは、「各漢字と訓との間に、ある種の緊張関係が必然的に生ずる」[4]ことになり、その所産として類義字の訓み分けが起こるとされる。その一端として、「令しむ」「使っかひ（つかふ）」「遣っかはす」の一類、「如ごとし」「等ら（たち・ども）」「猶なほ」「若もし」の一類などのような訓み分けの事実が指摘されている。こうした事実こそは、それぞれの資料における用字体系の存在を示すものであり、古代・中世の古文書、および、鎌倉・室町幕府法なども、原則的には、この例に外れるものではない[5]。

次に、Bの場合、二つ以上の国語の表記とはいっても、その間には語の性格や用法上の差異のあることが多い。それは、まま、品詞の相異という形で表に出てくる。例えば、修辞に優れた名文ともされる『尾張国解文』（九八八年〈永延二〉）においては、一漢字で二つ以上の国語を表す「代〔かふ〕〔しろ〕」、「自〔より〕〔おのづから〕〔みづから〕」、「重〔おもし〕〔かさねて〕」、「遂〔とぐ〕〔つひに〕」のような用字法が行われているが[6]、ここには、動詞と名詞、助詞と副詞・名詞、形容詞と副詞、動詞と副詞というような文法上の差異がある。「計〔かぞふ〕〔はからひ〕」なども、文法上の差異というより意味上の差異によるもので、『色葉字類抄』では、「計〔かぞふ〕」は辞字、「計〔はからひ〕」は人事と、語の所属部を異にする。つまり、意味・用法上の差異があって文脈上、混乱なく理解できるなら、一漢字に複数の国語表記を担わせることができるのである。その理解は、また、漢文・変体漢文の場合、語序によって支えられるところも大きい。

Cの場合、さらに、次のように整理される。

① その「狭い対応関係」が未成立の場合、すなわち、Aに到達する前の段階にある場合、

② 平板な表記を避けて表現に変化を持たせようとする場合（変字法の類）、

③ その漢字本来の、あるいは、独自の意味・用法に相応して表記を分担させる場合（特定の漢籍、また、仏典等を出自とする用法も含めて）、

④ 文書語として、また、文書の様式・形態・機能等に関与して一定の表記を担わせる場合、

①の、その未成立の段階は、奈良時代なら、「祭」「奉」が「まつる」を、「受」「請」「承」が「うく」を、「賜」「給」が「たまふ」（あるいは、「たまはる」）を表記する類がこれであろうか。ただし、用字法といっても、規定が先行するわけではない。慣用に基づくところが大きく、かつ、これも常に変化、推移しつつある。

②以下は、意図された用字法である。これらにつき、同じく『尾張国解文』から一端を引けば、②の場合、格助詞「より」に「従」「自」、副詞・接続詞「また」に「又」「亦」の二様を用いる類がこれである。語句そのものに変化を持たせる場合は、この限りでない。③の場合には次の類がある。若干の用例を示すが、底本の傍訓は略す。

あり［有・在］　いる［入・容］　うく［受・稟・請］　かへす［返・耕］　かへる［還・帰］　きる［切・鑚］　さる［去・避］　したがふ［随・順］　すなはち［則・即］　ただ［唯・只］　つく［堤・築・舂］　なし［無・莫］　まさに［将・方］　わづかに［僅・纔］

○ 就中件頼方、所部郡司百姓等所貯牛馬、称有要毛、随宜乞取、（尾張国解文宝生院本、第二七条、読点私意）

○ 右書生雑色人等、或儒輸之人、棄私奉公、或継跡之者、離宅順国、（第二一条）

○ 仍有漆民以漆弁、无漆民以絹弁（略）一樹出汁僅夕撮、（略）此間人去薗荒、為野火焼亡、本倒枝枯、為国土大損、

纔見立則如塗漆之柱、適掻残則乏絋露之滴（第一八条、）

「随《したがふ》」は、（準拠のない）状況のままに、随意にの意、「順《したがふ》」は、天候・国などの絶対的なものに従順であることを意味する。「僅《わづかに》」は、数量の少ないこと、「纔《わづかに》」は、かろうじての意味を表し、意味・用法上の差異がある。

④の場合には、③とも関連するが、次のような例がある。

いだす［出・輸］　いはく［云・侢］　かむがふ［勘・検］　こふ［乞・請］　さかひ［堺・境］　しるす［注・録］

たてまつる［奉・進］　のぞむ［望・莅］

○望請被裁定、以将任例所輸矣、（第二条）　○抑良吏莅堺之日、虎負児以却（後文）

「輸《いだす》」は、出入の意の「出《いだす・いづ》」と違い、税を納める意、「莅《のぞむ》」は、見る・思うの意の「望《のぞむ》」と違い、国守がその任に就く意で用いる。これらの傍線を付した漢字は、文書語としての性格が強く、それなりの文脈で用いられる。古文書外においては、むしろ非常用の漢字となるが、古文書においては、重要な書記用漢字である。慣用的表現として「不《ず》レ可二勝計《べからあげてかぞふ》一」「職而斯由《もととしてこれによる》」「進退惟谷《しんだいこれきはまる》」「可《べし》レ被《る》二仰下《おほせくださ》一」「奉行《うけたまはりおこなへ》」「奉為《おんため》」などがあるが、これらも同様である。

さて、「狭い対応関係」として、およそ、以上のようなことが考えられる。この内、Aは、誤読・誤解も少なく、甲から乙への意志表示が最もスムースに遂行できそうな方式である。だが、この方式だけに限るということになると、理論上、国語の語彙量に相応した字種を必要とし、その用字体系は大きく膨張する。すなわち、字種が増えるわけで、そうすれば、自ずから書記・読解の面に支障も生ずる。だからといって、今日のように、字種を限定すれば、意志表示に支障を来す場合も生じてこよう。他方、B・Cの方式は、Aのような簡明さを欠く。これは短所のようである。だが、これらをもって直ちにAの前段階と見ることはできない。というのは、中国の漢字文化の長所や特徴は、ここに生きているからである。ことに、Bは、その包容力を活かして複数の国語を一字で表記するもので、漢字習得上の労力も少なくてすむ。また、Cは、あえて異種（非常用）の漢字を用いることにより、公文書それぞれの威儀を示し、性格を特徴付ける。中国唐代の文書行政の影響が大きいようだが、文書語成立のためには不可欠の用字法である。

奈良時代の太政官符（七五点）の用字を検討された先学は、「全体的に見れば一語多漢字表記の傾向が相当強く認められるが、その傾向の内部には、前述のように、一語一漢字表記へ向かう流れのあることがうかがわれる」とされ、平安時代の公家日記（記録体資料）に比べると「和習の色彩が薄く、むしろ漢文体に近い面のあることに基づくのであろうか」と解釈される。(7) しかし、太政官符における一語多漢字表記は、Cの④、および、②や③に相当するものであり、これらの一語多漢字表記が失せたときは、太政官符の文書としての特性の消滅する時でもある。この「一語多漢字表記」につき、先には「一語一漢字表記」へ向かう「萌芽的な段階にあるものと見るのが至当であろう」とも述べられたが、(8) これは、従って、本来的な段階にあるものであって、萌芽的な段階と見るのは当らない。また、こうした古文書の用字法を、いきなり『古事記』などと比較するのも難があろう。

奈良時代の古文書から平安時代以下のそれへ遷るにつれ、これらの多様な用字法は単純化に向かい、文書それぞれの個性は薄らいでいくのかも知れない。また、文書語から記録語へ遷り、さらには、和漢混淆文などへ及ぶにつれ、用字法はいよいよ平板化して可能性があるが、一方において、時代時代には、新しい社会秩序が生まれ、書状・文書に関する新しい作法も登場してくる。用字法や語彙・表現等は、ただ単純化の一本道にあるとは限らないようである。

第三節　古文書の用語

古文書の用語としては、(イ)その全般に関わるもの、(ロ)特定の文書様式に関わるもの、(ハ)口頭語・地方語に関わるものがあり、それぞれに、また、時間的な推移が認められる。ここでは、(イ)の内から「差《さす》」、(ロ)の内から「乞也《こふ》……察《さつせよ》」「悉之《つくせ》」という用語を取り上げ、古文書の用語の性格、その出自・年代性などについて考えてみたい。なお、(イ)については、後の第三部においても、また、(ハ)については次節において触れる。

1　差《さして》二専使《せんしを》一

古代・中世の古文書には、「差二……使一」という表現が見られる。[9] 珍しくはなく、用例は多い。一端を引く。

○ 今依二宣旨一、差二竪子上君麻呂一、充レ使令二奉請一、
（道鏡牒、七六二年〈天平宝字六〉六月七日、『大日本古文書〈正倉院文書〉』第五巻、二三八頁）

○ 差二件人等一充レ使発遣者、職宜承知、
（太政官符、七七三年〈宝亀四〉二月三〇日、『寧楽遺文』上、三三七頁）

○ 差二副別使者一可二免遣一之由、
（高倉上皇院宣、一一八〇年〈治承四〉一一月二二日頃カ、『平安遺文　古文書編』第八巻、三〇〇八頁）

○ 今朝差二専使一進上候了
（大乗院僧正実尊書状、一二二九年〈建保七〉二月一四日、『鎌倉遺文　古文書編』第四巻、三〇八頁）

「養老令」には、「国司差レ使逓送」（公式令49）「不レ得レ差二宛遠使一」（同86）「太政官量差二使人一」（獄令3）と見え、また、「遣二専使一」（宮衛令28・厩牧令28）「奏遣レ使」（軍防令18）とも見える。外見上、「差」は、「遣《つかはす》」の意味・用法と同じようにも見え、現に、「差《つかはす》」と付訓される先学も少なくない。だが、両者は別語である。

「差」につき、『玉篇』巻一八之後分（柏木、探古）に、「差〈……又曰、既差二我馬一、伝曰、差、択也、……〉」[10]とあり、この字に〈選ぶ〉意のあることがわかる。日本では、これに国語「さす」を宛てて訳した（訓読）。国語「さす」

は、平安文学作品に、「勅使少将高野のおほくにといふ人をさして……竹取《とり》が家に遣《つかは》す」（竹取物語）、「臨時《りむじ》の祭《まつり》の舞《まひ》人にさゝれていきけり」（大和物語、一一三段）、「蔵人の源少将、宇佐《うさ》の使《つかひ》にさゝれて下《くだ》るに」（宇津保物語、菊の宴）、「わざと、使《つかひ》さゝれたりけるを。はやう物し給へと、ゆるしたまふ」（源氏物語、藤裏葉）、「六十五年秋任那《みまな》ノ国、使《つかひ》ヲサシテ御《み》ツキヲタテマツル」（神皇正統記、崇神天皇）などと見える。[11]「さす」とは、名指しすること、特定の役目のために特定の人物を選んで使者に充てることを意味する。「刺《さ》す」「注《さ》す」なども同源らしい。『観智院本類聚名義抄』に、「差」に「サス／サシテ／エラフ」などの訓が見える。ただし、ここに「ツカハス」の訓はない。

「差」字そのものは、トルファン出土文書に「幷差二康田立一領送」（七〇二年〈武周長安二〉文書為差康田立領送僧尼事）と見える。[12] 日本では、『日本書紀』に「請差二良家子一為二使者一。」（五六〇年〈欽明天皇二一〉九月）[13]、『続日本紀』（巻三）に「因差二強幹人一。悉令二逐捕一焉。」（七〇六年〈文武天皇慶雲三〉二月二六日）[14]、また、『万葉集』に、

○右、以神亀年中大宰府差二筑前国宗像郡之百姓宗形部津麻呂一、宛二対馬送粮船柁師一也。（中略）津麿曰、府官差レ僕宛二対馬送粮船柁師一、容歯衰老、不レ堪二海路一。（後略）（巻一六・三八六九〈筑前国賀白水郎歌〉左注）[15]

「祝詞」に「弁官某位某姓名乎差使弖」（遷奉大神宮祝詞）[16]などと見える。唐代の用法は、広く日本の史書や文学作品などに受容されていたようである。しかし、その具体的な将来ルートはということになれば、それは唐から日本への文書行政ではなかろうか。すなわち、「唐令」には「五日内無二使次一、差二専使一送レ之」（七三七年〈開元二五〉、公式令）[17]と見える。おそらく、これに先行する法令の、その随所にも同趣の表現があったと考えられるが、多くは遺っていない。だが、こうした用法が、「養老令」、また、八世紀の公文書、および、官人たちに行われ、やがて、その他の書記世界に広がっていったことは推測に難くない。

平安時代には、古記録の『貞信公記』『九暦』以下、あるいは、『将門記』、また、鎌倉時代は『吾妻鏡』、その他に

も類例が見える。『色葉字類抄前田本』には、「指〈音旨／サス／示也〉忩差〈楚佳反—使也〉刺（一三字略）〈已上同〉」（下48ウ、サ部、辞字）と、「—(差)使也」の用法注記がある。これは、古文書・古記録の用法を示したものであろう。『消息詞』（菅原為長作、一五八七年〈天正一五〉尊朝親王筆）にも「差二専使一《サシテセンシヲ》」（四ウ）とある。

「差《さす》」には、やがて、接頭語的用法も生じ、これを「指《さし》—」字で表記する例も出てくる。

2　乞《こふ》也……察《さつせよ》

「公式令」では、符に対応し、下から上に出す文書として解《げ》・牒《ちょう》・辞《じ》の三様式を規定し、この内、牒は、内外の官人の主典以上が諸司に申牒する文書、および、僧綱・三綱が官に申達する文書とする（公式令14・僧尼令13）。しかし、実際は、この規定はあまり守られなかったらしく、牒は、はじめ副次的機能とされた僧綱・三綱と役所との応答に用いられ、さらには、官制上、上下支配関係の明瞭でない役所（例えば、令外官《りょうげのかん》）の間、また、藤原仲麻呂・道鏡個人と役所の間などにも用いられるようになったとされる。(18) 当面の表現は、この牒を中心に行われている。(19)

① 大納言藤原家　牒東大寺司務所
　　資人猪名部造常人
牒、奉レ教偁、為レ写二家裏一、応レ請二本論一、仍訖即還納、欲二写続一、請恒定二件人一便為二請使一之者、今故前件常人、令レ向二彼間一、乞察二斯趣一、所レ請之論、随レ申処分、亦請論、既是写訖、便付二常人一奉レ還、至乞領納、今以レ状、故牒／　天平勝宝元年（後略）（大納言藤原仲麻呂家牒、七四九年〈天平勝宝元〉八月八日、正倉院文書、正集四四）

② 牒、得二彼寺伝法供所陳状一云、件田地、故実恵少僧都、（中略）牒送如レ件、乞衙察二事状一、（中略）以牒、
（右大臣藤原忠平家牒、九二〇年〈延喜二〇〉九月一一日、東寺文書礼）

③　牒、去八月日宮庁寄文状偁、当院者、（中略）牒送如レ件、乞也、衙察レ状、牒到准レ状、

（八条院庁牒、一一八六年〈文治二〉一〇月、三宝院文書）

右三例は、相田二郎著『日本の古文書』下（岩波書店、四八～四九頁）による。①は、仲麻呂家が東大寺司務所に対し、常人を請使に決めて、継続的に筆写のための論の貸出しを求めた牒で、末尾に「……、乞う、この趣旨を察して請うところの論につき、申すとおりに対処せよ……」とある。「請」も「乞」も動詞「こふ」を表記している。

請〈コフ／乞也／七静疾盈二反〉乞〈去訖反〉幾商庶美青願散祈聊謁〈已上同〉

（色葉字類抄前田本、下8オ、コ部、辞字）

『色葉字類抄前田本』には、右のようにある。重要な書記用漢字であったようで、二字共に合点が付されている。この間に、「請」は、申請する、願い求める（また、その結果を受ける）という意味、「乞」は、（もの・ことを）与えてくれるよう求める意味という多少の差異があるが、用法上、後者は、「乞察二斯趣一」という、この文書様式に伴う定型句を構成する。②・③は前後を略した。文末に同様の表現が見られる。この他にも、次のような用例がある。

④　牒、得二中宮（ママ）省牒一、前件千虫申云、当郡主帳、（中略）欲レ申二主帳之司一者、（中略）於レ事可レ矜、乞国察レ状、早与二処分一、

（造東大寺司牒案、七五〇年〈天平勝宝二〉五月二〇日、『大日本古文書〈正倉院文書〉』第一一巻、二五二頁）

造東大寺司から国衙へ、千虫の処遇についての配慮を下達した牒である。次は、延喜年間以降の例である。

⑤　牒、依二衙去九月十一日牒状一、（中略）然則来牒所載件坪々、尤寺田也、乞也、察レ之、以牒、

（丹波国牒、東寺伝法供家宛、九一五年〈延喜一五〉一〇月二二日、『平安遺文　古文書編』第一巻、三二二頁）

⑥　牒、件庄田、（中略）牒送如レ件、乞也、衙察二之状一、欲レ被レ免下除任二先例一、彼庄預幷庄子等臨時雑役上、（中略）以牒

（東寺伝法供家牒、九五三年〈承平五〉一〇月二五日、『平安遺文　古文書編』第一巻、三六〇頁）

⑦　牒、今月十三日牒状同十四日到来、披見之処、愁歎尤深、抑（中略）返牒如レ件、乞也、衙察レ状、勿レ成二疑殆一、

故牒、　（勧修寺牒案、東大寺衙宛、一二六二年〈弘長二〉五月一五日、『鎌倉遺文　古文書編』第一二巻、一九一頁）

奈良時代の天平勝宝以降に「乞……察二……趣一」「乞……察二……状一」と見え、延喜頃からは、これが多く「乞也、……」という形となる。『雑筆要集《ざつぴつようしゅう》』（続群書類従、第一一輯）には、二様の牒をあげ、その末尾には次のようにあるが、これらも、「牒送如レ件。乞也。衙察状。」とあるべきであろう。

○　依牒送如件之也。衙察状。敢勿被拘惜。以牒。　（牒状二十七、紀伊国園御荘から大和葛上郡衙へ送る、八一八頁）

○　依牒送如件兀也。衙察状。牒到奉行。　（府牒九十六、左近衛府から摂津国衙へ送る、八三八頁）

右がその類型である。これが、時に、「請職察趣」と見え、また、古文書外の資料に「乞哉、察状」とも見える。

⑧　……請職察レ趣、依レ式欲レ立二券文一、仍具二事状一、以牒、　（摂津職美努郷券、七六〇年〈天平宝字四〉一一月七日、寧楽遺文、下・六四七頁）

⑨　牒奉《テ》三振二神-輿《ヲ》一衆徒企《テ、》参洛《ヲ》一令致《ムサ》訴訟《ヲ》一（中略）乞哉、察《シテ》レ状《ヲ》以牒《テス》　（平家物語延慶本〈訓点とも〉、第一本、二五段）

これは、加賀国留守所から白山宮衆徒衙に宛てた牒状（一一七七年〈安元三〉二月九日）の形となっている。別に、「乞也衙察状……」とする牒も見える（興福寺大衆牒、一一八〇年〈治承四〉五月、同右、第二中、一四段）。

以上に対し、「……察……趣」「……察……状」を伴わない、「請也、……」「願也、……」だけの語法も見える。

⑩　以前得二彼寺牒一偁。皇太后宮御願偁。去仁寿年中初建二此伽藍一。（中略）許可已畢未レ及二施行一。請也。下三知彼寺及所司一。（後略）　（太政官符、八五九年〈貞観元〉四月一八日）[20]

⑪　願《コフ》也新《止》-天《雖》信《シテ》二耆婆之諫《イサミヲ》一　全《マタク》賜《ヘトイヘリ》二　推悉之天　裁《ノコトハリヲ》一　者《ヘリ》　（将門記楊守敬本、貴重古典籍・複製本、五五4）

これらの表現は、その定型句の前段階にあるものらしい。ただし、後者は、古文書外の資料という点が問題である。牒における①から⑦、および、⑧⑨などの用法につき、これがどのような経緯をもつのか、未勘であるが、①には

「随レ申処分」と見えた。唐代の牒・辞には、この言葉、また、「請処分」「伏乞……、請処分」「請乞……処分」といった表現が見えており、あるいは、この間に何らかの影響関係があるのかも知れない。敦煌文書[21]の牒・辞の類から例を引こう。

a　右玉芝、今有上件粟、充交糴、請処分。牒件状如前、謹牒。

（天宝六載河西豆盧軍軍倉収納糴粟麦牒、第一輯・四三八頁）

唐代、七四七年（天宝六）一二月、この粟を軍倉の糴《てき》（買い入れの穀物）に充てたいので受納されたいという。

b　……伏乞追徴、請処分。牒件状如前、謹牒。（七七二年〈大暦七〉客尼三空請追徴負麦牒及判詞、第二輯・二八〇頁）

c　……請乞哀(?)矜処分。牒件状如前、謹牒。

（申年〈八〇四〉正月令狐子余牒及判詞、第二輯・二八一頁）

d　……乞垂処分。牒件状如前、謹牒。

（吐蕃申年〈八二八カ八四〇カ〉一〇月報恩寺僧崇聖状上幷教授乗恩判辞、第四輯・四一頁）

e　……伏望長史司馬仁明詳察、伏乞裁下　処分。牒　件状如前、謹牒。

（八九五年〈乾寧二〉三月安国寺道場司常秘等牒、第四輯・六七頁）

唐代前後の調査が十分でなく、また、それに先行する朝鮮半島の影響なども考えてみなければならないが、もし、唐代の影響があったとしても、「乞……察二……趣一」「乞……察二……状一」という定型句は、日本で成立したのかも知れない。ことに、ここに「乞也……」字を添えたのは日本において、延喜頃からのことではなかろうか。

この「乞也……」の読み方につき、院政時代に振り仮名を付した資料がある。

⑫　謹言　被《タル》レ示《シメサレヨキ》　滑米《ノ》押領使之事、洩二啓《スルコト》於《ニ》国前《ニ》一已了。則被《テ》レ仰二云、代々為二運《シテウン》米押《ノ》領使《ト》一勤《キン》二仕《スル》公事《ヲ》一之由《シ》、郡《クン》司《シ》書生之間有《ニリ》レ所二伝言《イフ》一。仍所二撰《セン》定《スル》一也。敢《アヘテ》不レ可レ致《イタ》二対捍《タイカンヲ》一・（中略）速《ヤカニ》以二此趣《ヲモフキヲ》一重《テ》仰遣者《ツカワステエレハ》国宣如《シ》レ此一乞也《コウマタ》

発令された押領使を辞退する相手に、国司から重ねて任ずるとあった旨を伝える文書で、国衙から在地の豪族に宛てたものであろうか。

悉《シテ》レ之《コレヲ》、謹言　　（高山寺本古往来、第六条）（一部の返り点と句読点を追加した[22]）

「也」には「マタ」の訓法があり、『色葉字類抄黒川本』『観智院本類聚名義抄』の辞書類[23]や仏書訓点資料[24]にも見えている。だが、ここには不適切な付訓で、文脈に従ったものではない。また一方で、これは動詞に承接していると認められるから〝認定〟の助辞かと考える説もある[25]。断定の助動詞「なり」に相当するというものだが、しかし、ここは文末でなく、「乞」はその下の「悉之」を目的語とする。つまり、この「也」は、句中にあってその上の語句を引き立たせる働きをする助字（助辞）であり、『詞詮』に「語末助詞　助兼詞、表提示以起下文。」（巻七）と見える用法に相当する。訓点資料によれば、次のように、こうした「也」は不読とし、その上の活用語を連体形で読み[26]、また、これに形式名詞「こと」を添えたりク語法で読んだりした例がある。

○　又緱氏（ノ）人為《た》る〔也〕、父慧《クエイ六 エイ六》は英潔にして雅《カ六》操《サウ六》有（リ）　　（又為緱氏人也父慧英潔有雅操）

（興福寺本大慈恩寺三蔵法師伝古点、巻一・〇五八行、A種点[27]）

「也」の提示を表す用法は、唐代にも、また、日本の正格漢文にも存する。今の定型句にこれを添えたのは、おそらく、日本側において、「乞」「請」を強く際立たせるために行ったものであろう。関連して、古文書・古記録には「為体也、……」「計也、……歟」などの定型句も生まれている。

以上、牒の類に行われる「乞也……察二……一」について述べた。「乞也」は、「こふ」の連体形と不読で「乞《こふ》〔也〕、察《さつせよ》二……趣《を》／状《を》一」「乞《こふ》〔也〕、悉《つくせ》レ之」と読むのが穏当であろう。ただし、「為《ていたらく》体也」のような読み方も参照される。

3　悉《つくせ》レ之《を》

院政期頃から中世末、永禄・天正頃にかけての、特に、綸旨・院宣・令旨・藤原氏の長者宣・別当宣などの奉書を中心として、その末に「悉レ之」という用語が見られる。「書面は意を尽くさないが、万事を察せよ」との意であろう。この場合、「院宣［天気・綸言・令旨・長者宣・所仰・仰旨など／執達］＋如此＋悉之、……」という語順となる。

① 被二綸言一偁、可レ令レ祗二候夜居一之由、宜レ遣レ仰者、　綸言如レ此、悉レ之、謹言、

（崇徳天皇綸旨、一一三二年〈天承二〉二月二日）(28)

右中弁藤原顕頼が崇徳天皇の仰せを奉って醍醐僧都御房定海に宛てた綸旨で、末尾に「悉《つくせ》レ之《を》」とある。

② 依二　美福門院令旨一、執達如レ件、悉レ之、

（美福門院令旨、一一六〇年〈永暦元〉二月一九日、『平安遺文　古文書編』第七巻、二四八八頁）

③ 被二別当弁殿（高嗣）仰一云、権預助房・有道等、致二座次相論一者、不レ可レ有事也、早依二任日次第一、令三助房烈二有道上一者、仰旨如レ件、悉レ之、謹状、

（勧学院別当宣、一二三九年〈延応元〉九月二〇日、『鎌倉遺文　古文書編』第八巻、六六頁）

④ 度々院宣幷武家避文分明之上、去八月関東重避レ之云々、（中略）宜レ被レ存二其旨一者、院宣如レ件、悉レ之、以状、

（後嵯峨上皇院宣、一二五〇年〈建長二〉一一月一四日、『鎌倉遺文　古文書編』第一〇巻、一八〇頁）

⑤ 所レ被レ補二香取社神主職一也、政所御下文遅々之間、且可レ致二存知一者、　長者殿下（二条兼基）所レ仰如レ件、悉レ之、以状、

（藤氏長者〈二条兼基〉宣、一二九九年〈承安元〉一〇月二九日）(29)

⑥ 小山法橋浄円日来軍忠之次第、所レ被二聞召一也、殊神妙、当時戒重合戦最中也、来月廿日以前馳参、致二忠節一者、可レ被レ抽二賞一者／天気如レ此、悉レ之、以状、

（後村上天皇綸旨、一三四一年〈興国二〉五月三〇日）(30)

⑦　本領一円知行不レ可レ有二相違一者、／天気如レ此、悉レ之、以状、　（長慶天皇綸旨、一三七二年〈文中元〉九月二一日）[31]

⑧　今度国々属二本意一由、尤武勇之長上、天道之感応、古今無双之名将、弥可レ被レ乗レ勝之□（条カ）、為二勿論一、就中、（中略）可レ為二神妙一旨、綸命如レ此、悉レ之、以状、
（正親町天皇綸旨案、一五六七年〈永禄一〇〉一一月九日）[32]

用例は多い。一端をあげるにとどめるが、これは定型句のようである。ただし、奈良時代末の啓状の尾には、「伏乞照趣」「乞照此趣」といった表現に交じって「乞昭悉此状」と見える（寧楽遺文、下・九五八頁）。また、最澄の書状にも次のようにある。こうした使い方が先にあって、この後、右のような定型が生じたものであろう。

a　伏乞、照悉此状、莫深嘖不進送、
（僧最澄書状、八一三年〈弘仁四〉正月二七日、『平安遺文　古文書編』第八巻、三二七六頁）

平安中期以降の勅答や牒、また、鎌倉時代の牒・官宣旨・申状などにも「悉レ之」「悉二之状一」のような形で見える例がある。おそらくは、これらがその当初の用法であり、やがて、これが院宣や綸旨等に固着するのであろう。

b　敕。省二重表一。具二冲挹之懐一。公風神深凝。徳宇高聳。（中略）況公之於レ朕也。名為二君臣一。志如二父子一。何嫌何疑。（中略）凡厥摂行。一如二前詔一。縦瀝二方赤於公口一。何下二雌黄於朕脣一。悉レ之耳。
（本朝文粋、巻第二、敕答、「答貞公辞摂政表敕」、後江相公、九三〇年〈延長八〉一〇月二〇日）[33]

c　牒、今日衙牒同日到来偁、件坪坪田、依二東大寺之愁一、国蒙二宣旨一、今月七日符云、各相二対公験一、任レ理弁定言上者、而左右相携送レ日無レ定、因レ之注二所在日記一還帰、仍帖（牒）送如レ件、宜下悉二之状一、候中公家裁定上之間、不レ可レ令レ耕二作寺社人々一者、依二衙牒状一、将二以制止一、仍牒送如レ件、乞衙察二之状一、今勒レ状、謹牒、
（大和国添上郡牒、同国使宛、九九一年〈正暦二〉三月一四日）[34]

大和国添上郡の郡司から同国使衙へ宛てた牒で、文末に「乞衙察之状」とある。東大寺所領春日荘田が興福寺に妨

げられるにつき、決着がつくまでは寺社の耕作を制止して欲しいという。「悉之状」は、状況をよく察せよとの意。

d 況名張郡之供御使等、自二鹿高堰一不レ登レ上、斯国境　勅定之有レ限故也、全不レ可レ及二私論一哉者、自今以後、加洲之住人等悉レ之、自二鹿高一上、不レ可レ令二乱入一之由、可レ有二御裁定一也、仍重以言上、

（大和長瀬荘百姓等重申状案、一一九九年〈正治元〉八月、『鎌倉遺文　古文書編』第二巻、三五六頁）

e 左弁官下　飛騨国／（中略）／
右、宣旨如レ此、悉レ之、以状、

（官宣旨写、一二五五年〈建長七〉一一月一八日、『鎌倉遺文　古文書編』第一一巻、一二二頁）

f 牒、（中略）、群議如レ此、悉以二伏膺一、追二憶旧貫一、共尋二一門之芳儀一、互陳二一味之子細一、先規有レ由、後事宜レ然、勿レ及二疑殆一、努悉レ之、故牒、

（金剛峯寺牒案、東大寺衙宛、一二六二年〈弘長二〉五月二二日、『鎌倉遺文　古文書編』第一二巻、一九四頁）

以上のような「悉」字は動詞であり、特別なものではない。だが、右のような用法は、唐代の文書にならったものではなかろうか。その脈絡は、まだはっきりしないが、唐王朝各代の詔令を類聚した、宋の宋敏求編『唐大詔令集』によれば、勅（政事）の末尾に「宜悉朕懐」「各令知悉」「所当悉之、其先減官員、并宜仍旧」、また、「令知朕意」「宜知朕意」などと置くものがある。[35] 以上のことにつき、朕の意中を知悉せよとの意である。また、敦煌文書には、いわゆる状の類の末尾に、「尽垂／照察、謹状」「伏惟／照察、謹状」と用いられ、これらに交じって「伏惟／察悉、謹状」（天興七年〈九五六ヵ〉）と見えることがある。[36] やはり、差出者の意中を明察されたいとの意である。詳しくは、さらに調査しなければならないが、これらからすると、彼我の間に何らかの脈絡は存在していそうである。

ところで、「悉之」は何と読むのであろうか。古往来には、これを字音語で「悉《しつせよ》レ之《を》」と読んだ例がある。

g　頃者《コノコロ》恠《ケ「イ」イ》-異荐《シキリニ》示《シメス》（中略）可レ被《シラル》レ奉《タテ□》［一］祈（下）玉体安穏宝祚《キヨクタイアンヲンホウソ□》（左傍）［祚《ソ》］延長《エム□》之由《ヲ》上者《レハ》　綸言如此一悉《シツセヨ》之《ヲ》一謹言
（釈氏往来国立国会図書館本、一三〇二年〈正安四〉写、一一月往状、写真による）

小野法務御房宛、権右中弁の奉書の形である。少なくとも五種類の墨筆仮名があって判読できない部分もある。漢語サ変動詞で読んでおり、また、この裏書に墨で「コトく」とある。架蔵の室町初期写本にも「雅［上声双圏点］趣［平声圏点］悉《ヨ》［入声圏点］レ之《ヲ》誠恐謹言」（四月往状）と見える。藤原明衡の『雲州往来』の一五二九年（享禄二）写本にも、「且《カツく》以悉《ス》［入声圏点］レ之頓首謹言」（68ウ3）・「仰旨《ノ》如レ此悉《セヨ》［入声圏点］レ之《ヲ》頓首謹言」（47ウ2）と見える。やはり、サ変動詞であるが、終止形と命令形との両形がある。先の『高山寺本古往来』には「乞也《コウマタ》悉《シテ》レ之《コレヲ》……」とあった。これは、漢語サ変動詞か和語「つくす」かわからない。「つくす」の訓は『色葉字類抄』『観智院本類聚名義抄』にも見える。(37)一方、ロドリゲスの『日本大文典』（一六〇四〈慶長九〉～一六〇八年刊）には「ツマビラカニ」とある。

h　rinxi cacuno gotoxi. Tçumabiracani jǒuo motte su.
（土井忠生訳、三省堂刊、七二〇頁）

これは『太平記』巻一四、「矢矧鷺坂手超河原闘事」（一三三五年〈建武二〉一一月）の次の一節に相当する。

i　謀ニ綸旨ヲ二三通書テ、将軍ニ見セ進セ候ハゞヤ。（中略）其詞ニ云、
足利宰相尊氏、左馬頭直義以下一類等、誇武威軽朝憲之間、所被征罰也。彼輩縦雖為隠遁身、不可寛刑伐。深尋彼在所、不日可令誅戮。於有戦功者可被抽賞、者綸旨如此。悉之以状。

梵舜本（一五八六年〈天正一四〉頃写）には「悉《スルニ》レ之《ヲ》以《テス》レ状《ヲ》」とある。「悉」は、ツマビラカニスルニ……と読むのであろうか。

しかし、『色葉字類抄』や『観智院本類聚名義抄』には、「悉」字に「つまびらかにす」という訓が見えない。「悉之」の読み方につき、先学によれば、右のようである。

悉之／悉之以状……「之を悉せ」「之を悉せ。以って状す」（相田二郎著『日本の古文書』上、四二五・四三三頁）

悉之／悉之以状……「之を悉くす」「之を悉《（つ）》くすに、状を以てす。」（中村直勝著『日本古文書学』上、二二一・二二五頁）

悉之／悉之以状……「悉《これをつくせ》レ之」「悉《これをつくすに》レ之以《す》レ状《を》」（伊地知鉄男著『日本古文書学提要』上巻、一三二・一三一頁）

その意味につき、相田氏は、「ここに記述した文面は簡単であるが、その意を充分理解せられよという意味である。古い綸旨に『一を以て万を察せよ』と書いてあるものもある」と説明され[38]、「悉之以状」も、「之を悉すに状を以てす」と読むべきものではないようであるとされる。「悉之」の主語は相手、「以状」のそれは当方であるから、一句は切り離し、「悉《つくす》」は命令形で読むことになろう。字音読の場合も同様である。

第四節　古文書の口頭語・地方語

文書は、本来、公のものであり、権力の象徴でもあった。古代の中央集権国家の時代は、その文書によって地方を治めたが、中世近くになると地方にも有力氏族が台頭し、文書も地方間でより積極的に取り交わされるようになる。社会構造上、地方が、それだけの力を有するに至ったということであろう。だが、それと同時に、文書には地方的な色彩や特徴がにじんでくるようになる。その骨格となる言葉遣いや書札礼は中央にならっても、中央語を知らない、あるいは、それを顧慮する必要のない地方人が執筆するとなれば、自ずから口頭語や地方語が混入してくるのであろう。今日に伝来する古文書には、関東・東北から中国・四国・九州までのものがあり、これらについては、先学によって整理が行われ[39]、それぞれの伝来文書も、『大日本古文書』や各種自治体の地方史編纂資料[40]として刊行されつつある。こうした古文書の地域性については大小の言及がなされており(41)、その口頭語・地方語に関しても先学の触れられたものがある。(42)

口頭語や地方語は、ことに仮名文書に顔を出すことが多い（第一部第二章参照）。だが、漢字書き文書においては、実は、中世後半に降っても、その用例は決して多くない。漢字書き自体が公文書の流れを引くものであり、この書記世界においては、それは容易に許されることではなかったということらしい。次に、若干の用例をあげる。

中世後半頃から中国・九州地方の書状類にみられる言葉に「辻《つじ》」（もとは結果・集計の意）・「如《ごとく》」などがある。

○於二備作之愁訴之儀一、昨日者、御使札、得二其意一候、本陣江重畳可レ被レ仰レ理之由候条、以二最前之辻一、自レ是茂国(国司元相)右所江申二遣之一候、乍二勿論一聊不レ可レ存二余儀一候、猶(兼行左京亮)兼左申入候、恐々謹言、

（小早川隆景自筆書状、一五五二年〈天文二一〉頃ヵ五月一一日、『大日本古文書〈平賀家文書〉』、五七一頁）

右の「辻」は、……の通りの意で中国地方の古文書に見える。小早川隆景は、毛利元就の三男、吉川元春の弟。

○拙者事ハ夜前申談候辻、相違有間敷候〳〵

（吉川元春自筆書状、一五七九年〈天正七〉頃ヵ二月一八日、『大日本古文書〈吉川家文書二〉』、三九八頁）

○無二異儀一約束之辻相斉(済)可レ申候、

（にこらお銀子借用証文、一六二一年〈元和七〉正月二五日、嶋井文書(43)）

嶋井家は、博多の南蛮貿易商人で、今町にこらおが嶋井徳左衛門尉から渡航資金を借りた際の借用証文である。

○早々御落着可二目出一候、一両日中如二在所一可二帰宅一候間、何様重而可二申承一候、恐々謹言、

（陶道麒〈興房〉書状、一五三六年〈天文五〉一一月二二日、『大日本古文書〈平賀家文書〉』、五五一頁）

○就三去三日江田(隆連)玄番(蕃)助敵令二同意一、尼子(晴久)横田(出雲)表被レ出二先勢一、少々至二山内(備後)一差出之間、備芸両国衆、去六日如二吉舎山中(備後)一打出、

（大内義長書状、一五五三年〈天文二二〉五月三日、『大日本古文書〈平賀家文書〉』、五四一頁）

○　就㆓江田（隆連）玄番（蕃）助現形之儀㆒、尼子（晴久）横田（出雲）表江被㆑出㆓先勢㆒、至㆓山内（備後）㆒差出之条、毛利（元就）方被㆓仰談㆒、如㆓吉舎山中（備後）㆒打出、此節可㆑被㆓打果㆒之由候、尤肝要候、彌御馳走専要候、仍被㆑用㆓直書㆒候、深重元就可㆑被㆓仰談㆒候、此条得㆓其心㆒可㆑申旨候、恐々謹言、

（陶晴賢副状、一五五三年五月四日、『大日本古文書〈平賀家文書〉』、五五一頁）

右の内、一通目は平賀弘保宛、後の二通はその三代後の平賀広相宛となっている。平賀氏は、中世末、毛利に従った豪族で、安芸高屋保を本根拠とした。「如《ごとく》」は、移動を示す語で、……へ向かっての意を表す。この言葉は、『貴理《きり》師《し》端《たん》往来《おうらい》』にも、「如㆓高来㆒可罷渡存候処、頬各申被㆓相留㆒候之条」（一一、12オ1）[44]と見え、次にも見える。

○　宗麟（大友）事茂、急度如㆓岩戸表㆒可㆓差寄㆒候之間、各事者、抽㆓余人㆒、可㆑被㆑励励㆓忠儀事、不㆑可㆑有㆓余儀㆒候、

（大友宗麟義鎮感状、平井兵部少輔宛、一五六九年〈永禄一二〉一一月二〇日、大友家文書録二・一五五五番）[45]

吉川元春・小早川隆景敗北の折、宗像表における軍労を賞したもの。宗麟は、遣欧使節で名高い豊後の戦国大名。

○　一、廿三日、鹿児嶋之ことく罷帰候、（上井覚兼日記、一五七四年〈天正二〉九月二三日、『大日本古記録』上・二〇頁）

○　此日、諸勢徳渕より如有馬出船也、

（一五八二年〈天正一〇〉一一月二〇日、同右、一五四頁）

『上井《うわい》覚兼日記』は、口語や方言がまま見える日記で、諸氏の言及もある。ただし、「如」の用例は多くなく、「鹿児嶋へ罷帰候也」（一五七四年〈天正二〉閏一一月二七日）・「此日、佐土原へ参候」（一五八六年〈天正一四〉正月三日）・「日州口へ　御発足御所好之由」（同年八月一六日）と「へ」による方がふつうであり、また、「看経等如常」（一五八三年一〇月朔日）と比況の助動詞もふつうに用いられている。上井覚兼は、戦国末期の武将で、島津義久（薩摩・大隅・日向の太守）の老中職を務め、後、日向宮崎の地頭を命ぜられて宮崎城主となり、家久（義久の末弟）を補佐して各地に戦ったが、一五八七年以後は羽柴秀長に降り、薩摩に帰って隠棲し、一五八九年六月に四五歳で病没した。

先のロドリゲスの『日本大文典』では、九州地域を「下（Ximo）」と称し、その種々の方言事象について言及して

いる。その内に次の一条が見える（六一一頁）。「都（Miyaco）」の言葉遣いに野卑な言葉を対置するものである。

○移動を示すYe（へ）の代りにNi（に）、No yǒni（のやうに）、Nogotoqu（の如く）、Samaye（様へ）、Sana（さな）などを使ふ。そこから次の諺が出来てゐる。／Quiǒye, Tçucuxini, Bandôsa.（京へ、筑紫に、坂東さ。）

細かなことは記されていないが、この内の「のやうに」は、島津家中の手になると推測される『朝鮮日々記』に「椿条ノ道筋ニ里程見テ合点シテ泗川ノヤウニ帰リ十月四日釜山ノヤウニ浦帰宅被成候(46)」と見え、諺は、『実隆公記』に「宗祇談、京ニ、ツクシヘ、坂東サ……。京ニハ……」（一四九六年〈明応五〉正月九日、続群書類従完成会、一五三頁）と見える。

○一反《丸原》　六百尻　干七升五合　得八斗二升五合　九郎兵へ　（山代郷神田損毛分注文、一五六七年〈永禄一〇〉(47)）

出雲大社上官家富家伝来文書の一点で、「尻」は、田積・貫高に関する古い単位だが、地方語であろう。

○其方事ハ、先十日廿日罷居候而、母気分見合、可二短束一候、とかく灸ならてハにて候、とく立灸不レ可レ有レ緩候、（毛利輝元自筆書状、児玉元次宛、一五九五年〈文禄四〉八月三日、大日本古文書、毛利家文書二・五三七頁）

○ひやうこわつらい、此比すこしあしく候まゝ（中略）よく候するやとおもひ候、たんそくゆるかせなく候、（後略）（毛利輝元書状、元忠宛、一五九六年〈文禄五〉七月三〇日、大日本古文書、三浦家文書、四三一頁）

○一是ハ不入儀ニ候へ共、各自他国にも、もり（毛利）ハ上意をも申こくり候て申切候と取沙汰すへき事、（前後略）（毛利隆元自筆覚書、年次未詳、『大日本古文書〈毛利家文書二〉』、四七八頁）

中国毛利領辺りの地方語で、注意・気配りすることらしい。異表記が多いが、輝元は「短束」「短息」とも書く。上意を激しく非難してとの意で、「こくる」も安芸国（吉田辺）の方言らしい。隆元は、輝元の父。

○富士大宮別当職幷別当領分之事／右、先別当少将龍恵乱行故、（中略）既先年如二相定一、各為二買迷之地一、両通之判形爾雖レ有二増分一、（後略）（今川義元裁許判物、大宮宝幢院増円宛、一五五七年〈弘治三〉一一月二六日、宝幢院文書[48]）

「まよふ」は、弁償する意の地方語（東日本）で、伊達稙宗制定『塵芥集』（一五三六年四月）にも「たゝしふさたのしやうこ見え候ハすハ、半分まよいたるへき也[49]」と見える。

○一越後より（中略）是も鉄炮うち申ニ付而、（中略）けいこ仕候へ由ニて、金子一数、大鷹一もと遣被申、（後略）
（鉄炮一巻之事、年次未詳〈近世〉、『大日本古文書〈上杉家文書二〉』、三二四頁）

一一町ニて二放宛見申され候時、もろ矢ニ十匁、かたや中かたや近曲尺ニうち申たる者ニ八匁、かた矢中（中略）其時一組〳〵ニ大出来仕候組頭ニ、一人ニ銀三数二数一牧（枚）宛ほうひ被申候事、
（同右、三四一頁）

越後上杉では、中世～近世の頃、金子の枚数を「数」で表現したようである。「牧」は、「枚」の異体字。ただし、先の博多の嶋井文書にも「為御礼金子弐拾数幷小早川隆景様ゟ（より）宗室へ被下候昔真壺指上申候処」、「……幷金子二十数相添被上候」との例が見えるので（嶋井家由緒覚書、一七九一年〈寛政三〉六月）、一地方にのみ限定はできない。

右には、古文書の言葉の地方色についての一端をあげた。用例は、従来的な和化漢文の文書には少なく、どうしても漢字交り仮名文、あるいは、仮名文といってよいような書状類に現れてくるようである。

『日葡辞書』（本編一六〇三年〈慶長八〉・補遺翌年刊）やロドリゲスの『日本大文典』・コリャードの『日本文典』（一六三二年〈寛永九〉刊）、その他のキリシタン資料には、中世末から近世初期の方言事象についての貴重な情報がとどめられている。これらは、それぞれの地方における具体的な資料と照合し、検証していけば、なお一層有益な研究資料となろう。既に、先学の論考も少なくないが[50]、今後、各地で発掘される中世古文書や近世古文書、ことに地方《じかた》文書[51]、および、日記類[52]、また、道中記類や郷本戯作類などにも期待されるところは大きい。

ただし、古文書を方言資料として活用するには、それぞれの地域方言についての十分な知識がいる。例えば、斎木

一馬氏の一連の著述において地方語的・口頭語的語詞の採取が行われている。[53] ところが、それが、果たしてどういう性格（地方性・位相性など）の語詞であるのかという段になると、必ずしも明解な説明ができず、非中央語的、非文章語的といった形で終始せざるを得ない。『中世法制史料集』の「第三巻」では、地方武家一二氏の家法の校訂本文に詳細な「補註」「追加補註」が付されているが、[54] こうした地方文書類から用例を採取し、これを吟味していくには、有能な方言研究者としての資質が要求されるようである。この点、どうしても方言学からの協力を仰ぐ必要がある。

第五節　おわりに

「公式令」に規定された古代古文書、また、その影響下にある中世古文書以下の言葉は、古文書学や歴史学の方から慎重な検討が重ねられてきている。しかし、言葉そのもの、言葉の歴史という観点からの検討も必要である。検討の方法が異なり、資料の利用法が異なれば、それぞれの見えなかったところも見えてくるかも知れない。

古文書には、古文書独自の、また、その様式独自の語句・語法、また、文体等が用いられ、それによってそれぞれの機能が発揮される。そうした言葉遣いと文書の様式・機能との関わりについては、今後、細かく分析していく必要がある。書札様文書を中心とする敬語研究もこれからである。先に触れた牒式に限らず、「養老令」に定めるところは不明の点が多いとされる。[55] 研究の視点や分析方法などは多様であるが、出土中の木簡資料、また、中国古代の出土簡牘類やトルファン・敦煌出土文書などをも参照しながら、古文書の言葉の源流と展開とを究明していかねばならない。

なお、中世にもなると、文書世界の中に口頭語や地方語などが混入し始める。といっても、これは、容易に生じ得ることではないらしく、その用例は決して多くない。そうした事象が認められるとすれば、むしろ、その背後にどのような状況があったのかが問われよう。あるいは、それが口頭語であり、地方語であるといった自覚が筆者にはなかったということも考えられる。

注

（1）小林芳規「上代における書記用漢字の訓の体系」（『国語と国文学』、一九七〇年一〇月）、同「古事記音訓表（下）」（『文学』、一九七九年一一月）、峰岸明「記録体」（『岩波講座　日本語10』、一九七七年九月）、同「平安時代における漢字の定訓について」（『国語と国文学』、一九八四年一〇月）、その他が参照される。

（2）峰岸明「記録語文における漢字表記語の解読方法について――『自筆本御堂関白記』を例として――」（『馬淵和夫博士退官記念国語学論集』、大修館書店、一九八一年七月）。

（3）小林芳規「訓点資料の訓字について」（『文学・語学』、一九七〇年一二月）、また、注（1）文献。

（4）小林芳規「将門記における漢字の用法――和化漢文とその訓読との相関の問題――」（『日本漢文学史論考』、岩波書店、一九七四年一一月）、また、注（1）文献。

（5）拙稿『鎌倉幕府法　漢字索引　第一部　校本御成敗式目』（一九八五年一一月）、同『（同漢字索引）第二部　追加法　編年　第二分冊』（『中世文書における常用漢字の研究』、平成二年度科学研究費補助金研究成果報告書、別冊、一九九一年三月）・『（同）追加法　編年　第五分冊』（同、続編、一九九一年一一月）。

（6）拙稿「『尾張国解文』の研究――古文書における表現方法の基本的原則を求めて（一）――」（『鎌倉時代語研究』第三輯、一九八〇年三月）、同「同――（二）・（三）――」（『大谷女子大学紀要』一八―二・一九―二、一九八四・一九八五年）、同「『尾張国解文』宝生院本――漢字索引――」（『訓点語と訓点資料』第七四輯、一九八五年一〇月）。

（7）小山登久著『平安時代公家日記の国語学的研究』（おうふう、一九九六年五月、一四七頁）。

（8）小山登久「太政官符の文章――奈良時代の資料を対象に――」（『大坪併治教授退官記念国語史論集』、表現社、一九七六年五月）。

（9）拙稿「古文書における『差（さす）』と『遣（つかはす）』について」（『国文学攷』八六、一九八〇年六月）。

(10)『玉篇零巻』（清・黎庶昌跋、大通書局有限公司、一九七二年〈中華民国六一〉一二月、一一七頁）。
(11)これらは、『日本古典文学大系』の『竹取物語』（二九〇頁）、『大和物語』（二九〇頁）、『宇津保物語』（二・七二頁）、『源氏物語』（三・一八七頁）、『神皇正統記』（七三頁）による。
(12)国家文物局古文献研究室・他編『吐魯番出土文書』（第七冊、文物出版社、三一九頁）。
(13)『新訂増補国史大系　日本書紀』（後篇、八八頁）。
(14)『新訂増補国史大系　続日本紀』（二六頁）。
(15)佐竹昭広・木下正俊・小島憲之著『万葉集　本文篇』（塙書房、一九六三年六月初版、一九六六年五月四版）。
(16)『日本古典文学大系』（四四六頁）による。「……ヲ《(乎)》使（ニ）差（シ）テ《(弖)》」と読むのであろう。
(17)仁井田陞著『唐令拾遺』（東京大学出版会、一九三三年三月、一九六四年九月復刻、五八四頁）。
(18)佐藤進一著『新版古文書学入門』（法政大学出版局、一九九七年四月、七一頁）。
(19)拙稿「『高山寺本古往来』の第六状について――古文書における「乞也」・「悉之」の考察――」（弘前大学人文学部『文経論叢』第一五巻第一号、一九八〇年三月）。
(20)『新訂増補国史大系　類聚三代格』（巻二、九八頁）。
(21)『敦煌社会経済文献真蹟釈録』、第一輯（書目文献出版社、一九八六年一一月）以下。なかんずく、aの類例は多い（第一輯、四三六～四四四頁）、また、第二輯（二八六・二九一頁）・第三輯（五七〇～五七四頁）など。
(22)高山寺典籍文書綜合調査団編『高山寺本古往来　表白集』（高山寺資料叢書第二冊、東京大学出版会、一九七二年三月）。
(23)『色葉字類抄黒川本』中九三オ、マ部、辞字。『観智院本類聚名義抄』仏下末一四・僧下一二九。
(24)拙稿「蘇悉地羯羅経古点の訓読法」（『国語学』第一〇二集、一九七五年九月、一三頁）。
皆川淇園の『助字弁略』に「也字ヲマタト読ムコト、俗語ニ多シ」（巻之二）とある。
(25)峰岸明「高山寺本古往来における漢字の用法について」（注(22)文献所収、六六六頁）。
(26)拙稿「古文書の国語学的研究――「為体」「為体也」を視点として――」（『文学・語学』第八六号、一九七九年一二月）。
また、注(19)文献（一一四頁）。
(27)築島裕著『興福寺本大慈恩寺三蔵法師伝古点の国語学的研究　研究篇』（東京大学出版会、一九六七年三月、六二頁）。

(28) 相田二郎著『日本の古文書』下（岩波書店、一九七五年四月、一三刷、一八三頁）。
(29) 注(28)文献（一九五頁）。
(30) 網野善彦著『日本中世史料学の課題――系図・偽文書・文書』（弘文堂、一九九六年三月、二九〇頁）。
(31) 鎌田家文書研究会「鎌田武男氏所蔵文書」（『古文書研究』第四三号、一九九六年三月、六八頁）。
(32) 児玉幸多編集代表『図説日本文化史大系』第八巻（小学館、一九五五年初版、一九六六年一二月改訂新版、五九頁・五八図）。
(33) 『日本古典文学大系』（三七八頁）による。
(34) 注(28)文献（三八頁）。
(35) 『唐大詔令集』（学林出版社、一九九二年一〇月、四六八頁、また、四七六・四七七頁、五二五・五二七頁）。
(36) 『敦煌社会経済文献真蹟釈録』、第四輯、（一九九〇年七月、三〇六頁、関連する用例は三九四・四〇〇・四〇二・四〇三・四〇八頁）。
(37) 「省《みて》レ書《を》具《に》悉《シリヌ》二来一意《を》。」（知恩院蔵本大唐三蔵玄奘法師表啓古点、六五行、中田祝夫著『東大寺諷誦文稿の国語学的研究』、風間書房、一九六九年六月）と付訓する例がある。
(38) 相田二郎著『日本古文書学の諸問題』（名著出版、一九七六年一〇月、六一・六二頁）。
(39) 相田二郎著『日本の古文書』上（一三七〜一六五頁）、佐藤進一著『新版古文書学入門』（二八〜五二頁）。『日本歴史「古文書」総覧』（新人物往来社、一九九二年三月）。
(40) 佐藤進一著、注(39)文献に「地域別古文書集一覧」を収める（三〇一〜三〇四頁）。
(41) 相田二郎著、注(39)文献（五八四・六二二頁）、その他。同「古文書料紙の横ノ内折とその封式とに就いて（上・下）」（『歴史地理』、第七八巻第二・五号）、同著『日本古文書学の諸問題』（名著出版、一九七六年）。佐藤進一著、注(39)文献（一八一・一八二頁、他）。日本歴史学会編『概説古文書学　古代・中世編』（吉川弘文館、一九八三年、二〇七頁）。その他。
(42) 吉村茂樹著『古文書学』（東京大学出版会、一九五七年、二一四頁）、伊木寿一著『増訂日本古文書学』（雄山閣出版、一九七六年、二二三頁）、佐藤進一著、注(39)文献（一七七・一八四・二七九頁、その他）。
(43) 西日本文化協会編纂『福岡県史　近世資料編　福岡藩町方（一）』（一九八七年三月、一九〇頁）。

相田著(注(39)文献、九一四頁)、佐藤著(注(39)文献、二八〇頁)にも言及がある(小二郎兵衛抛銀《なげがね》証文)。

(44) 土井忠生「貴理師端往来について」(『キリシタン研究』第五輯、一九五九年、影印版)。

(45) 大分県教育委員会編『大分県史料(32)』(一九八〇年二月、三五二頁)。

(46) 近藤瓶城編輯『改定史籍集覧』第二五冊(近藤活版所、一九〇二年〈明治三五〉六月、六二二頁四行)。一五九二年〜一五九八年(文禄元〜慶長三)の秀吉征韓記録とされる。原口裕「『に』と『へ』の混用——近世初頭九州関係資料の場合——」(『福田良輔教授退官記念論文集』、同教授退官記念事業会、一九六九年一〇月)に詳しい。

(47) 『古代文化叢書3　富家文書　本文編』、『図版編』・一〇四(五四頁)。

(48) 日本歴史学会編『演習古文書選　古代・中世編』(吉川弘文館、二〇〇一年、七七図・一五三頁)。

(49) 佐藤進一・池内義資・百瀬今朝雄編『中世法制史料集　第三巻・武家家法(一)』(岩波書店、一九六五年八月、一六八頁、補註、三六七頁)。

(50) 土井忠生「天草本伊曾保物語と方言」(『方言』第四巻、一九三四年一月)、同「天草版伊曾保物」(『吉利支丹文献考』、一九六三年一月)、鈴木博「ロドリゲス日本大文典の関東方言の条に関して」(『国語学』第四五輯、一九六一年六月)、亀井孝「コリアドの辞書に方言ありや」(『国語学』第六九輯、一九六七年六月)、同「『コリアドの辞書に方言ありや』跡追」(『勉誠社だより』第四号、一九七九年七月)、原口裕(注(46)文献)、迫野虔徳著『文献方言史研究』(清文堂出版、一九九八年二月)、その他、第一部第二章参照。

(51) 諸星美智直「地方・町方の吟味控類とその言語」(『野州国文学』第四三号、一九八九年)、など。

(52) 既に、『北野日代日記』『上井覚兼日記』『梅津政景日記』『日乗上人日記』などによる国語学的研究もある。

(53) 斎木一馬「国語資料としての古記録の研究——近世初期記録語の例解——」、その他。同著『古記録の研究　上』(二四一〜二七〇頁、また、二七一〜三〇九頁)、同編著『古記録概論』(一六八〜一八五頁)など。

(54) 佐藤進一・池内義資・百瀬今朝雄編、注(49)文献、補註(三五一〜三九七頁、佐藤進一・百瀬今朝雄執筆)。

(55) 早川庄八著『宣旨試論』(岩波書店、一九九〇年四月、序章)、『日本思想大系　律令』の「補注」(六五〇頁)、その他。

第三章　文書語「仰（おほす―あふぐ）」

第一節　はじめに

「仰」という字は、動詞でアフグ（四段）と読み、また、オホス（下二段）・オホセ（名詞）と読む。アフグとは、下位者の上位にあるもの・ことに対する行為であり、オホスとは、上位者の下位者に対する行為である。「仰」は、一字の中に、いわば、方向性としては相反する意味・用法をもっているように見える。これはどういうわけであろうか。

諸橋轍次著『大漢和辞典』によれば、「仰」字には、〔一〕養韻上声として、次のような意味・用法がある。

〔一〕㊀あふぐ。㋑首をあげて望む。見上げる。〔説文〕仰、挙也、从二人卬一。〔広雅、釈詁一〕仰、挙也。〔易、繫辞上〕仰以観二於天文一。（中略、「詩経」「礼記」「荘子」を引用する）㋺目上の者に対する。尊敬の意を表はす。〔孟子、梁恵王上〕仰足三以事二父母一、俯足三以畜二妻子一。㋩たのむ。（中略）㋥したふ。（中略）㋭毒薬などを呑む。（中略）㊁おほせ。上から下に令するに用ひる字。仰議(15)を見よ。㊂或は卬（2-2841）に作る。（中略）㊃姓。㊄〔現〕㋑云云すべし。㋺云云をして云云せしむ。[1]

続いて、〔二〕（漾韻去声）、〔三〕（陽韻平声）についての語釈があるが、省略する。右のアフグが、この㊀に相当し、オホスが㊁に相当する。しかし、養韻上声の用法に㊀と㊁との、一見、相反するような意味・用法があることにつき、何の説明もない。「仰議（15）を見よ」とあるが、これがまた、どういうわけか、位置するはずの場所にはこれが脱落し、その後の版になって初めて、次のように見える。

[仰議] 15《ギャウギ》朝廷で議する。仰ぎ議す。〔漢書、文帝紀〕詔定二三恪礼儀体式一、亦仰二議之一。〔注〕仰議、猶レ言レ議二於朝一也。(2)

しかし、これは、語釈にも「仰ぎ議す」とある。「仰」は、アフグの意味ではなかろうか。朝において議するのは朝臣である。オホセの語釈に「仰議」を見よとはどういうことであろうか。その出典も、なぜか検証できない。

院政時代の国語辞書である『色葉字類抄』(橘忠兼編)には、次のように見える。

○　仰《アフク》[上上平濁]魚両反　昂(五字略)　宣偃次已上同　(前田本、下、ア部、辞字、35ウ4)

○　仰魚両反 オ々ス―事　課―都(ママ) 所― ―役　科―罪 ―祓等也 已上同　被《オホス》 ―馬荷　負同　(黒川本、中、オ部、辞字、68オ3)

「仰」は、「アフグ」の初掲字であり、また「オ々(ホ)ス」の初掲字である。共に、よく用いられていたようであり、古文書、古記録、文学作品などにはこの二用法がよく見えている。ただし、原則として振り仮名の付されることはない。

第二節　アフグとしての用法

「仰」字の、アフグとオホスとの用法の内、より古いのはアフグの方であろう。これに近い用法が、先のように『説文解字』(後漢許慎撰)また、『玉篇』系の字書に見えるからである。

○　〔仰〕挙也〈与与音同義近／古卬仰多互用〉从人卬〈此挙会意包形／声魚両切十部〉
(段玉裁著『説文解字注』、一九七一年〈中華民国五九〉六月、芸文印書館、三七七頁)

「卬」は、「望也」（同、三八九頁）と説かれ、「仰」と同じく、あおぐ、上向するという意味をもつ。

○仰〈魚掌反挙首、（也）〉　（高山寺本篆隷万象名義、巻第七、人部、第一帖、五三ウ）

アフグとしての用法は、中国古代の文献に広く見えている。ここでは、次の若干の例を引くにとどめる。

○庶クは百‐代（の）之下《シタ》（にし）て歌‐詠すること無クレ窮（り）、千‐載（の）之外、瞻《マハリ》仰（ぐ）こと无レ（からし）メ（む）絶（ゆる）こと。
（知恩院蔵本大唐三蔵玄奘法師表啓平安初期、六二行、一八六頁）(3)

○況（や）仏教の幽《ハルカ》ニ微《クハシ》（き）をは。豈に能（く）仰《アフ》キ測《たはか》ラムヤ。　（同右、六八行、一八七頁）

この本文は、七六五年（天平神護元）より前に東大寺（カ）で書写されたかとされる。二例目は、尊敬する、うやまうの意味だとするが（『日本国語大辞典』第一巻、「あおぐ」、小学館、六八頁）、「仰」は、天を仰ぎ見るように崇高な仏教を仰ぐのであって、尊敬の意味はない。

○是故歴代英聖仰而宝之　（興福寺本大慈恩寺三蔵法師伝、一序―六行）(4)

○観三蔵之学行、矚三蔵之形儀、鑽之仰之彌堅彌遠　（同右、一序―二九行）

○仰惟菩薩慈念群生、以救苦為務、此為苦矣　（同右、一―二七〇行）

○仰請以西諸国給鄔落馬逓送出境　（同右一―三四七行）

この伝記は、六八八年（垂拱四）二月、彦悰述になる。八世紀前半に将来されたらしい。一例目は、訓点のA種点（一〇八〇頃〈延久・承暦頃〉）に「仰《アフ》キて」とある、主語は歴代の英聖、目的語は仏教である。二例目は、A種点に「仰《アフ》クに」とある。主語は慧立、目的語は三蔵（玄奘）の学行・形儀である。次は、A種点に「仰（キ）テ惟願也（ハク）ハ」とある。主語は玄奘、菩薩を仰いで願う意である。四例目は、A種点に「仰（キ）テ請フ」とある。主語は、高昌国麹文泰、西突厥王葉護可汗を仰いで、玄奘に伝馬（駅馬）を給いて国境まで送ってほしいと請願する。

○苦耕已久、志冀聚蛍。〈甲書脱閑。更借看学。若斯不╱許、不敢出言亦可。旧是田家、先╱無史籍。仰知有伝。計╱応少閑遅。暫借学耳。〉（後略）

（杜家立成雑書要略、二、「就知故借伝書」、三行）

本書は、隋唐書儀類の一つで、正倉院には、孤本として光明皇后筆の一巻が伝存している。右につき、先学は、「仰――公文書、書簡などで下級者が上級者に対して尊敬の意を表わす語」（二一頁）との語釈を施され、「あなたがこの伝をお持ちであることはかねがね仰ぎ承っております」と訳されている。(5)

○拙事、仰承。不関私接、遂被陳謗、遭此細╱羅。旬月之間、困於黴黙。（後略）

（同右、一九、「問知故遭官得雪書・答」、七行）

これは、「仰承――仰ぎ承るの意で、ここは相手からお手紙をいただいたことをいう」（一〇八頁）との語釈を施され、「つまらぬ私事に、お手紙をいただきありがとうございました」と訳されている。「仰」とは、上をあおぎ見ることであって、この文字そのものには尊敬の意味はない。尊敬の感情は、この文字を用いる情況においてただよい出てくる二次的なものであろう。「公文書、書簡などで」と条件が付されているが、「仰」のこうした意味・用法は、漢籍・仏典などに広く認められ、公私の文書に限られるものではない。さて、以上のような「仰《あふぐ》」という用法は、日本の漢詩文や古文書などにも継承されている。

○非唯景物断腸興　為仰遺賢未得廻

（本朝無題詩、巻五、釈蓮禅、「野外」、四三六頁）(6)

○偏ニ仰テ神道ヲ一軽シテ仏法ヲ一

（金剛寺蔵注好撰、元久二年〈一二〇五〉、四六オ）(7)

○太政官符伊賀国司

応丁永為二東大寺所一（領脱カ）停丙止入乙造他所材木甲玉瀧杣事

在阿拝郡

右、得㆓彼寺別当権律師法橋上人位光智等去七月廿五日奏状㆒偁、謹検㆓案内㆒、東大寺者聖化之所㆑構、西宝塔者神功之所㆑為也、仰則彌高、穿㆓白雲㆒而眼眩、量則玄眇、窮㆓蒼天㆒而心迷、本願之昔猶記㆓其妙㆒、末代之今何致㆓斯功㆒、光智等蒙勅宣之後、（後略）（太政官符案、九五九年〈天徳三〉一二月二六日、『平安遺文　古文書編』第一巻、三九九頁）

右は、太政官符案で、古文書の一つではあるが、四字句、六字句の格調高い奏状の部分に見える「仰」である。こうした用法は、中国漢詩文の流れを受けたものであろう。

○　筑後国住人草野大夫永平仰㆓朝威㆒、致㆓無弐忠㆒訖、（前後略）

（源頼朝書状、一一八六年〈文治二〉閏七月二日、『鎌倉遺文　古文書編』第一巻、九〇頁）

『吾妻鏡（東鑑）』に見える書状であり、宛名は「帥中納言（藤原経房）」となっている。永平の知行のために「御奏聞」を願うものであるが、「仰　朝威」云々という表現は、定型の一つである。

○　高野山随心院仏閣僧坊等目録事／（中略）

於此田地成㆑妨致㆓違乱㆒者、悉可㆓衰滅㆒、仰㆓此仏閣㆒者、吾子孫可㆓繁昌㆒、（中略）次此仏閣可㆑奉㆑仰㆓本家㆒、沙汰人百姓等背㆓此旨㆒、速㆓損失㆒、仰㆓仏閣㆒者庄家可㆓繁昌㆒、努々不㆑可㆑背㆓此旨㆒者也、（後略）

（田中成清願文案、一一八九年〈文治五〉三月二一日、『鎌倉遺文　古文書編』第一巻、二一一頁）

願文という文体における言葉遣いは、漢詩文に通じ、後に引く一般的な古文書類のそれとは相違することがある。

○　建長六年十月十二日辛巳、自㆓公家㆒被㆑仰㆓下六波羅㆒検断事、有㆓其沙汰㆒、今日被㆑遣㆓御教書㆒、其上云、

被㆑差㆓遣武士於所々㆒事

御成敗之後、不㆑用㆓御下知㆒、於㆑致㆓狼藉㆒者、不㆑及㆓子細㆒、未断之時、無㆓是非㆒被㆓差遣㆒者、尤申㆓上子細㆒、可㆑仰㆓重仰㆒者、（後略）

（鎌倉幕府追加法、三〇一、一二五四年〈建長六〉一〇月一二日、『中世法制史料集』第一巻、一八〇頁）

「仰下」は、「仰《おほ》せ下《くだ》す」、「仰重仰」は、「重《かさ》ねて仰《おほ》せを仰《あふ》ぐ」と読む。『吾妻鏡』に「（関東）御教書」として見え、寛永版本は「可キ㆓仰ヲ㆒重ス㆒者ノト」（巻四四、一九オ）となっている。「仰《（オホセ）》ヲ重《（オモン）》ズ」と読んだのであろう。

以上には、一端ではあるが、「仰《あふぐ》」という用法を見てきた。この用法は、その文字本来の字義に基づくものであり、一般の漢文的用法として各種の文字資料に見えるものである。

第三節　オホスとしての用法

先に諸橋轍次著『大漢和辞典』を参照した。そこでは、「仰」には、「㊁おほせ。上から下に令するに用いる字。仰議(15)を見よ。」の意味・用法があるとされている。しかし、中国におけるその使用例は示されておらず、出典も明示されていない。「仰議」を見よとされているが、これが『漢書』の「文帝紀」にある語句であるとしても、不審が残る。この『大漢和辞典』は、あるいは、『康熙字典』を踏まえたのであろうか。『康熙字典』には、次のようにある。

仰〈[唐韻][正韻]魚両切。[集韻][韻会]語両切。並音茆挙㆑首。望也。[易繋辞]仰以観㆓于天文㆒。[詩小雅]或棲遅偃仰。又心慕曰㆓企仰㆒。又以㆑尊命㆑卑曰㆑仰。今公家文移。上行㆑下用㆓仰字㆒。[前漢孝文帝紀]詔定㆓三恪礼義体式㆒。亦仰㆓議之㆒。[註]仰議猶㆑言㆑議㆓於朝㆒也。又姓。又[集会]（後略）〉

（『標註訂正　康熙字典』一七一六年〈康熙五五〉閏三月序、一九七七年、講談社、二三〇頁）

「尊をもって卑に命するを仰といふ」とあり、「今、公家文移に、上より下に行ふに仰の字を用ふ」とある。「公家文移」とは、公文書の類をいう。「仰《おほす》」の意味・用法が説明され、これは官文書との関わりが深いと知られる。引用の「前漢孝文帝紀」に、詔して「三恪礼義体式」を定むとある。「三恪」については、右『大漢和辞典』に、「周の武王は、虞・夏・殷の後を封じて三恪とした。恪は敬で、王者が先世を敬する義。又、黄帝・堯・舜の後ともいふ。諸侯よりは尊く、二王よりは卑い地位に置く」として、「左氏、襄、二十五」、および、その注釈書などが引かれている（第一巻、一一六頁）。「三恪礼儀体式」そのものは、従って、「仰」とも「仰議」とも直接の関係はない、それをテーマとする議し方、あるいは、議定のあり方を「仰議」というのであろう。

右に関連し、また、『辞源』（中華民国）には次のような語釈がある。前後を略す。

㈡以レ尊命レ卑曰レ仰。今官文書上行レ下用レ之。本［北斉書孝昭紀］

（『辞源』、〈一九一五年著作権〉、一九五二年一二月、商務印書館、上、一六四頁）

重版や改編の多い字典であるが、この改編本（一九五〇年一二月縮本初版、一九五五年一〇月三版、商務印書館編審部編輯）には、［北斉書孝昭紀］の次に「其礼儀体式亦仰議之」と追加され（三四頁）、また、修訂本（一九七九年七月修訂第一版、一九八六年三月北京第四次印刷）では、これに相当する条が、「㈢旧時公文用語、下行文表示命令。魏書盧同伝杜冒功竊階表：〝仰本軍印記其上、然後印縫各上所司〟。上行文用在〝懇〟〝請〟等字之前、表示恭敬。」（一、〇一七八頁）と、大きく変更されている。[8]

『北斉書』（隋李百薬撰）の用例は、同書、巻六、五六〇年（皇建元）八月甲午の詔として見える左記である。

○甲午詔曰、昔武王尅レ殷、先封二両代一。漢魏二晋無レ廃二茲典一、及二元氏統歴一、不レ率二旧章一、朕纂二承大業一、思レ弘二古典一、但二王三恪旧説不レ同、可下議二定是非一列名條奏上、其礼儀体式亦仰議之、又詔（後略）

（北斉書、巻六、孝昭紀、『景印文淵閣四庫全書』、史部二一、正史類、二六三―五四頁、読点私意）

「古典」を広めたいが、「二王三恪の旧説」は異説があるので、是非を議定し、「列名の條」を奏上せよとあり、その「礼儀体式」についてもまた「仰議」させたとある。この「仰議」は、命令の意の「可」に導かれる文脈であるから、命じて議定させるの意ともなり、これなら、その「仰」はオホス・オホセの意味・用法を含むこととなる。しかし、「可」の文脈から離れて「仰議」だけとなれば、この主語は朝臣側であり、よって、「仰《あふ》ぎ議す」と解することになる。従って、文脈を外して「又以尊命卑曰仰」の用例とするのは適当でなく、「おほす」と解せよというのは無理ではなかろうか。『康熙字典』も『大漢和辞典』も、「字典（辞書）」としての用例の示し方は適切でないのであろう。『魏書』（北魏の史書、五五四年に北斉魏収撰、宋代に修補）の用例は、巻七六、列伝第六四（盧同伝）に見える（『景印文淵閣四庫全書』、史部、二六二―一三四頁）。『漢語大詞典』（同編輯委員会編著、一九九五年五月、第一版）は、同じく『魏書』から「有二売レ鬻男女一者、尽仰還二其家一。」（巻五、高宗紀、四六三年〈和平四〉八月の詔、同、九四頁）、および、『続資治通鑑』（一一四〇年〈高宗紹興一〇〉）からの用例を掲出している。

気になるのは、『康熙字典』に「又以レ尊命レ卑曰レ仰。今公家文移。上行レ下用二仰字一。」とあり、『辞源』に「以レ尊命レ卑曰レ仰。今官文書上行レ下用レ之。」とある点である。「仰」のオホスとしての用法は、「今」の公家文移（官文書）に行われているというのであるが、清代の一八世紀初頭以前には、行われていなかったのであろうか。これは、この用法が何時頃から生じたかという問題である。右には『魏書』の例が示される。唐代にも次のような例がある。

○　馬一匹騮敦　六歳

開元廿一年五月五日、西州百姓石染典、交二用大練拾捌一疋一、今于二西州一、市二買康思礼辺上件馬一。其馬一及練、即日各交、相分付了。如后有二人寒（ママ）盗識認一者、一仰レ保知、当不レ関二買人之事一。恐二人無一レ信、故立二私契一、両共和可、画指為レ記。

練主

馬主、別将康思礼年卅四
保人、興胡羅也那年卅
保人、興胡安達漢年卅五
保人、西州百姓石早寒年五十
（西州石染典買馬私契、七三三年〈開元二一〉）(9)

一九七三年にトルファンの阿斯塔那村北の古墳五〇九号墓から出土した文書の一点である。西州の百姓石染典が練《ねり》絹十八疋をもって康思礼の馬を購入（交換）した折の契約書（証文）で、売買は即日に完了したが、もし、後日、これは奸盗によるものだという者が出てきたら、ひとえに保証人（保、保人）に言い付けて処理をさせ、買入人の関知しないようにする、他人が信用しないことを恐れ、私的な契約書を立て、双方共に承諾し、画指して後日の証とする、との意味である。唐は、六四〇年（貞観一四）に麹氏高昌国を滅ぼし、これを「西州」とし、王城を西州都督府の治所とした。「騮」は、黒毛の尾の体の赤い馬（説文）「興胡」は、商胡（商売の胡人）のことで、当時の西州には少数民族の商販がたくさんいたらしい。石染典はソグド人で、馬主の康思礼はサマルカンド（康国）出身者かとされ、羅姓はイラン系かという。これは、私契文書であるが、債務不履行なら官司が関与することになり、法的効力は公文書に変わらない。「仰」は、法的拘束力（あるいは、権威）をもって命じる、仰せ付けるの意で、「一（壱）」は、もっぱら、ひとえに、または、すべて、みなといった強調的な意味をもつ副詞であろう。「画指」は、自署に相当する。

○　大暦十六年三月廿日、柳三娘、□（為）二□（要）銭用一、遂二於薬方邑一、挙銭壱仟文、□（毎）月納二弐伯文一、計六箇月、本利並□（納）、如取レ銭後、東西逃避、一仰二保人等一代□（還）、□銭毎斎前納、如違其銭請□、恐人無信、両共……

（大谷探険隊庫木吐喇発見七八一年〈大暦一六〉三月楊三娘文書）(10)

消費貸借文書で、一千文を借用し、毎月二百文ずつ納めて六カ月で元利を返還する、もし、楊三娘が債務を果たさず逃亡（東西）すれば、保人をして代償させるという。

○　浄土寺試部

戊子年十月一日、奉二　都僧統大／師　処分一、諸寺遣下徒衆、読二誦経／戒律論一、逐月両度、仰二僧首一看二□（臨）／軽重一科徴、於二各自師主一習業上、月／朝（朔カ）月半、維那告報集レ衆、（後略）（戊子年〈九二八ヵ〉浄土寺試部帖、S○三七一）(11)

敦煌出土寺院関係文書の一つである。「都僧統」の命令により、諸寺の徒衆に経律論を読誦させ、月に二度、試経を行うことになっていたらしく、僧首に命じて軽重を看□（臨）して科徴し、各自の師主より習業させ、云々と解される。

このようなオホスとしての用法は、次にも見られる。(12) やはり、契約書関係の文書が多いようであるが、用例は少なくないので、それぞれの一部を引くにとどめる。……印は、省略を意味する。

a、参年丙辰歳一一月家屋売買文書（張骨子）

……、一仰舎主宋欺忠及妻男、隣近穏便買舎充替……

b、九九一年（淳化二）一一月奴婢売買文書

……、自売已後、任永朱家男女世代為主、中間有親性(?)眷表識認此人来者、一仰韓願定及妻七娘子面上覓好人充替、……

c、八五二年（大中六）壬申一〇月頃土地交換文書

……立契（後脱）、或有人忓恡薗林舎宅田地等、称為主記者、一仰僧張月光子父知当、並畔覓上好地充替、……

如身東西不在、一仰口承人知当、恐人無信、故立此契、用作後憑、……

d、七八二年（建中三）七月馬令痣文書

……、即仰馬令痣本利並還、如不得、一任虔英牽掣令痣家資牛畜、……

e、七八六年（建中七）七月蘇門悌文書

……、用充本利直、如東西不在、一仰同取保人代還、官有政法、人従誓契、両共平章、画指為記、

f、辛丑年一〇月借絹文書（賈彦昌が敦煌龍興寺上座心善から旅費を借りる）

……、若路上般次不善者、仰口承人弟彦祐、於尺数還本綾、本綿綾便休、……

g、丙辰年三月法宝文書（九五三年〈五代の周広順三〉の跋ある仏経典紙背に見える）

……、若道上不平善者、并絹及利、壱仰口承人第（弟）（紙下端闕）……

h、辛丑年四月羅賢信文書

……、還納於疋数本利両疋、若身東西不善者、一仰口承弟兵馬使羅恒、祗（祇）当、恐後無憑、故立私契……

i、戊午年六月康員進文書（九五八年〈五代の周顕徳五〉）

……、若於限不還者、便於郷例生利、若身東（西脱）不平善者、一仰口承人男員進面上取本絹、恐人無信、故勒契、用為後憑、押字為定、

j、己丑年一二月何願徳文書

……、若東西不平善者、一仰口承弟定徳丑子面上取本褐、若不還者、看郷原生利、恐人無信、故立此契……

k、寅年七月麦貸借文書

……其麦並限至秋八月内還足、如違限不還、一任掣奪家資雑物、用充麦直、如身不在有東西、一仰保□（人）□（等）□（代）□（還）、

l、九〇四年（天復四）甲子八月令孤法性文書

……、更親姻及別称為主記者、一仰保人祗当、隣近覓上好地充替、……

m、□（巳）年二月李和、文書

……、用充麦粟直、如身不在、一仰（保脱）人等代還、恐人无信、故立此契、用為後験、……

n、癸卯年十月呉慶順（質物奉公）文書

……、如若主人不在、所有農遺失、亦仰慶順填倍、或若瘡出病死、其物本在、仰二弟填還、……

o、九二四年（龍徳四）甲申歳二月張厶甲雇傭文書

……、忽若偸盗他人麦粟牛羊鞍馬逃走、一仰厶甲親眷□（祏）当、……

p、八六五年（咸通六）一〇月尼霊恵唯（遺）書

……霊恵遷変之日、一仰潘娘葬送営弁。……

aは家屋売買文書、bは奴婢売買文書、cは土地交換文書、d〜nは消費貸借文書、oは雇傭文書、pは遺言状（遺囑書）である。「祏（祗）当」は、抵当、「仰」は、保証人などに債務を負わせる意味で用いられている。ところで、円珍が入唐した折、福州都督府に公験《くげん》の発給を申請した牒の奥にも次のように見える。

○福州都督府

日本国求法僧円珍謹牒　「漆人」／（中略）／

牒、円珍為レ巡二礼天台山・五台山、幷長安城青竜・興善寺等一、詢二求聖教一来二到当府一、恐下所在県鎮鋪、不二練行一

由上、伏乞二公験一、以為二憑拠一、謹連二元赤一、伏聴二処分一、

牒、件状如レ前、謹牒、

大中七年九月　日　日本国求法僧円珍謹牒

「任レ為二公験一十四日／福建録事参軍『平仲』」　（「福州都督印」アリ）

「日本国僧円珍等漆人、往二天／台・五台山一、兼往二上都一巡礼、仰二／所在一、子細勘過、玖月拾肆／日、福建都団練左押衙・充／左廂都虞侯林『師慶』」　（「左廂都虞侯印」アリ）　（前後略）

（延暦寺僧円珍牒、大中七年〈八五三年、仁寿三〉九月、『平安遺文　古文書編』第一巻、九〇頁）

円珍の牒に直に加筆する形の官文書であり、公印も捺されている。トルファン出土文書などによれば、この様式は唐代の過所（関所手形）・公験（官の証明書）のそれで、「恐所在……不練行由」、「謹連元赤」（あるいは、「来文」など）「任為公験」、「勘過」などは定型句である。「所在県鎮鋪」は、円珍の通行筋に位置する州・県の軍鎮・郵鋪（宿駅）。これは、「旅行途上の州県鎮鋪関津堰寺が、旅行の目的を理解せず、旅行を阻まんことを恐るゝが故に、往還の過所を発給せられんことをとの願状」であり、「元赤」は、「もとの公験の意であらうか。然りとせば、新に公験の下付を請ふ場合に、元の公験を添へて願出たものとならう(13)」とされる。「勘過」は、よく調べて通行許可することをいう。公験を携帯しておれば、それほど厳重なものではなかったであろう。末尾の署名は「師麌《えき》」かも知れない。この「仰」は、主管が管内の州県・鎮鋪に、子細に勘過し、通行させよと下命するものである。

以上のような用例からすれば、この用法は、少なくとも唐代には官文書を中心として行われていたことがわかる。さて、日本では、「仰」の文字は、古くからオホス・オホセとしての用法をもち、むしろ、この方がアフグとしての用法より多かったようである。ことに、古文書、および、古記録の世界では、この用法が圧倒的に多い。多くの用例を掲出できないので、以下に各分野から若干の例をあげる。

まず、太安萬侶撰録の『古事記』（真福寺本）は、七一二年（和銅五）に完成した歴史書であるが、先学によれば、ここでは全巻にわたって類義字の訓み分けがなされ、その一つに次があるとされる。引用しよう(14)。

又、上代語「オホス」には（イ）背負わせる、（ロ）名を与える、（ハ）言い付ける、（ニ）課すの意があるが、古事記では、(イ)(ロ)を「負」、(ハ)を「仰」、(ニ)を「科」が担って使い分けが認められる。

八百万神共議而於二速須佐之男命一負二千位置戸一　（記巻上、258行）

又仰二伊迦賀色許男命一作二天之八十毘羅訶一　（記巻中、218行）

為二人民富一今科二課役一　（記巻下、19行）

こうした使い分けは次の平城宮木簡でも同様であり、このような共通性は実用の文章という点で通じているからであろうとされる。[15] ただし、両者の書記のシステムは基盤を同じくするけれども、『古事記』は、日常・実用の文章ではなく精練されたものであり、木簡が褻の文献であれば、これは晴のそれであり、文字言語としての性格は同一ではあり得ないという意見もある。[16]

○・府召　牟儀猪養　右可問給依事在召宜知
・状不過日時参向府庭若遅緩科必罪　〈翼　大志　少志／四月七日付県若虫〉
（『平城宮木簡一』、五四、SK八二〇土壙、282・28・5　6011）[17]

兵衛府が「牟儀猪養」を召還した天平末年頃の木簡で、〈　〉印は原簡の双行細字部、／印は改行を示す。文末の「翼　大志　少志」は連署の省略形（「翼」は、兵衛府の次官、「大志・少志」は、その主典）、「県若虫」はこの文書の伝達者、また、「牟儀猪養」は、美濃国武義郡の郡領身毛君氏出身の兵衛で、同郡から貢上されていたかとされる（野村忠夫氏）。「……右、可二問給一依二事在一レ召。宜下知レ状、不レ過二日時一参中向府庭上。若遅緩 科《おほす》二必罪一。」と読む。

○・□(薬カ)分仰下□□(故符カ)
・□(三カ)成／六月廿□(六カ)日　（『平城宮木簡三』、三二七四、SD四九五一溝、6ALS（109）・（25）・3　6081、杉・板目）

「薬分」との語につき、「僧尼令7」に「疾病薬分」、天平一一年写経司解案に「薬分酒事」（『大日本古文書〈正倉院文書〉』第二四巻、一一七頁）宝亀二年僧衛光啓に「薬分之大豆」（同、第六巻、一七二頁）、また、『延喜主税式上』に「施薬院薬分稲」と見えることが指摘されている。(18)「仰下《おほせくだす》」は、宮中からの命であろう。

「仰」の同用法は、「正倉院文書」にもよく見える。次の「仰」は、「内裏」（光明皇后の御所）の命令をいう。

○　写疏所解　申請筆墨事

合筆伍箇墨伍廷

大伴蓑万呂〈以二先筆一写二百六十張一／以二先墨一写二三百廿張一〉倭人足（中略）／（中略）

右、為下自二内裏間仰給間疏法花経疏奉上レ写、所レ請如レ前／

天感元年六月十三日他田水主

（写疏筆墨更請帳、七四九年〈天平感宝元〉、『大日本古文書〈正倉院文書〉』第八巻、四七五頁）

皇后膝下の「写疏所」では七三六年（天平八）九月以来の五月一日経の写経事業が継続されている。その「法花経疏」書写のため、他田水主《おさだのみぬし》（紫微中台舎人カ、写疏所案主）が東大寺の写書所宛に筆墨を請求した文書であろう。「為め二内裏の間《かん》仰せ給ふ――を奉らんがレ写し、所レ請ふ如しレ件の」と読む。「間」は、間写経《かん》をいう。

○　写書所解　申二請海竜王経経師等布施一事

合奉写経十部〈卌巻〉

用紙七百六十九張《五十張》／中略／

以前、依二勝宝二年三月一日仰給旨一、奉レ写二海竜王経一布施所レ請如レ件、以解、

天平勝宝二年八月六日賀茂書手／三嶋「宗麻呂」／呉原「生人」

（写書所解案、七五〇年〈天平勝宝二〉八月六日、『大日本古文書〈正倉院文書〉』第一一巻、三六三頁）

『仏説海竜王経』四巻は、西晋の竺法護の訳にかかる。「仰」とは、光明皇后の命令であろうか。東大寺写経所

（書写所）が、同経一〇部の書写のための紙や経師の給料（布施）を請うた文書である（続々修四一帙六）。「賀茂書手《ふみて》」は、造東大寺司々人として装潢紙等の出納の任に当たっていた人物らしい。

○　合奉写経七百卅二巻

　最勝王経十一部／宝星経一部／七仏所説神呪経三部／金剛波若経六百巻

右今月十日内宣偁、／仰二根道一令レ奉二写件／経一者、宜下承二知旨一、早令上奉レ写、

　天平宝字七年三月十日／　法師道鏡

（法師道鏡牒、七六三年〈天平宝字七〉三月一〇日、『大日本古文書〈正倉院文書〉』第五巻、四〇二頁）

孝謙太上天皇の仰せ（内宣）により、造東大寺司写経所の判官葛井《ふじい》根道にこれらの経典の書写が命じられたから承知せよ、と下達した道鏡の牒である（正集七）。この折の銭用帳も残っている（同右、四一三〜四三二頁）。

「続日本紀宣命」は、『続日本紀』に収録されている六二篇の宣命をいう。今、北川和秀編『続日本紀宣命　校本・総索引』（吉川弘文館、一九八二年一〇月）によれば、ここにはアフグという語は、一例もない。他方、オホスの方は、次のようなオホセタマフという形で一二例見えている。

負賜布（一詔）　負賜（五詔・七詔）　負賜閇（四詔）　仰賜比（二四詔〈二例〉）

仰給天（二五詔）　於保世給布（四五詔）　負賜（四八詔〈二例〉）　仰賜比（六一詔〈二例〉）

○　此天津日嗣高御座之業止現御神止大八嶋国所知倭根子天皇命授賜比負賜布貴支高支広支厚支大命乎受賜利恐坐氐（前後略）

（第一詔、六九七年〈文武元〉八月一七日〈巻一〉文武天皇）

○　掛畏現神坐倭根子天皇我皇此天日嗣高座之業乎拙劣朕尓被賜氐仕奉止仰賜比授賜閇波（前後略）

（第二四詔、七五八年〈天平宝字二〉八月朔〈巻二一〉淳仁天皇）

引用した二例の内、前者は、文武に皇位を譲るという持統天皇の命令を、後者は、孝謙天皇が淳仁に天つ日嗣の高座を仕えまつれと命じられたことを意味する。オホスの表記に三種類あるが、意味上は、みな詔《みことの》るの意味である。オホスは、まだ尊敬語でなく、ために、タマフが接続しているが、これは動詞的性格が強い。アフグがなく、オホスが一二例も見えるということは、その「宣命」という性格に負うところが大きいのであろう。

平安時代の古文書につき、竹内理三・東京大学史料編纂所編『CD―ROM版　平安遺文』(19)により、「平安遺文」文書一覧で「仰」字を検索すると、次のような数字が出てくる。

該当文書件数　：一二九三件

該当文字列件数：一九四〇件

この全例を調べることは容易でない。また、この数字も正確なものではないらしい。しかし、オホス・オホセの用例がアフグのそれを圧倒していることは確かである（この中には、「仰《おほす》」による熟語・連語の類〈「帰仰」「鑚仰」「差仰」「仰下」「仰遺」など〉も含む）。

○　爰大師以二去天長九年十一月十二日一永厭二穀味一、好二座禅一之尅、仰二実恵一俾、少僧已欲二高野場座禅一非レ他、是期二彌勒出時一、為レ令二法久住、利益有情一也、而東寺者先帝被レ附二属少僧一之伽藍也、為三寺務譲二実恵一、任二大師遺告一、執二行寺務一之処、以二去七月廿五日一大国・川合両庄司坂田良成進二於本寺解状一云、（前後略）

（民部省符案、八四五年〈承和一二〉九月一〇日、『平安遺文　古文書編』第一巻、六九頁）

民部省が太政官符を承け、川合の勅旨田を東寺に勘入せよと伊勢国司宛に発した文書である。右は、実恵の奏状を引いた部分で、この「仰」は、師弘法大師が実恵に仰《おお》すという意である。後に、「望請　天裁、被下宣旨、任道理裁下、将仰（ママ）綸言厳重」云々とも見えるが、これは綸言を「仰《あふぐ》」の意である。

以下、「仰《おほす》」の用例であり、これらは、言い付ける、命ずるという意味で見える。

○謹啓　請雑物等事
　合／　長櫃一合　瓺器四口　桶四口
　右／　折櫃一合　鶴子一口　小折櫃一栖
　右件雑物、随二大師仰一、請下如レ件
　　延喜四年十二月十一日　僧平潜
　　　（僧平潜啓状、九〇四年〈延喜四〉一二月一一日、『平安遺文　古文書編』第一巻、二四二頁）

○右、被二司今月六日符一同七日到来偁、斎宮寮今日牒状偁、宇多院去四月廿五日宣旨今日到来偁、東大寺庄在二飯野郡一、今為レ勘二件庄田一、下二遣御厩侍大原並高一、須下仰二神宮司一令中勘入上之由、宜二仰遣一者、牒送如レ件、乞也察二之状一（前後略）（伊勢国飯野荘大神宮勘注、九二九年〈延長七〉七月一四日、『平安遺文　古文書編』第一巻、三四三頁）

宇多院の宣旨に、飯野郡にある東大寺の荘田の所有者関係を調査するため、使者を遣わすので、伊勢神宮司に命じてそれを実施させるよう、神宮司に命じておきなさい、といってきた。これは大神宮司宛の斎宮寮牒に引かれている文言で、東大寺領の存在が不明瞭であったためである。大神宮司の符を受け、この伊勢国飯野荘大神宮勘注を作成したのは飯野郡司等である。命令には書面を用いるのであろうが、「仰」は、命ずる、言い付ける意である。

『鎌倉遺文　古文書編』以下、また、「鎌倉幕府法・追加法」には「仰」のオホスとしての用例は多い。

○被《カウフ》ルニレ仰ヲ二云ク来月可レ参ス二春日《カスカ》ニ一　若シ殊ナル無クハ二御障《サハリ》ヲ（ママ）一　被レ二同道一乎《ナンヤ》　仰ノ旨如レ此悉。「入声」セヨ
　レ之ヲ　謹言　（雲州往来享禄本、巻中、六三、一〇月往状、四七ウ）(20)

古往来の例である。治部卿から前右馬助に宛てたもので、「仰」の内容は、「来月……乎《ナンヤ》」、下命者は、藤原氏の長

者であろう。「春日」は、翌一一月上申日の春日大社の祭り。「被《カウフ》ル二レ仰ヲ一云ク」の「被」は動詞だが、後に助動詞（受身）に読まれて「被《ラレ》テレ仰セ云ク」となり、さらに、尊敬の助動詞と解されるようになる。

以下の「仰」も、上位者から下位者へ、文書、または、口頭で命ずる、言い付けるの用法である。

○　請　御教書事

右、去八月廿四日御教書今日到来、謹奉二仰旨一、抑所レ被二仰下一箚河御庄更無レ宛二課雑事一、若以二何色事一令二言上一哉、承奇思給候、（後略）

（伊賀守藤原公則請文案、一〇四九年〈永承四〉九月一〇日、『平安遺文　古文書編』第三巻、八〇七頁）

○　仰旨跪奉候了、先度条々仰文令二言二上子細一候了、（後略）

（九条殿造営文書、一〇九七年〈永長二〉五月一九日、『平安遺文　古文書編』第一〇巻、二〇六頁）

○　義行逃二隠叡山一、有二同意侶一之由、義行童称申云々、仍被レ仰二山門一之処、件交名之輩逃脱之由所レ申也、無二左右一遣二武士一被レ攻者、一山滅亡之基也、就中座主以下門徒僧綱等旁廻二秘計一、又加二祈請一、可二尋捜一之由、申請了、（後略）

（後白河法皇院宣、一一八六年〈文治二〉後七月一七日、『鎌倉遺文　古文書編』第一巻、九〇頁）

これは、『吾妻鏡』の同年閏七月二六日の条に引かれている院宣で、帥中納言（藤原経房）宛となっている。壇ノ浦の合戦の翌年である。法皇が山門に源義経（義行）の捜索を命じている。後の方には、法皇が人々に「尋仰《たづねおほす》」、法皇が経房に命じて源頼朝に「仰遣《おほせつかはす》」という熟語も見える。

○　鳥羽宮よりおほせくたされたる紀伊国あて川の庄を、かうやの三ほうはう、ならひに、おとゝ助光といふなる男、おし領したむなる、院宣をもかまくら殿の御下文をも、もちゐぬよし、申させたまひたるなり、（後略）

（大江広元消息案、一一八六年二月二四日、『鎌倉遺文　古文書編』第一巻、二二頁）

この荘は、鳥羽宮（後白河法皇子定恵法親王）から文書（証書）とともに遣わされたものという。それが押領されたので広元に助力を頼んだのであろう。広元から北条時政宛の消息である。

○　きみのゆるせとをせ事候（ゝ印で抹消）候はん／をゆるさしとおもひ候てハけん／せもこせももんかくハたすかり候なむや

（東京国立博物館蔵文覚筆仮名書状案断簡、鎌倉時代初期）

「ゆるせとをせ事候（抹消）」は、本文「をせにて」四字を抹消した右傍に書かれている。「おもひ候てハけん」は、本文「はいかて」四字を抹消した右傍に書かれ、その「……候てハ……」の一字は、また、「はん」二字の上に重書されている。「おほせ事」「おほせ」は「をせ（事）」「をせ」と表記されている。

○　明年三月比、可レ被レ征二伐異国一也、梶取水手等、鎮西若令二不足一者、可レ省二充山陰山陽南海道等一之由、被レ仰二大宰少弐経資一了、仰二安芸国海辺知行之地頭御家人、本所一円地等一、兼日催二儲梶取水手等一、経資令二相触一者、守二彼配分之員数一、早速可レ令レ送二遣博多一也者、依レ仰執達如レ件、

（鎌倉幕府追加法、四七三、異国伐用意事、一二七五年〈建治元〉一二月八日）(21)

連署北条義政・執権時宗から武田五郎次郎信時（安芸国守護職信光の孫）宛の指令で、明三月頃の異国征伐に当たり、将軍は、もし鎮西で梶取・水手等が不足すれば山陰・山陽・南海道に分かち宛てよと大宰少弐経資に命じられた。よって、資経が武田宛に、安芸国海辺知行の地頭・御家人や本所領家一円地等に命じ、事前に梶取・水手等を差し出せといってきたら、その配分の人数に従って調達し、急ぎ博多へ遣せ、将軍の仰せは以上のとおりである、とある。

○　一　故戦防戦事　〈貞和二　二　五／斎藤四郎兵衛入道玄秀奉行〉

縦雖レ有二確論之宿意一、可レ仰二上意一之処、任二雅意一及二闘殺一之条、罪科不レ軽、（後略）

（室町幕府法、一五、故戦防戦事、一三四六年〈貞和二〉二月五日）(22)

闘争を仕掛けた者・防戦した者に対する処罰規定で、「上意」は将軍家の取り裁き、「雅意」は勝手、自専の意。
次に、古記録には、大きく分けて「六国史」の類と公家の日記類とがある。共に、国語学研究資料としても活用されるが、「仰」は、その後者にも、よく見えている。ただし、ほとんどは「仰《おほす》」「仰《おほせ》」の用法である。

○十五日、依レ召参レ院、仰(朱雀上皇)云、先先行幸日、於二門北外一下レ輿、遊(僻カ)事也、至二今日一於二中門一下給、尤宜、
(九暦抄、七四九年〈天暦元〉四月一五日、『大日本古記録』、岩波書店、四頁)

○一臨時行(幸カ)事召仰事、
上卿奉レ仰々二外記一令レ具二諸衛一、具了令レ召二内豎一、々々一人候二小庭一、仰云、諸衛召せ、内豎称唯退出、六衛府入レ自二日華門一立二軒廊南一如レ常、(割注略)上卿仰云、其日其所可レ有二行幸一、蹤の任に侍へ、称唯退出、(後略)
(九暦記、九四三年〈天慶六〉四月一六日、同右、一一七頁)

臨時行幸の召仰の作法を記したもの、「上卿《しやうけい》」は、その日の政務・行事を執行する首席の公卿。

○承二宣旨一、召二大外(記脱)(滋野)善言宿所一、仰云、明以二巳時一可レ有二東三条院慈徳寺御幸一、依二大上天皇御幸例一、諸衛令レ参(×者)云、勅使右衛門督藤原朝臣可(公任)レ仰、
(御堂関白記自筆本、一〇七四年〈長保元〉八月一九日)(23)

宣旨を伝えて「仰せて云く……云《てへ》り」とある。この「云《てへ》り」は、「者」字を書き直したものである。

○八日丙午、天晴、今日三位中将殿、〈去夕渡二御東三条殿一〉初令二着陣一給也、仍早旦予参上、〈束帯、〉雅楽頭安倍泰長参会、令レ勘二申日時一、〈今日、時午申、〉予先覧二中将殿一、仰云、可レ持二覧殿一者、持二参殿下一、〈中御門殿、〉々々被レ仰云、可レ参院幷法勝寺一、又依二寛治例一参内(後略)
(永昌記、一一一〇年〈天永元〉三月八日)(24)

○巳時参上、給二新古今一、又書二出御点歌一、御二神泉一了後、清範奉レ仰令レ直二新古今神祇部詞一、〈是予未二書直一之所也、〉
(明月記、一二〇七年〈承元元〉五月五日、国書刊行会、第二冊、二五頁)

公家の日記類は、奈良時代には遺存するものがなく、どうしても平安時代中期まで降らねばならない。「仰」に関しては、古文書に同様の用法が主を占めると見てよいようである。

こうして、上位者・支配者が命じたり言い付けたり、また、上意を通達するような場合に、あるいは、その意を掲げ、前提とするような場合に「仰《おほす》」「仰《おほせ》」が用いられる。

次に、平安時代の仏教説話にも色々なものがあるが、『三宝絵詞』東寺観智院旧蔵本では、「仰」字の他に仮名表記が用いられ、その内、アフグについては、次のような例がある。

○　身子ヵ助シ鴿モ世尊ノ御許ニ隠レシカハ恐リ无カリキ惣テ三界ノ馮ム所四生ノ仰ク所ナリ　（三宝絵詞、上6オ5）

○　舎人使丸ヲ御馬ノ右ニ副(セ)リ　人〳〵アフキテミル　信乃国ニイタリテ三越ノサカヒヲメクル　三日アリテカヘリ給ヘリ　（中10ウ3）

○　山ヲ尋テ施セル恩仰ケハ彌ヨ高シ　（下50ウ8）

この他、「三宝ヲタノミアフク事常ノ心サシトス」（中15ウ7）、「又法師ヲタノミアフキテ大師ノ思ヲナシ」（下8ウ5）、「父母見悦ヒ人ミナアフキ敬フ」（下54オ2）という例が見えている。これらのアフグは、高いところを見る、上を見る、頼みとする、敬い慕うといった意味で使われている。高いところとは、物理的な場所・位置の他、抽象的な「三界ノ馮ム所」や「恩」がある。「法師」も、その有徳ゆえのことであろう。

オホス・オホセは、漢字表記で次のように見える。

○　道ニ止メ息スムル人有レトモ王ノ仰ヲ慎《ミテ》不被止ス　（同右、上35ウ6）

○　妹子仰ノコトクニワタリテヲシヘニシタカヒテイタリヌ　（同右、中11オ7）

『三宝絵詞』には、「仰《おほす》」（三例）「仰《おほせ》」（五例）は八例見える。みな、命令する、言い付けるの意味である（名詞とも）。

〔別表〕　今昔物語集における「仰」（317 例）の用法

用法＼部・巻		天竺 震旦 巻 1〜10		本朝仏法 巻 11〜20		本朝世俗 巻 22〜31		計	
あ　ふ　ぐ		10*		14		14**		38	
おほす	（単独）	1	33	2	52	3	106	6	191
	＋テ	16		13		6		35	
	＋ル・ラル（被）	2		10		51		63	
	＋ヌ					1		1	
	＋タマフ（給）	11		15		35		61	
	＋クダス（下）	2		4		8		14	
	＋カク（係・懸）	1		4		1		6	
	＋ツカハス（遣）			3				3	
	＋アハス（合）			1				1	
	セム（責）＋					1		1	
	おほせ〔名〕		32		27		22		81
	おほせごと						7		7
計			65		79		135		279
cf. おほせごと（宣）			4		3		1		8

＊　内 1 列は「仰臥（アフノケフセタリ）」と見える例.
＊＊　内 2 列は「仰ギ中納言（アフギチウナゴン）」と見える例.

一例だけ、仮名で「雑役ニオホセテカリツカヒテウ庸《調》ヲ附徴」（中27ウ5）と見えるのは、課すの意味である。

院政期の『今昔物語集』では、「仰」字は三一七例見え、これらの用法について調査すれば、〔別表〕のようになる。

○　迦葉（中略）飲畢テ即チ虚空ニ昇テ十八変ヲ現ズ。老母、此ヲ見テ起居テ仰ギ見ル。
（巻二、語六、『日本古典文学大系』、一、一三二頁）

○　南西北方ヲ見ルニモ又仏在マス。仰テ上ヲ見レバ仏在マス。
（巻三、語一九、同右、二三四頁）

○　而ルニ、皇子、身ニ重キ病ヲ受テ月来経ルニ、国王、此ヲ歎

キテ天ニ仰テ祈請シ　（巻四、語三一、同右、三二〇頁）

○　此ヲ見聞ク人、皆、法花経ヲ仰ギ信ジテ　（巻一四、語三、同右、二八〇頁）

調査は、馬淵和夫監修『今昔物語集　巻一　文節索引』以下による。このシリーズは、『日本古典文学大系』（岩波書店）および、一部に『岩波文庫』の本文を底本としたもので、当初の四冊は私家版（非売品）として上梓され、その後は笠間書院から刊行された。三一七例の内、アフグの用例は三八例である。「仰」の字義にそった基本的な用法が多いようである。三八例の内には、「天」に仰ぎ（五例）「空」を仰ぐ（九例）とするものが多く、「経・法花経」（二例）「仏・仏力・迦葉・神（トアフグ）・上（仏）」（五例）を仰ぐとするものをしのぐ。この他、「信」「巌ノ上」「柴ノ上」「顔」などがその対象となっている。次に、オホス・オホセの用例をあげよう。

○　彼ノ父ノ婆羅門ノ許ニ使ヲ遣テ宣ハク、「太子已ニ長大ニ成テ妃ヲ求ニ汝ガ娘ニ当レリト。」父謹テ大王ノ仰ヲ奉ハル。　（巻一、語三、『日本古典文学大系』、一、五六頁）

○　忽ニ大臣・百官ニ仰セテ道ヲ造ラセ万ノ所ヲ清メサシム。　（巻一、語三、同右、一、五七頁）

○　天皇、喜ムデ「速ニ将参レ」ト仰給ヘバ、使、　（巻一〇、語七、二、二八三頁）

○　天皇、是ヲ聞シ食シテ、驚キ怪ミ給テ、「我レ行幸シテ、自、問ハム」ト被仰テ　（巻一一、語二九、三、一一三頁）

○　天皇、此レヲ聞シ食シテ、即チ可召キ由ヲ被仰下テ、使ヲ遣シテ召スニ、　（巻二〇、語四、四、一五一頁）

これらは、大王や天皇の命ずること、命令を意味し、「給」や「被」を伴う例もある。『今昔物語集』の「仰」字の用法につき、別表によれば、およそ、次のことが見てとれる。

［アフグ］—この用法は、オホスに比して極めて少なく（計三八例）、「仰」字全体の約一二％にとどまる。天竺・震旦部（巻一～一〇）、本朝仏法部（巻一一～二〇）、本朝世俗部（巻二二～三一）の間に用例数の変動は少ない。

〔オホス〕―この用法は、アフグに比して極めて多く（計二七九例）、「仰」字全体の約八八％にのぼる。この内、オホスを動詞として用いる例は一九一例（約六八％）、これを名詞オホセとして用いる例は八一例（約二九％）、オホセゴト（仰事）として見える例は七例（三％）である。

動詞オホスは、本朝部になると激増する。天竺・震旦部（三三例）～本朝仏法部（五二例）～本朝世俗部（一〇六例）と進むにつれ、ほぼ倍加していくようである。

動詞オホスには、助動詞ル・ラル（被）を伴う例が多い（六三例）。天竺・震旦部では僅か二例であるが、以後、激増していく。右の「索引」によれば、これは地の文・詞の文に相半ばする。

また、補助動詞タマフ（給）を伴う例が多い（六一例）。これも、天竺・震旦部では僅か一一例であるが、本朝世俗部で三五例となっている。これは地の文に集中するようである。

動詞クダス（下）と複合する例も、全体としては僅かだが（一四例）、その増加の傾向は無視できない。

全体的に、オホスという語は、単独で用いられることは少ない。助詞テを伴うような例は、右とは逆に、むしろ、減少していく。

〔オホセ〕―名詞（体言形）オホセは、三部の間に、むしろ、減っていく傾向にある。

「おほせごと（仰事）」は、本朝世俗部の特徴的な用法である（七例）。

総じて、「仰」には、オホス・オホセの用法が格段に多いこと、それも、オホスには助動詞「被《る・らる》」を伴う例や補助動詞「給《たまふ》」を伴う例が多いこと、かつ、これらが集の後半にかけて激増していくこと、逆に、オホス単独での用法やテを伴うだけの用法は、用例数に変化はない、もしくは、減る傾向にあること、に注意される。「仰《おほす》」は、本来、尊敬の意味をもたないから「被」や「給」を添える必要があったとも考えられる。「被」や「給」を添える表現が広まれば、これらを添えない形は表現力の弱いものとして用いられにくくなろう。しかし、院政期頃のオホスは、尊敬の「被」や「給」を伴いやすい性格を既に有してもいたのかも知れない。

『今昔物語集』は、天竺・震旦部や本朝仏法部などは漢文訓読調が強く、本朝世俗部は和文調が勝っていることが知られている。オホセ・ラル、オホセ・タマフは、その漢文脈系に少なく、和文脈系に多い。オホセ・ラルは、一方に漢文訓読特有語があるとすれば、これは和文特有語であるとされる。(25) 彼此参照される。本朝仏法部を中心とする辺りには変体漢文の影響もあるとされる。(26)

第四節　文書語としての「仰（おほす）」

和語のオホスについて、先学の論じられ、言及されたところは少なくないが、一端をあげれば左記がある。

○　辻村敏樹著『敬語の史的研究』（東京堂出版、一九六八年一〇月）

非待遇語から転成した待遇語の一つに、支配関係を表す次の語があるとされる。

仰す（＝「負す」から出たと考えられる）。敬称。（五九頁）

これは、対者敬語と素材敬語と二分される尊敬表現の内の後者に属し、その内でも上位主体語（敬称）と位置付けられている。また、「上代敬語の特質」の条で、「つまり、貴人が言うことは下の人に圧力を負わせるところから、『負す』＝『仰す』となったのであり」とされ、次のような例は、「その過渡的な姿（あるいはむしろ「仰す」に重点の移った姿）を残しているものと考えられます」と述べられる（八〇頁）。

於不世多麻保加思はへなくに　（『万葉集』巻二〇、四三八九番）

……止勅比於保世給布御命乎（続日本紀宣命、四五詔）

右は、和語のオホスだけで論じようとされており、漢字の「仰」やその文書語としての用法には言及されていない。

○　森昇一「『仰す』をめぐりて」（『野州国文学』第二号、一九六八年一〇月）

ここでは、各種の辞書類に、「仰す」は「言ふ」の尊敬語とあるが、「本来『仰す』は敬語の動詞ではなく」て「命ジル意が原義であって」、それ故、「給ふ」の接続することもあった、「仰す」に下接する「らる」も敬語の助動詞ではなく、「受身の意の助動詞」であると述べられる。『古事記』『竹取物語』『古今集』『後撰集』『蜻蛉日記』『源氏物語』などを検討し、「少なくとも、源氏物語までの『仰す』には敬意がない、といふこ《（ママ）》がはっきり言へよう」とされる。オホスは、上位者から下位者に対しての物言いであり、オホセラルは、命を受ける者の立場を表したが、「古今集には、受身と敬語の間に位置するものもあるやうである」、「結局、命ヲ受ケルといふ潜在性をもったまま尊敬語化されたものもあるといふことにでもならうか。尊敬語になってもなかなかこれから抜けきれなかったやうである」とある。

○　桜井光昭著『今昔物語集の語法の研究』（明治書院、一九六六年三月）

この「第一編　敬語論考」に、「オホス」は「言フ」の敬語ではない、「『言フ』の尊敬体と説明するのは今昔物語では、まだ正しくない。『オホス』は『オホセラル』『オホセタマフ』となって初めて敬語となるので、『オホス』自体はそうではない」、また、「『オホス』とは上位者として下位者にことばを伝える（つまり、ことばを与える）ことである。それは階級制度のきびしい当時にあっては、多くは当然、命令することになったと考えられる」とある（四四頁）。

○　穐田定樹「尊敬語」（『月刊文法』、一九六七年一二月号）

○　稲田定樹「『宣はす』『仰せらる』とその周辺」（『親和女子大学研究論叢』第二号、一九六八年一二月）

前者においては、平安時代の尊敬語の規定、その語彙（種類）などについて考察され、後者においては、『源氏物語』『枕草子』などにおける「仰せ給ふ」「仰せらる」「宣はす」の使用状況、敬意度等について論じられている。以上は、いずれも傾聴に値する成果である。だが、「仰《おほす》」の問題は、オホスという和語だけでは論じ切れないのではなかろうか。和語オホスの問題、漢字「仰」の問題、その文書語としての用法、これが和語オホスに与えた影響の問題など、より広い視野をもって考察すべきであろう。こうした点に触れられたのが左記である。

○　佐藤喜代治著『日本文章史の研究』（明治書院、一九六六年一〇月）

「Ⅲ　作品研究」の「第二章　御堂関白記の文章」の条で、「また『仰』を『おほす』といふ語を書き表はすに用ゐる場合が多い」ことについて考察され、次のように述べられる（二七八〜二八一頁）。要点を箇条書きにする。

1、同『関白記』には、「仰」を、「言ふ」の尊敬語として用いた例があり、「負ほす」の義で「命ずる」という意味に用いた（尊敬の意が認められない）場合もある、とされる。

2、「一体この『仰』を国語で『おほす』の語に当てるのはどんな理由によるのであろうか」として、『康熙字典』『辞源』、『北斉書』孝昭紀を引かれ、「『漢書』と『北斉書』とでは全く同一の用法であつて、文書における固定した言ひ方であつたやうに考へられる。どうしてこのやうな用ゐ方が発達したのか、今つまびらかにすることができない」と述べられる。

3、「仰」字を、「どうして命ずる意に用ゐるに至つたか、中国における用ゐ方も明らかでないが、この字をまたわが国でどうして『おほす』といふ語に当てて用ゐるやうになつたか、その経路も明らかでない」とされ、だが、この用法は、『古事記』中巻（崇神天皇の条）、「続紀」宣命、「出雲国造神賀詞」等、古代から見えるとされる。

4、「中国における用ゐ方を見ると、『仰』を『おほす』の意に用ゐるのはよほど特殊の場合に限られたやうに思はれるが、日本で頻繁に用ゐられるに至つたのは、かりにその用ゐ方がもともと中国の用法に従つたにしても、特異な発達の仕方を示してゐると言ふことができる」と述べられる。

5、右の奈良時代の例は、いずれも「課する」「命ずる」という意味であり、これが本来の意味にかない、同『関白記』でもこの意味で用いた場合が多い、「ところが、平安時代には『おほす』が『命ずる』の意から転じて、『言ふ』の敬語として用ゐられるに伴つて、『仰』にも同様な変化が生じ、『御堂関白記』にも『言ふ』の敬語として用ゐた例が見られるのである」とされる。

右は三ページほどの短い記述であるが、興味深い発言が随所に見られる。ただ、「漢書」と「北斉書」とでは全く同一の用法とされる点には、誤認があるかも知れない。また、この用例には問題があろうことにつき、先に述べた。ここでは、一体、「仰」を国語の「おほす」の語に当てるのは「どんな理由によるの」かという不審が述べられ、中国側の「特殊の場合」、日本側の「特異な発達の仕方」などが想定されている。しかし、何といっても検討に足る十分な資料（用例）が得られなかったようである。(27)

先学には、同様の不審を懐かれた方も少なくないであろうが、ここで参照されるのは左記である。

○　伊木寿一著『増訂日本古文書学』（雄山閣出版、一九七六年四月初版、一九七九年三月再版）

古文書の「用語」について述べられる条に、「わが国の初期の公文書は主として隋・唐の制を模したものであるにより、中国の官府の用語が多く使用せられている。すなわち官府語で、その文体は官府体である。文体の条参照。この官府体の中には往々普通の言葉と異なった解釈を要する中国の俗語などの混入がある。例えば『仰』という字は普通は『あおぐ』であるが、官府としては『おほせ』であり、『件』という字は官府語では『くだん』と訓み、『条』すなわち『くだり』の義である」(二二一頁)とある。

ここには実例や用例が示されず、具体的なところがわからない。しかし、「仰」の用法に、官府語としての「おほせ(おほす)」があり、これは隋・唐の公文書を模したものとされる。『康煕字典』には「公家文移」、『辞源』には「官文書」と見え、「上行下用」という言葉も見えていた。円珍の牒も唐代の官文書であり、契約文書・貸借文書等における用例も得られた。右には「官府語」とあり、また、「俗語」とまで称されているが、しかし、これは特殊でも特異でもない、いわば、日常的な文章ジャンルの一端であり、官文書を中心とする「文書語」と置き換えてもよい。(28)秦の始皇帝の時代には、既に文書主義が掲げられ、文書行政に関する政策が厳しく執り行われており、これは漢帝国以下に継承されている。「仰《おほす》」という言葉は、そうした公文書類の中でうまれた文書語の一つであり、その出現は、六世紀、あるいは、隋代(五八一〜六一八年)であり、盛行したのは唐代からであろうか。

第五節　おわりに

中国では、「仰」の、アフグとしての用法は古代から見られる。漢詩文にも行われ、文書類でもそれに准じて行われたようで、文書だからといって特別な事情はなかったであろう。一方、オホスとしての用法は、少なくとも六世紀、『魏書』『北斉書』等における「詔」や唐代の官文書や私文書(私契)(29)等には見えている。オホスとしての用法は、中国古代の官文書類を出自とし、広まったものらしい。その意味で、これは文書語の一つであると理解される。

官文書類において、どのような事情によってこのような用法が生まれたのか、この点につき、目下、手掛かりとなるような文献はない。推測すれば、詔勅や法に定めるところは天の命ずるところにも等しく、絶対的なものでなければならない、詔や法をもって命じ、課することは恰かも諸人をして天を仰がしむるがごとくであり、ために、アフグの意の「仰」が上意下達の場に用いられ、これがオホスとして理解されたのであろう。抽象的な法律を具現化し、その運用・遂行の手段でもあるのが文書であるから、この用法は、文書行政の場において生まれたものと考えられる。上級官庁から下級官庁へ、官から人民へといった官文書類においてこそ、こうした表現過程・理解過程は発生しやすく、公から私へといった場合ばかりではなく、私間の文書でもこれに准じた形をとる場合があったであろう。

日本にも、「仰」のアフグ、オホス（オホセ）の二様の用法は伝えられ、その後者の用法には国語の「おほす（負・課）」が充てられた。これは、やはり、上意下達の場から私文書まで広く行われ、やがては、文書に関わりのない文学作品や日常的な生活の場においても行われたらしい。収集し得る用例は、アフグよりもオホスの方が圧倒的に多く、その熟語や派生語も少なくない。これは、日本では、上意下達の文書行政が整備され、時代を越えて文書が優先されていた結果のことであろう。

このオホスの用例は、夙く、奈良時代の『古事記』や平城宮跡出土木簡に見られる。従って、日本には少なくとも八世紀初頭以前に、おそらく文書行政とともに、もたらされたと考えられる。もたらしたその相手は、中国とは限らない。それまでの文書行政は、朝鮮半島との関わりが大きい。「仰《おほす》」の用法が、朝鮮半島経由のものか、唐代前後に中国から直に伝えられたものか、この点は、なお考えてみなければならない。また、この用法は、平安時代・鎌倉時代から中世後半、近世においても、古文書、法制文書や古記録、和文系資料、ひいては、口語資料にもよく行われている。これらの間における細かな用法調査は今後の課題である。

注

（1）『大漢和辞典』巻一（大修館書店、一九五五年一一月初版、一九八四年四月修訂版第一刷、六二三頁）。

なお、白川静著『字通』（平凡社、一九九六年一〇月初版第一刷）では、『説文』に、「仰」を会意に解するが、その訓も字義に適切でなく、字もその構造法から形声としてよい、「仰」は「卬」の繁文で、仰ぐことをいう、とある（三四一頁）。「仰議」の解説はない。

（2）例えば、一九六八年一〇月、縮写版第二刷、巻一、六二三頁。また、鎌田正・米山寅太郎修訂増補の版など。

（3）中田祝夫著『東大寺諷誦文稿の国語学的研究』（風間書房、一九六九年六月）。

（4）築島裕著『興福寺本大慈恩寺三蔵法師伝古点の国語学的研究　訳文篇』（東京大学出版会、一九六五年三月）。

（5）日中文化交流史研究会著『杜家立成雑書要略　注釈と研究』（翰林書房、一九九四年二月）。

（6）本間洋一注釈『本朝無題詩全注釈二』（新典社、一九九三年五月）。

（7）後藤昭雄著『金剛寺蔵注好撰』（和泉書院、一九八八年一〇月）。

（8）『辞源』の諸版につき、「修訂本」の奥によれば、次のようである。（　）内は私意。

一九一五年一〇月　正編初版、陸爾奎、他編
一九三一年一二月　続編初版、方毅、他編　（熟語の用例を集めて正編を補う）
一九三九年六月　正続編合訂本第一版
一九七九年七月　修訂第一版　（時代に即応して改版を行ったものらしい）
一九八六年三月　北京第四次印刷

なお、香坂順一主幹・大東文化大学中国語大辞典編纂室編『中国語大辞典』（全二巻二冊）には。「仰」のこの用法につき、「④公文書の用語―下級から上級に出す文書では〝請〟〝祈〟〝懇〟などの字の前に付けてお願いすることをいい、上級から下級へ出す文書では命令するときに用いた。指令・命令・布告などの趣旨を実行させるという意味。〈～即遵照〉ただちに指示どおり行われたい。〈～死者親眷等人、着即来本県投状〉死者の身内の者などに命じ、ただちに本県役所に訴えさせよ。〈～属県知会守御本境〉管轄下の各県に県境を守るように通告をした―（《水滸・105》）」（角川書店、一九九四年三月、第二冊、三五九〇頁）とある。

（9）新疆維吾尔自治区博物館・西北大学歴史系考古専業「一九七三年吐魯番阿斯塔那古墓群発掘簡報」（『文物』、一九七五年第七期）。

王仲犖「試釈吐魯番出土的幾件有関過所的唐代文書」（『文物』、同右）。

小野勝年「唐の開元時代の旅行証明書について」（『東洋学術研究』第一六巻第三号、一九七七年、一五四頁）。

(10) 仁井田陞著『唐宋法律文書の研究』（大安、一九三七年三月初版、一九六七年四月再版、一二五〇頁）。

(11) 笠沙雅章「14寺院文書」（池田温責任編集『敦煌講座5　敦煌漢文文献』、大東出版社、一九九二年三月、六四〇頁）。

(12) 仁井田陞著、注(10)文献による。用例a以下の所在は次のとおりである。

a（一四一頁）　b（一八四頁）　c（一九五頁）　d（二五三頁）　e（二五四頁）
f（二五六頁）　g（二五七頁）　h（二五八頁）　i（二五八頁）　j（二五九頁）
k（二九三頁）　l（三五一頁）　m（三六六頁）　n（三八三頁）　o（四四〇頁）
p（六四六頁）

「仰《おほす》」の用例は、この他にも、笠沙雅章氏の注(11)文献や左記にも見出されるが、省略する。

北京図書館敦煌吐魯番資料研究中心主編、敦煌吐魯番文献研究叢書『敦煌社会経済文献真蹟釈録』第二輯（一九九〇年七月）。

国家文物局古文献研究室・他編『吐魯番出土文書』（第一～一〇冊、一九八一～一九九一年、文物出版社）。

中国文物研究所・他編『吐魯番出土文書［壱～肆］』（一九九二～一九九六年、文物出版社）。

玉井是博「支那西陲出土の契」（『京城帝国大学文学会論纂』第五輯、一九三六年、一七六頁、他）。

池田温「15契」、池田温責任編集『敦煌講座5　敦煌漢文文献』、所収。

(13) 仁井田陞著、注(10)文献（八四六～八五三頁）。

(14) 小林芳規「字訓史資料としての平城宮木簡」（『木簡研究』第五号、一九八三年一一月、一〇三頁）。

(15) 注(14)文献（一〇七頁）。

(16) 犬飼隆「文字言語としてみた古事記と木簡」（古事記学会編『古事記研究大系11　古事記の世界上』、高科書店、一九九六年九月、二九二・三〇八頁）。

(17) 奈良文化財研究所編『平城宮木簡一』による。解説は、同書の「解説」（七八頁）、また、左記による。
野村忠夫著『律令官人制の研究　増訂版』（第三版、吉川弘文館、一九七八年八月、七八頁）。

(18) 奈良文化財研究所編『平城宮木簡三』、「解説」(一五二頁) による。
(19) 竹内理三・東京大学史料編纂所編『CD－ROM版　平安遺文』(東京堂出版、一九九八年四月)。
(20) 拙著『雲州往来享禄本　本文』(和泉書院、一九九七年七月、九三・二七二頁)。
(21) 佐藤進一・池内義資編『中世法制史料集　第一巻　鎌倉幕府法』(岩波書店、一九五五年一〇月、二四二頁)。
(22) 佐藤進一・池内義資編『中世法制史料集　第二巻　室町幕府法』(岩波書店、一九五七年六月、一六頁)。
(23) 峰岸明編『陽明文庫蔵本御堂関白記自筆本総索引 (一)』(汲古書院、一九九五年六月、一四頁)。
(24) 陽明文庫編集『平記・大府記・永昌記・愚昧記』(思文閣出版、一九八八年五月、四二四頁)。
(25) 築島裕著『平安時代の漢文訓読語につきての研究』(東京大学出版会、一九六三年三月、八三九頁)。
(26) 峰岸明著『平安時代古記録の国語学的研究』(東京大学出版会、一九八六年二月、八六七頁)。
(27) 佐藤喜代治著『漢語漢字の研究』(明治書院、一九九八年五月) の一節「『法苑珠林』と記録体」には、『法苑珠林』から国語の「おほす」に相当する「仰」の例四例が引かれている。『康熙字典』に「以尊……今公家文移上行下用仰字」とあるが、実際の用例は必ずしも多くなく、その点でこれらの例は有用であるとされる (一二二頁)。
(28) 中村裕一著『唐代官文書研究』(中文出版社、一九九一年一二月) では、唐代の「公文書」は、皇帝の名で公布される文書 (制勅類) と、官府間や官人間等において行用される文書 (官文書) との総称、「官文書」は、官府間で常行される符・移・牒等の文書をいう。文書とは、発信者と受信者があるものをいい、官文書には戸籍や計帳等は含まないとされる (五・六頁)。その制・勅の類については、同著『隋唐王言の研究』(汲古書院、二〇〇三年七月) 参照。
(29) 官文書類でも、一方には、なかなか用例が得られないという情況もある。唐代の官文書の保存については、『唐律疏議』、「賊盗律26」の「盗制書」の疏議に、永久保存 (常留) しない一般の「文案」は三年で廃棄すると規定され、これは、唐令に倣った「養老公式令」にも継承されている (仁井田陞著『唐令拾遺』、東京大学出版会、一九三三年三月発行、一九六四年九月復刻、六〇二頁。仁井田陞著・池田温編集代表『唐令拾遺補』、東京大学出版会、一九九七年三月発行、一二九八頁)。官文書類の遺存が少ないのは、主にそうした事情のためであろう。私契については仁井田陞著、注(10)文献の随所、また、玉井是博著、注(12)文献に触れられている。

第四章　文書語「奉（うけたまはる—たてまつる）」

第一節　はじめに

『篆隷万象名義』によれば、「奉」には、「扶拱反、承也、進也、送也、献也、与也」（高山寺本、第二帖、四八ウ）の音義が示されている。日本では、これを、ツカマツル、タテマツル、ウク、ウケタマハル、ツツシム、シタガフ、ササグ、タテマツリモノなどと訓読してきたが（観智院本類聚名義抄、仏下末、二四）、古文書では、多く、動詞タテマツル（マツル）、ウケタマハル、また、補助動詞タテマツル（マツル）の表記に用いてきた。これらの国語は、いずれも謙譲語であり、日本語固有の敬語表現に関わるものである。なかんずく、補助動詞タテマツル（マツル）は、自己の動作に添えて相手に敬意を表すのであり、このような「奉」の用法は、日本で工夫された独特のものである。

文書の世界は、授受者間の立場が重要視される。「奉」の、いずれの用法であれ、文書世界においては極めて重要な、かつ、基本的な存在となっている。しかし、タテマツル（マツル）とは、上位の人や神仏に物を差し出すことを意味し、ウケタマハルとは、上位者から言葉や物を受けることを意味する。意味上、一見、矛盾するような二語が、「奉」の一字によって表現されるのは妙ではある。しかも、これが、まま、同一文書においても行われる。授受者間には何の不都合もなく行われていたようであり、これがまた不思議なことと見受けられる。一例をあげよう。

○　太政官符神祇官

合神弐処
「取」双栗神　在二山背国久世郡一
充奉田壱段
乙訓神　在二同国乙訓郡一
充奉神戸壱烟并幣帛
右得二官解一偁、供二奉　御体御卜一之日、□（所カ）
祟奏上、奉レ勅依奏、仍注二事状一申送□（者）、
官宜二承知一依レ勅施行、符到奉行
従四位下行左中弁兼中務大輔大伴宿禰「家持」（自署）　左少史正七位上土師宿禰「拖取」
宝亀三年正月十三日
（太政官符、宮本長則氏蔵、句読点私意）(1)

神祇官の解をうけた太政官が、神祇官にその裁可を下した官符で、全面に「太政官印」（外印《げいん》）が捺されている。神祇官の解には、天皇の御体御卜を行ったところ、双栗《さぐり》神・乙訓神の祟りがあるとでた、この旨を天皇に奏上したところ、二神社に田・神戸を奉れという仰せである、事のさまを記して申し送るとある。太政官は、（了解したので）神祇官は宜しく承知し、勅命を実施せよと記し、符の実施を命じている。大伴家持・土師拝取の自署がある。

ここには「奉」字が五例見えている。前三例はタテマツル・マツルの意味と解される。「充奉」二字で「あてまつる」（または、「あてたてまつる」）、「供奉」二字で「つかへまつる」（または、「ぐぶす」）と読むのであろう。後の二例は「うけたまはる」と読む。マツルとタテマツルとの問題はともかく、タテマツル（マツル）かウケタマハルか、その都度、当惑するのであるが、これらは、文脈をたどりながら、あるいは、文書の書式・様式に助けられながら読み分け

ていくしかないのであろうか。

こうした漢字（文字）の使い方には、しかし、不自然なものが感じられる。それが表意文字であれば、まず、視覚的な条件は一定していそうなものである。ところが、外見上、構文や語序の点では差異がないのに内実は異なるという。例えば、『古事記』、その他には表記上のきまりがあって、「同訓」でさえも意味の違いによって「異字」が用いられるとされる。(2) ここでは、表記する和語（内実）が違う、従って、意味が違うとすれば、「異字」が用いられてもよかろうに、むしろ逆に、「同字」を「異訓」で解釈していかなければならないのである。

このような情況は、漢字本来の問題でなく、そうした文字なり、文書様式なりを受け入れた日本の側に問題があったのではなかろうか。そこで、以下には、「奉」字がマツル・タテマツル、また、ウケタマハルと読まれるようになった事情について検討してみたい。「奉」字については、この他の用法や読み方、これが関連する複合語・熟語など重要な問題もあるが、論点が多岐にわたることを避け、今は、その単字としての二用法に絞って検討したい。また、これらの和語や表記漢字は、国語における最も基本的な敬意表現法に関わるものである。従って、先学の論考も少なくないが、細かく整理・検討する余裕がないのでは、多くは後日に譲る。

第二節　マツル・タテマツルとしての用法

まず、「奉」のタテマツルとしての用例、また、その読み方につき、平安初期訓点資料を参照しよう。

○　時に阿難陁、即其の骨を取（り）て、世尊に授ケ奉《たてまつ》ル。（時阿難陁即取其骨奉授世尊）
（西大寺本金光明最勝王経古点〈八三〇頃〉、巻一〇、一八八頁）(3)

「奉」字の中央に付されたヲコト点の「一」を「上ル」と解し、仮名「ル」に併せて右のように訓読される。

○妙金皷を以て如来に奉リ、（以妙金皷奉如来）　（同右、巻五、八一頁）

○自ラ往キて法師を迎へ奉ラむこと、若（は）一踰繕那もシ、乃至百千踰繕那もす応し。（応自往奉迎法師若一踰繕那乃至百千踰繕那）　（同右、巻六、一〇四頁）

○舎利子若復有（らむ）人の、十阿僧企《キ》耶の三千世界に、中に満（ち）たる七宝を以て、諸仏に施し奉り、（舎利子若復有人以十阿僧企耶三千世界満中七宝奉施諸仏）　（同右、巻七、一二三頁）

これら「奉」の三例は、一例目に倣ってタテマツルと訓読される。また、タテマツルを補読した例もある。

○諸仏に歴事へたてまつりて、般涅槃せず〔不〕。（歴事諸仏不般涅槃）　（同右、巻一、二頁）

○各各至レル心をモチテ掌を合セ、恭み敬ひ尊の容を瞻仰（し）たてまつる。（各各至心合掌恭敬瞻仰尊容）　（同右、巻一、四頁）

補読の場合のタテマツルは、先のヲコト点の「一」による。用例は多い。

○無《(く)して》レ任《(ふること)ヨ(ろ)コヒをに(な)フ(ことの)》二欣荷之極《レルに》一謹《(み)てた(て)マ(つり)て》奉レ表《を》詣《てて》レ闕《に》陳謝以聞《す》。謹言。

（知恩院蔵本大唐三蔵玄奘法師表啓古点〈八五〇頃〉、一〇八行）(4)

この訓点資料では、「進」（経論等・西域記）・「奉進」・「賄」・「薦」・「献」・「奉」・「上」を動詞のタテマツルに読む。ヲコト点と仮名で「薦《たてマツりき》」（三二行）、「賄《たてマツりき》」（同）、「献《た(てま)ツラム》」（一〇三行）と訓読される例があるが、仮名の付訓、または、正確な付訓が少なく、多くは補読せざるを得ない。「奉」は、「表」をたてまつるという句形でのみ見え（四例）、また、「上」も、「表」をたてまつるという句形（四例）、もしくは、文脈（二例）で見えるだけである。補助動詞タテマツルは、動詞「請」「見」「謝」に添えられ、「請《(こひ)た(てま)ツ(り)シ》」（五四行）のように訓読される。関連して、補助動詞マツルが「謁《ツカヘマツリき》崛山《に》。」（一〇一行）と見えている。

右は、訓点資料における場合であるが、『東大寺諷誦文稿』（八三〇頃）では、次のようである。

○　父母之恩以二テハ世間財一ヲ不レ可レ酬上。以二コソ出世間之財一ヲ奉ラメ「奉」（衍字）レ酬。故我等修二テ懺悔之行一奉レム送二出世間之財一。　（七六・七七頁）

○　无下可レ奉二衆僧ニ一枚銭モ上　（二四〇行）

一方は「酬上」、一方は「奉ラメ酬」とある。類例もある。中田祝夫博士によれば、この資料では、「上」の小字と「奉」の大字とは同じである、しかし、「上」は、すべて補助動詞的用法であり、「奉」は、補助動詞・本動詞の用法である、「上」の小字も「奉」字も「タテマツル」、もしくは、「マツル」と読み、読み（訓）は確定できないとされる。(5)

奈良時代以前の資料における「奉」字が、どのような国語を表しているか、これについては『万葉集』が参照される。ここでは、次のように、ツカヘマツルという言葉が、仮名で「ツカヘマツル」とも訓字で「仕奉」とも表記されており、これによって、「奉」字は「まつる」という語に等価であると判断されるのである。ただし、例外もある。『万葉集』では、マツルが多く、まれにタテマツルが用いられる。その表記には、万葉仮名、または、訓字「奉」が用いられる。品詞・表記別の用例数は次頁のとおりである。(6)

マツルは、動詞の場合、ヌサ（幣）、および、調《つき》、ニギタヘなどをたてまつる意、また、キミ、母、父にたてまつる意で用いられる。補助動詞の場合は、「ツカフ（仕）」につく例が多い。タテマツルは、御調、ヌサ、ミキなどをたてまつる動詞として用いられている。若干の例を引く（〔　〕内は原文の表記。小学館の『日本古典文学全集』による）。

○　まそ鏡　かけて偲《しぬ》へと　献《まつ》り出《だ》す〔麻都里太須〕　形見《かたみ》の物を　人に示すな　（巻一五、三七一五、中臣宅守）

語＼表記＼品詞	動詞		補助動詞	
	仮名	訓字	仮名	訓字
マツル	7	10	9①	19②
タテマツル	3	1	0	0

〔備考〕
①この全九例は「ツカヘマツル」として見える。
②この内の一〇例は「仕奉」（「奉仕」一例を含む）、一例は「ツカヘ奉」として見える。

○父君《ちちぎみ》に　我《われ》は愛子《まなご》ぞ　母刀自《ははとじ》に　我《われ》は愛子《まなご》ぞ　参《ま》ゐ上《のぼ》る　八十氏人《やそうぢひと》の　手向《たむけ》する　恐《かしこ》の坂に　幣奉《ぬさまつ》り〔幣奉〕　我《われ》はぞ追へる　遠き土左道《とさぢ》を　（巻六、一〇二二、石上乙麻呂）

○筑紫辺《つくしへ》に　舳向《へむ》かる船の　いつしかも　仕《つか》へ奉《まつ》りて〔都加敝麻都里弖〕　国《くに》に舳向《へむ》かも　（巻二〇、四三五九、若麻績部羊）

○やすみしし　わご大君の　常宮と　仕《つか》へ奉《まつ》れる〔仕奉流〕　雑賀野ゆ　〔後略〕　（巻六、九一七、山部赤人）

前二例は動詞、後二例は補助動詞の例である。タテマツルの訓字表記は次である。ただし、確例とはなしがたい。

○天《あま》の川《がは》　瀬ごとに幣《ぬさ》を　奉《たてまつ》る〔幣奉〕　心は君を　幸《さき》く来《き》ませと　（巻一〇、二〇六九）

『古事記』については細かな用字調査が行われている。[7] それによれば、（Ⅰ）マツルは、「奉」「祭」の二字によって表記され、前者は、㋑動詞について謙譲の意を添える補助動詞、また、㋺動詞として用いられる、後者は、八例あり〔単独三例、複合動詞五例〕、全て幣帛などを奉納して神を招じ慰める意であるとされる。

『古事記』では、「奉」字は五五例を数える。内、単字用法は七例、他字と連なる用法は四八例である。[8] 四八例の内には、「仕奉（ツカヘマツル）」が二六例もあり、「仕」字二八例中の内では、二六例までがこの用法だとされる。この他、㋑の用法には、「立奉（タテマツル）」（三例）、「送奉（オクリマツル）」（五例）、「伊都岐奉（イツキマツル）」（二例）、また、「日足奉」（三例）、「示奉」「治奉」「授奉」「易奉」「定奉」各一例、その他がある。

○　故尓詔二天宇受売命一、此立二御前一所二仕奉一　（真福寺本、上、五四六行）

○　白二然坐者恐、立奉一　（上、二七五行）

○　此国者、立二奉天神之御子一、　（上、四七六行）

○　大恥、白送言、我之女二並立奉由者、使二石長比売一者、天神御子之命……　（上、五六七行）

○　尓大国主神曰、然者治奉之状奈何、答四言、吾者、伊三都岐奉于二倭之青垣東山上一、　（上、四一五行）

二例目以下の三例は、「立奉」の例である。この「立」字は、一種の宛字と見られ、もし、そうなら、このマツルは補助動詞でなく、動詞タテマツルの一部ということになる。また、イツキマツルは「拝祭（也）」（四例）と表現されることもあり、これによっても、「奉」と「祭」との内実は連続的な関係にあるようである。

残りの㋺動詞マツルとしての用法は、次のようである。

○　汝之女者、奉二於吾一哉　（上、二七三行）

○　咋二持其鳴鏑一出来而奉也　（上、三三四行）

一方、『古事記』では、次の七種類の語形はⅡタテマツル（動詞）を表記しており、これらの間には使い分けは認められないとされる。(9)

「献」（四四例）―食物、および、物品などを差し上げる意を表わし、タテマツルを表わす主用字である。

「貢」（二四例）―単字としては、贄（三例）・調（一例）・人物（一例）を献上する意の五例がある。

「進」（二〇例）―タテマツルと読むのは、単字としての二例と熟字の「貢進」「奉進」とである。単字用法として、献上するのは「味物」（食物）・「器」である。「貢進」八例は、物品・人物を献上する意である。

「貢上」（九例）―人物や物品を献上する意。　「貢献」（二例）―物品を差し上げる意。

「献上」（一例）―「献」と同じ意味。　「奉進」（一例）―人物を献上する意で、「貢」と同じ意。

『続日本紀』の宣命は、口頭で伝達する詔書であり、国語文で書かれている。『続日本紀』にはその六二詔が収録されている。今、北川和秀編『続日本紀宣命　校本・総索引』[10]によれば、「奉」字は、原則的に補助動詞マツルの表記に用いられている。その関係する語彙は次のとおりである。

上奉・奉昇　アゲマツル
阿奈々比奉・穴奈比奉　アナナヒマツル
助奉　アナナヒマツル・タスケマツル
顕奉　アラハシマツル
祈禱奉　イノリマツル
宇豆奈比奉・宇豆奈比奉・宇豆奈比奉・于豆奈比奉　ウヅナヒマツル
送奉　オクリマツル
傾奉　カタブケマツル
言依奉・事依奉　コトヨサシマツル
佐枳波倍奉・福波倍奉・福奉　サキハヘマツル
授奉　サヅケマツル
扶奉・輔佐奉・奉助・輔奉　タスケマツル
令供奉賜　ツカヘマツラシメタマフ
仕奉　ツカヘマツラフ・ツカヘマツル
仕奉利多夫　ツカヘマツリタブ
供奉賜　ツカヘマツリタマフ
供奉・奉侍・奉供・奉仕　ツカヘマツル
尽奉　ツクシマツル
化奉・奉造　ツクリマツル
読誦之奉　ドクジユシマツル
成奉　ナシマツル
奉見　ミマツル

奉報　ムクイマツル　　治奉　ヲサメマツル
許奉　ユルシマツル　　礼奉　ヲロガミマツル
与佐斯奉・依之奉　ヨサシマツル　　奉請　マセマツラフ

この他、人名に「日奉部広主売（ヒマツリベノヒロヌシメ）」と見え、また、「奉出（タテマダス）」、「奉称（マヲス）」の表記に用いた例がある。中でも、多いのは、「仕」と複合して「ツカヘマツル（仕奉）」と表現する場合で、この用例は、一〇六例を数える（内、「奉仕」は六例）。これに関連しては、「供奉」（一一例）、「奉供」（二例）、「奉侍」（二五例）という表記も見える。

右に対し、次の五種類の語形はタテマツル（動詞）を表記しているとされる。（活用語尾やク語尾などの表記は省く。漢数字は詔番号、算用数字は行数をいう）。

タテマツル　奉（連用形）一三22
　　献奉（連用形）四六3
　　進（未然形）三〇2、（終止形）四二7、（命令形）一三8
　　献（連用形）四八14・15、（連体形）一二2・一五7、（命令形）四8・一二5・三八6
　　貢（連体形）九7
タテマツラク　献（ク語法）六13

「奉」でタテマツルを表記した例とは、次である。しかし、この詔では、品詞が異なるとはいえ、ツクリマツル（化奉）・ツカヘマツル（仕奉）・アヒウヅナヒマツル（相宇豆奈比奉）・サキハヘマツル（佐枳波倍奉）などの表記に「奉」が用いられている。『古事記』をも参照し、右は、動詞マツルと解してよさそうである。

○辞別弖宣久大神宮乎始弖諸神多知尓御戸代奉利諸祝部治賜夫　（第一三詔22）

「献」「進」などにしても、これらがタテマツルを表記したものであるという保証はない。これは、『古事記』の七種類の語形でも同様である。平安時代初期訓点資料は、こと、マツル・タテマツルに関しては、さほど役に立たない(11)。ただ、『万葉集』の仮名表記や『古事記』の「立奉」によれば、当時、タテマツルという語形があったと知られ、また、「奉」字ではなく、ことさら「献奉」「進」「献」「貢」などの文字・表記が使われていることを勘案すれば、これらはタテマツルの表記であろうかとの推測は可能である。

さて、右に、「奉」字の用法、また、それが担っている国語などについて見てきた。これよりすれば、奈良時代以前の、例えば、次のような用例については、和語マツルをもって理解すべきであろう（……は省略を示す。句読点私意）。

○辛亥年七月中記……為㆓杖刀人首㆒奉㆑事来至㆑今……令㆑作㆓此百練利刀㆒記㆓吾奉㆑事根原㆒也
（埼玉県稲荷山古墳出土鉄剣銘(12)）

「獲加多支鹵大王」は雄略天皇に当たるとして、辛亥年は、四七一年とする見方が有力である。「奉事」は、ツカヘマツルを返読式に表記したもので、次には、これが「奉仕」とも「仕奉」とも表記されている。熊本県江田船山古墳出土銀象嵌銘大刀にも、これに類する表現が「八月中」「典曹人」「奉事」「治天下」と見える(13)。

○池辺大宮治天下天皇、大御身労賜、時歳次丙午年、召於大王天皇与太子而、誓願、賜我大御病太平欲坐、故将造寺薬師像作仕奉詔、然当時崩賜造不堪者、小治田大宮治天下大王天皇及東宮聖王大命受賜而、歳次丁卯年仕奉
（法隆寺金堂薬師如来坐像光背裏銘文、天武持統朝頃製作）

「丁卯年」は六〇七年（推古天皇一五）。銘文に、推古天皇と聖徳太子が用明天皇の病気平癒を祈って誓願し、造像したとあるが、六七〇年（天智九）の法隆寺の火災以後の再興像であるとする説が有力である。

○惟船氏故　王後首者是船氏中祖……奉仕於等由羅宮　治天下　天皇之朝……

（戊申年〈六六八年・天智七〉の船首王後墓誌）

○……慶雲四年歳次丁未春二月二十五日従七位下被賜仕奉矣

（七一〇年〈和銅三〉の伊福吉部臣徳足比売墓誌）

○上野国群馬郡下賛郷……如是知識結而、天地誓願仕奉石文

（七二六年〈神亀三〉の高田里結知識碑）

ツクリマツル（作奉）、シタガヒマツル（遵奉）と表記した例も見える。

○壬辰年五月出雲国若倭部臣徳太理為父母作奉菩薩

（壬辰年〈六九二年・持統天皇六〉の鰐淵寺観音菩薩造像記）

○壬歳次……為命過依誓願観世音菩薩作奉

（壬寅年〈七〇二年・大宝二〉の長谷寺観音菩薩立像銘）

○……大上天皇奉遵前緒、遂成斯業、……

（薬師寺東塔檫銘）

「大上天皇」とは、持統天皇（六九七年〈持統一一〉から七〇二年〈大宝二〉まで大上天皇）か。異説もある。

これらの金石文の用例はツカヘマツル（仕奉）、ツクリマツル（作奉）、シタガヒマツル（遵奉）を表記したものである。[14] 関連して、薬師寺の「仏足石歌碑」には、仮名で「……宇都志麻都礼利都加閉麻都礼利」[15]と見える。

○癸未年八月日十、大王年男弟王、在意柴沙加宮時、斯麻念長、奉遣開中費直穢人今州利二人等、取白上同二百旱、作此竟

（六二三年〈推古三一〉の紀伊隅田八幡宮所蔵鏡銘）[16]

○為将諸手使作奉也

（元興寺伽藍縁起幷流記資財帳〈七四七年・天平一九成〉所収、法興寺塔露盤銘）[17]

○壬午年二月飽波書刀自入奉者田也

（壬午年〈六八二年・天武天皇一一、一説に六二二年・推古天皇三〇〉の命過幡銘、東京国立博物館蔵）

○巳（己）未年十一月廿日　過去尼道果／是以児止与古誓願作幡奉

（己未年〈七一九年・養老三、または、六五九年・斉明天皇五〉の命過幡銘、同右）

○「八尺」(別筆)／壬辰年二月廿日満得尼為誓願作奉幡
（壬辰年〈六九二年・持統天皇六〉の命過幡銘、同右）

右三例は、イレマツル（「者田」は幡《はた》）、ツクリマツルと表記したものである(18)。七世紀後半と推測される徳島県観音寺遺跡出土木簡の「鴨里錦部鹿津奉上大刀」（五四号、264・20・4　051）もアゲマツルを表記したものらしい。

○丙寅年四月大旧八日癸卯開記、橘寺智識之等、詣中宮天皇大御身労坐之時、誓願之奉彌勒御像也、友等人数一百十八、是依六道四生人等、此教可相之也、
（丙寅年〈六六六年・天智五〉の金銅彌勒菩薩造像記(19)）

○甲午年三月十八日、鵤大寺徳聡法師・片岡王寺令弁法師・飛鳥寺弁聡法師三僧、所生父母報恩、敬奉　観世音菩薩像、依此小善根、令得无生法忍、乃至六道四生衆生、倶成正覚
（甲午年〈六九四年・持統八〉の法隆寺観音菩薩造像記(20)）

右二例の「奉」は、動詞「まつる」を表記したものであろう。

「正倉院文書」『続日本紀』その他には、いろいろな動詞に下接する補助動詞「奉」が数多く見えている。その一端としてツカヘマツル（仕奉）の例を「正倉院文書」、平安時代初期の仏書音義、『延喜式』所収の祝詞から引く。

○謹解　申請海上郡大領司仕奉事
中宮舎人左京七条人、従八位下海上国造他田日奉部直神護我下総国海上郡大領司尓仕奉止申故波、（中略）海上郡大領司尓仕奉止申
（他田日奉部神護解、七四八年〈天平二〇〉、正倉院文書(21)）

中宮舎人他田日奉部直神護が、父祖兄弟や自身の経歴を列挙し、大領に任ぜられたい旨を綴った、宣命体形式の上申文書である。一三行からなるが、事書き以下に「仕奉」が九例も使われている。みな、お仕えするの意である。

○太宰府史生正六位上八戸史石嶋・春日戸刀自売奉為慈父母仕奉願
延暦四年六月十五日
（大徳寺蔵瑜伽師地論巻六〇、一巻、奥書(22)）

○　事善知識〈事云仕奉也、次／仏放眉間光〉（小川本新訳華厳経音義私記、上巻、経巻第六）

○　承接〈令仕／奉也〉（同、下巻、経第六三）

経の本文に「難得奉事、難得親近、難得承接、……」とあり、この注は、上の「奉事」を対象とするものらしい。

○　然祭仕奉了《リツカマツリオハル》時　地祭物忌《ノ》・以忌鎌弖宮地《ノ》草刈始《ヲカリハシム》、（神宮文庫蔵皇太神宮儀式帳、一七オ）(23)

儀式帳と通称されているが、正確には「延暦二十三年太神宮解文」とでも称すべきだとされる。鎌倉時代初期写。

○　集侍親王・諸王・諸臣・百官人等諸聞食止宣、天皇朝廷尓仕奉留比礼挂伴男・手繦挂伴男・……

（九条家本延喜式、巻八、神祇八、祝詞、六月晦大祓、付訓略）(24)

九条家本は、最古の写本で、一〇一〇年（寛弘七）から一〇五八年（天喜六）の間の書写とされる。

なお、平安時代（院政期）の国語辞書『色葉字類抄』によれば、「まつる」の表記漢字として次のように見える。

祭《マツリ》《マツル》子例反　祠春―似茲反　祈奠奉祀音似　嘗秋―（八字略）正形已上祭也（黒川本、中九一オ、マ部、人事）

「奉」は、「祭」以下の文字と同様の意味を有するものの、既に、その出番は少なくなっていたと推測される。ただし、他方、「たてまつる」の表記漢字としては、次のように初掲字で見えている。

奉《タテマツル》　供《クキョウ》　貢進享献僟賂薦上納（二字略）已上同（黒川本、中九オ、タ部、辞字）

第三節　ウケタマハルとしての用法

ウケタマハルという語は、動詞ウクの謙譲語で、「上の人から受ける意であるが、教え・命令などことばを受けとることに用いられている」(25)とされる。ウクにタマハルの接したもので、タマハルの部分が、動詞から補助動詞になったのは七世紀以前のことらしい。

○　我レ今是の経を聞《キ》キたてまつること、親リ〔於〕仏前にして受《ウ》ケタマハリヌ。（我今聞是経親於仏前受）
（西大寺本金光明最勝王経古点、巻一〇、二〇八頁）

○　仏言はク「汝函を開ク可し。」とのたまふ。時に阿難陁、教を奉（は）リて開キ已（り）て見レば舎利有リ。白キ（こと）珂と雪と拘物頭華との如し。（……時阿難陀奉教開已見有舎利……）
（同右、巻一〇、一八八頁）

『金光明最勝王経』（唐義浄訳）の平安初期の訓点である。前者は、「金光明最勝王経」の所説を拝聴したとの意、後者は、仏の示教をいただくとの意である。訓点資料では、「奉」「受」「承」などをウケタマハルと読むが、「臣聞。易産腹者。以褌触体。即便懐脤。」を「臣《ヤツコ》、聞《ウケタマハル》、」（日本書紀、巻一四、雄略天皇元年是月の条、図書寮本）、「百済国。聞天皇崩……。」を「聞《ウケタマハリ》」（同、巻二四、皇極天皇元年正月の条、岩崎本、Ⓒ種点）と読んだ例がある。

上代において、ウケタマハルという言葉は『続日本紀』宣命に、次のような表記で見えている。

○　此天津日嗣高御座之業止現御神止大八嶋国所知倭根子天皇命授賜比負賜布貴支高支広支厚支大命乎受賜利恐坐弖
（第一詔7）

○　是以先考追皇止為親母大夫人止為兄弟姉妹親王為与止仰給夫貴岐御命乎頂受給利歓備貴美
（第二五詔7）

「大命」・「御命」をウケタマハルとある。宣命では、こうした用法が多い。

『続日本紀』宣命六二詔において、「受賜」「受給」などの用例は四三例を数える。(26) これを、その国語と表記の別に整理すれば、次のようになる。［　］内は、それぞれの対象とその用例数である。

ウケタマハリタブ　受賜　（未然形）二六9　……［天皇の勅　1］

ウケタマハル　受賜　（未然形）一三19・二五21・五二8・六一13、（連用形）一7・五8・22・九5・一

二6・一三16・16・20・29・36・一四9・13・14・二四4・4・三八3・四五33・五九2・六一5・5、（終止形）二六3、（連体形）二五12、（命令形）五七3

……［天皇の勅　1、御命　5、大命　8、天皇大御名　1、天津日嗣　1、天日嗣高御座の業　3、宝位　1、菩薩の戒　1、五節の舞　1、大瑞　2、盧舎那仏の与えた黄金（大瑞）　3］

受給　（未然形）四九4、（連用形）二五7・18・四二23　……［御命　3、大瑞　1］

受被賜　（連用形）三7・7・11・一〇6・四八4・4・16・16

……［大命　2、詔旨　2、命　1、法〈近江令〉　1、大瑞　2］

被賜　（連用形）六一4　……［天日嗣高御座の業　1］

承　（連用形）四九2　……［鴻業　1］

受被賜　（ク語法）六9　……［天皇の教え　1］

ウケタマハラク

この他に、ウケタマフ（動詞＋タマフ）を表記した「受賜」が一例（三13）、ウク（下二段）を表記した「受」が四例（三12・二八21・三一4・四五53）・「承」が二例（二八4・5）、それぞれ見えている。

用字としては、「受賜」によるものが多い。「受給」、および、「承」によるものが若干あり、また、「被《る》」を交えるものがあるが、「奉」によるものは全くない。こうした国語文では、「奉」はマツル、または、タテマツルを表しているからであろうが、同時に、そのウケタマハルとしての用法は、国語表記に適しないものであったと推測される。

右に関連し、都城の跡の出土木簡にも、次のように見える。

①・恐々敬申　院堂童子大人身病得侍

・故万病膏神明膏右□一受給申　願恵知事
(飛鳥池遺跡出土木簡、土坑SK一〇、309・31・3　011　NJ30)(27)

②・卿等前恐々謹解　□（寵カ）□□
・卿尓受給請欲止申
(『藤原宮木簡一』、八、SD一四五溝、〈206〉・21・1　6019)(28)

③・恐々受賜申大夫前筆
・暦作一日二赤万呂□
(同右、一一、SD一四五溝、〈121〉・〈24〉・6019)

④　御前申薪二束受給
(『藤原宮跡出土木簡概報』、32、SD一四五、143・13・4)(29)

⑤・恐々謹々頓□（首）
・受賜味□（物）
(同右、33、SD一四五、80・19・2)

⑥・□（丞カ）大夫前白今日□　……
・□（許カ）可賜哉　使□　……
(同右、31、SD一四五、150・15・1)

一例目は、七世紀末（天武朝末年以後か）とされる木簡で、「受給申《うけたまはらむとまをす》」と読み、薬を受けたまわりたいと願う上申文書である。「受給」をサヅケタマハナと読む説（「受」は「授」の省文、「給」は尊敬の補助動詞、「ナ」は終助詞）もある。二例目以下は藤原宮跡出土木簡で、そのSD一四五溝からは、「辛卯年」（六九一）から「大宝三年」（七〇三）までの紀年銘をもつ木簡が出土している。②は、卿等の前に願い上げる文書で、文字不詳部の何かをうけたまわりこいたいという。③は、大夫の前に暦作のための筆をこう上申文書、④は、薪を、⑤は、（味物《うまき》か味酒か）をうけたまわりたいと願い上げる文書、⑥は、動詞タマハル、タマフ（賜）の例であるが、同様の意味を表わしている。

上代における「賜」と「給」との関係については　、藤井茂利氏に詳しい調査・論考がある。(30) すなわち、古朝鮮・推古朝遺文、『古事記』、『日本書紀』、『続日本紀』宣命、『延喜式』所収の祝詞、「風土記」、『万葉集』、「正倉院文書」

における両字を調査すると、次のようになるとされる（私にまとめる）。
・上代日本の補助動詞「たまふ」は、最初「賜」で表記されていた。これは、古朝鮮から移入され、定着したものである。古朝鮮では、動詞「賜」が補助動詞としても用いられていた。
・天平の頃に「給」の表記が始まり、次第に勢力を伸ばしていった。
・なぜ、天平時代に「給」が使用され始めたかという理由は、一つには新旧の人間の交替があったこと[31]、また、「当時、役所に於いて経典の書写が盛んに行われ、それに伴って役人の書類作製の業務が増え、『給』の文字が多用され、意味の比較的近い『賜』と混用が始まったことなどが考えられる[32]」、「正倉院文書」では、「給」の文字が多用され、熟語も数多くできている、「役所の書類という性格上、『給』の文字は多くの人々の目にも触れ、役人達は書き慣れた文字となったであろう。これらに比し『賜』は字画が多いこと、『給』より敬意が上位で使用者に限定があったこと、『給』と意味がやや近いということもあって『給』に用法が吸収されていっていると思われる[33]」、とされる。

詳細な調査で敬服に値する。ただ、（天平時代に）なぜ、「給」が使用され始め、多用されたのかという問題については、なお説明を必要としよう。「賜」と「給」との字義の点はともかく、新旧の人間の推移、経典の書写、役人の業務量などは二次的な問題であって、これらが主因（真の理由）とは考えられない。「給」が使用され出し、多用された理由、「敬意が上位で使用者に限定があった」ような「賜」が、「給」に吸収された理由、それでも支障は生じなかった理由など、なお、考えるべき点はあるであろう。「給」の表記も七世紀後半には遡る可能性がある。

ところで、『続日本紀』には、唐風の漢文詔勅も収められている。次のようである。

○庚辰。天皇禅二位于氷高内親王一。詔曰。乾道統レ天。文明於レ是馭レ暦。大宝曰レ位。震極所以居レ尊。昔者。（中

略）今伝二皇帝位於内親王一。公卿百寮宜三悉祇奉以称二朕意一焉。

（巻六、元明天皇、七一五年〈霊亀元〉九月二日の条、『新訂増補国史大系』、六一頁）

ここは、公卿百寮は、天皇の譲位の意志を「祇《つつしみ》奉《うけたまはりて》」と読む。つまり、「奉」は、宣命の「受賜」に相当するわけだが、この訓読方法については、次が参照される。

○祇《ツツシメ・(つつしみ)て》奉《(うけたてまつ)り》二綸言《を》一　（知恩院蔵本大唐三蔵玄奘法師表啓古点、二一行）

○去年二月、奉《ウケ(て)》レ詔《を》翻訳《す》。　（同、五七行）

○伏奉《(し)て(うけ)た(てま)ツルに》二墨勅《を》一　（同、七一行）

○祇《ツヽ(しみ)て》奉《(うけ)た(てまつり)て》二綸言《(を)》一　（同、七二行）

○所獲経論、奉《(うけたてまつり)て》レ勅《を》翻訳《する(こと)は》、　（同、七五頁）

○伏《(し)て》奉《(うけたてまつ)ル》二勅《の》旨《を》一、　（同、八七行）

○親《(まのあ)たり》承《(うけ)た(ま)ハリて》二梵《の》響《を》一、踊躍《(と)アカリ》、歓喜《(と)ヨ(ろこ)ヒヨ(ろ)コ(ぶる)》如《ことこと(し)》レ聞《きケルか》二受記《を》一。　（同、一〇七行）

『知恩院蔵本大唐三蔵玄奘法師表啓』は、奈良時代の書写になり、平安初期、天安〜元慶年間（あるいは、八五〇〜八九〇年）の頃の朱点が加えられている。「綸言」「詔」「墨勅」「勅」「勅旨」を受けて「奉」、および、「承」が見える。右に先学の釈文を引いた。前六例は、ウケタテマツル、ウクと読まれている。三例目の付訓の「ツル」をタテマツルの一部と解されたのであろうか。これは、しかし、助動詞ツ（連体形）とも解される。七例目の「承」の訓、また、先の宣命で、天皇の命令を受ける時には「受賜」「受給」と表現されていたことを参考にして、これらはウケタマハルと読んでよいであろう。

玄奘法師の伝記『興福寺本大慈恩寺三蔵法師伝古点』(34)にも次のように見える。右に同様の付訓であろう。

○　沙門玄奘啓ラ《ス》、伏（シ）テ　令旨ヲ奉ツル《りて》ニ、玄奘ヲ以（テ）慈恩寺ノ上座ト為《ス》、　（巻七、一六二行、Ⓒ種点）

「啓ラ」は「啓ス」の誤りとされるが、あるいは、「啓スラク」と読むことはないのであろうか。

○　獲《たる》（タル）所ノ経論、　勅（ヲ）奉（リ）テ翻訳セリ、　（巻七、一六五行、Ⓒ種点）

『興福寺本大慈恩寺三蔵法師伝古点』には、一〇八〇年頃（延久承暦頃）のⒶ種点とⒷ種点、一〇九九年（承徳三）のⒸ種点、同じ頃のⒹ種点、一一一六年（永久四）のⒺ種点等があるとされ、「奉」字の全訓付訓には、一例、「奉《ウケタマハリコ*》　願皇太后……」（Ⓒ、＊印に「フ」字か）があり、部分付訓例に、「奉《タマハ(ル)》」（Ⓔ）、「奉《ハリテ》」（Ⓑ、Ⓒ）、他がある。

「奉」の受ける語句を見ると、右の全訓付訓の一例の他は、次のようである（算用数字は用例数）。

慈訓（父の説く孝教の教え）	Ⓐ1	使（勅旨の役）	Ⓑ1
恩勅	Ⓒ1	令旨	Ⓒ2、Ⓓ1
勅	Ⓒ4、Ⓔ2	勅旨	Ⓒ4、Ⓓ3
綸旨	Ⓒ1	帝旨	Ⓒ1
天旨	Ⓒ1	勅書	Ⓒ1、Ⓓ1
恩旨（王の命）	Ⓒ1	王の命・（王の）命	Ⓔ2
綸言	Ⓔ1	墨勅	Ⓔ1
聖顔	Ⓓ1	修行（羅漢に対して）	Ⓔ1
進止（勅命による裁量権か）	Ⓒ1、Ⓓ1		

ほとんどは、勅・勅旨・令旨等を受け、また、それに準ずるものを受けており、まれに、父や羅漢に対する用法がある。こうした情況は、後代の作品ながら、『今昔物語集』でも同様である（付記、参照）。

一方、「承」にも、恩寵（帝の寵）、明詔、嘉命（王の命令）、朝奨といった語句を受けた例がある。だが、これらは、さらに広く、ことの趣を謹んで聞く、ある状態を拝受する、また、様子を拝見するなどの字義の一環と解される。「養老令」や『日本書紀』、また、『続日本紀』（地の文）には次のような例が拾われる。「奉」は、詔書（勅書・詔・勅、教など）の類を受けることが多く、やはり、ウケタマハルと読むのであろう。

○凡奉レ勅夜開二諸門一者。受レ勅人。謂。奉勅旨開門之侍従等類也。具録二須レ開之門。幷入出人名帳一。宣二送中務一。中務宣二送衛府一。衛府覆奏。然後開レ之。（割注略）若中務衛府。倶奉レ勅者。不レ合二覆奏一。其奉レ勅人名違錯。（割注略）即執奏聞。（割注略）。（宮衛令15、『新訂増補国史大系　令義解』、一七八頁）

夜、臨時に開門する際の規定で、勅命を受けて開門を要する人は、口勅によって任に当たる侍従等の許可を経る。

○於レ是。紀小弓宿禰使二大伴室屋大連一。憂二陳於天皇一曰。臣雖二拙弱一。敬奉レ勅矣。但今臣婦命過之際。莫下能視二養臣一者上。公冀将二此事一具陳二天皇一。（日本書紀、巻一四、雄略天皇九年三月の条、『新訂増補国史大系』、前篇、三七五頁）

前田本では、「奉」の右に「（ウケタマ）ハル」、左に「承ヌ」、「勅を」の右に「御言ノリ」と付訓されている。

○於レ是。大連奉レ勅。使下土師連小鳥。作二冢墓於田身輪邑一而葬上之也。（同右、三七八頁）

前田本に「奉《ウケタマ》」「勅《オホムコトノリを》一て」と付訓がある。

○磐金。倉下等至レ自二新羅一。時大臣問二其状一。対曰。新羅奉レ命以驚懼之。則並差二専使一。（日本書紀、巻二二、六二三年〈推古天皇三一〉一一月の条、『新訂増補国史大系』、後篇、一六三頁）

東洋文庫蔵岩崎本には、平安中期末の筆で「奉《ウ給》命《を》一て」と付訓があり、皇極紀にも「奉《ウケ給ハル(コト)》恩《ミウツクシヒを》-沢」と見える。

○道照和尚物化。天皇甚悼二惜之一。（中略）和尚奉レ教。始習二禅定一。所レ悟稍多。（続日本紀、巻一、七〇〇年〈文武天皇四〉三月一〇日、同前、六頁）〔類例：六・四一四頁〕

○先レ是。一品舎人親王奉レ勅。修二日本紀一。至レ是功成奏上。紀卅巻系図一巻。

（同、巻八、元正天皇、七二〇年〈養老四〉四月二一日、八一頁）〔類例：八五・一一〇・一五二・二三一・二五五頁〕

○右大臣橘宿禰諸兄奉レ詔。奏二太上天皇一曰。天皇大命尓坐西奏賜久（後略）

（巻一五、聖武天皇、七四三年〈天平一五〉五月三日、一七二頁）〔類例：二〇六・四三六頁〕

○伏奉二去天平勝宝九歳五月廿六日勅書一偁。内大臣。太政大臣之名不レ得レ称者。今年（後略）

（同、巻二〇、孝謙天皇、七五九年〈天平宝字二〉六月二五日、二四七頁）

○是日。百官及師位僧等。奉二去五月九日勅一。各上二封事一。以陳二得失一。（後略）

（同、巻二二、淳仁天皇、七六〇年〈天平宝字三〉六月一八日、二六四頁）

〔類例：三〇一・三〇二・三五三・三五八・四〇三・四二二・四八九・五〇九頁〕

○謹奉二厳勅一搜二古記文一。有二僧綱所一庚午籍。書二寺賤名中一。（後略）

（同、巻二五、淳仁天皇、七六五年〈天平宝字八〉七月六日、三〇一頁）

右は、史書にとどめられた記録である。「養老公式令」には、次のような書式の規定が見える。割注は省略するが、これらは詔書等の形で発せられたのであろう。当時の詔書については詳論もある。[35]

○詔書式

明神御宇日本天皇詔旨。云々咸聞。

（中略）

詔旨。云々咸聞。

年月御画日

中務卿位臣姓名　宣
中務大輔位臣姓名奉
中務少輔位臣姓名行
太政大臣位臣姓
左大臣位臣姓
右大臣位臣姓
大納言位臣姓名等言。
詔書如レ右。請奉|
レ詔付レ外施行。謹言。
年月日
可。御画
右御画日者。留二中務省一為レ案。別写二一通一。印署。送二太政官一。大納言覆奏。画可訖。留為レ案。更写二一通一。誥訖施行。中務卿若不レ在。即於二大輔姓名下一。注宣。少輔姓名下。注二奉行一。大輔又不レ在。於二少輔姓名下一。併注二宣奉行一。若少輔不レ在。余官見在者。並准レ此。

（『新訂増補国史大系　令義解』、二二七～二二八頁）

「年月御画日」までが正文で、この詔書を中務卿が宣し、同大輔が奉じ、少輔が行（太政官に送付）する。太政大臣以下が署名し、大納言が覆奏して天皇の施行許可を得る。「可」は、天皇自筆による許可の意。「右」以下は細則。

○　勅旨式

勅旨云々。
年　月　日
中務卿位姓名
大輔位姓名
少輔位姓名
奉二勅旨一如レ右。符到奉行。
年月日史位姓名
大弁位姓名
中弁位姓名。
少弁位姓名。
右受レ勅人。宣二送中務省一。中務覆奏。訖依レ式取レ署。留為レ案。更写二一通一。送二太政官一。少弁以上。依レ式連署。留為レ案。更写二一通一施行。其勅処二分五衛及兵庫事一者。本司覆奏。（後略）

（同右、二二九〜二三〇頁）

この他、「奏事式」「便奏式」には「奉レ勅依奏」、「令旨式」には「奉二令旨一如レ右。令到奉行。」、「啓式」には「奉レ令依啓」、「飛駅式」には「勅到奉行」、「符式」には「符到奉行」などと見える。これらの「奉」字もウケタマハルの意味である。ただし、書式の中では「奉」字であるが、それ以外の箇所、例えば、右の細則などにおいてはウクの意の常用字「受」を用い、これをウケタマハルと読んでいる。塙保己一の寛政一二年刊本には「右受《玉ハル》レ勅人《ヲ》」と付訓がある（令旨式では「右受《玉ハレル》レ令人《ヲ》」）。

「詔書式」の場合は不詳だが、「勅旨式」における「奉　勅旨如右。符到奉行。」については、これと同じ文字が「大宝令」にもあったと推定されている。(36) それぞれの規定の実施状況については、不詳の点が多いが、「符式」（符到奉行）に関しては、次の例の他、正倉院文書（第一五巻、一八八・一九七頁など）、『平城宮木簡』（一、五六）、越前国坂井郡符（荒木磯万呂、七九六年〈延暦一五〉五月四日付）、その他に例がある。

○・郡司符　青海郷事少丁高志君大虫　右人其正身率□
・虫大郡向参朔告司□（身カ）率申賜　符到奉行　火急使高志君五百嶋　九月廿八日主帳丈部□□

（新潟県三島郡和島村八幡林遺跡出土木簡、一号木簡　585・34・5　011）(37)

これは一地方の郡司（主帳）の手になる文書で、伴出木簡の年紀から養老年間（七一七〜七二四）頃の木簡とされ、越後国蒲原《かんばら》郡司が管下の青海《おうみ》郷の少丁高志君大虫に対し、来る一〇月一日に国府で行われる告朔の儀礼に自ら出廷して上申することを命じたものと解される。「事」をツカフと解する説もある。「虫大」「朔告」は、それぞれ文字の顚倒らしい。「告朔《こうさく》」は、官庁で毎月の一日に前月の行政報告を行う儀式・行事、「火急使、高志君五百嶋」は、この命令書を届ける使者、「主帳」は、郡司の四等官（大領・少領・主政・主帳）の四番目。「申賜《まをしたまへ》」は、謙譲の意でなく、郡司よりも上級である国司に対する尊敬の念をこめて、郡司が部下に「上言しなさい」と命じたものという（佐藤信氏）。この木簡は、召文であり、過所でもあって、大虫は、この符を携帯し、まず郡に参向し、次いで国衙の告朔司に出向いた、帰途、蒲原郡青海郷に入る手前、古志郡（八幡林遺跡）でこれを廃棄した（三上喜孝氏）。

さて、こうしてみると、七世紀末から八世紀初頭の「大宝令」「養老令」『日本書紀』『続日本紀』などの撰修関係者、また、中央政府行政官から地方の郡司階層までの文書行政に関与する官人たちは、「奉」字のウケタマハル用法をよく知っていたらしい。しかし、藤原宮出土木簡にこれが見えず、宣命でもこれを用いない。つまり、より古いところには「奉《うけたまはる》」という用法が見えないということになるようである。

この用法は、三蔵法師玄奘の関係書によく見えている。だが、問題は玄奘でなく、これらが、唐代の、しかも、公文書を踏まえた著述であるということである。すなわち、「奉《うけたまはる》」という用法は、唐代の公文書と関わりが深い。

日本令が唐令の影響下に成立したことにつき、先学の詳細な対照研究がある。それによれば、「詔書式」に相当する唐令の「制書式」（開元七年令・同二五年令）には「……。謹奉 ／制書如右。請奉／制付外施行。謹言」、「勅旨式」（補、唐令）には「奉二 ／勅旨一如レ右。牒至奉行」と見える。また、同じく唐令の「発日勅式」「勅牒式」「令書式」「教書式」などにも「勅」「令」「教」を受ける「奉」字の使い方が示されている(38)。遣唐使（また、遣隋使）として彼の地を訪れた行政官や学生達は、こうした公文書や文書行政の実際を、熱心に学び取って帰ったのであろう。

中国唐代の公文書につき、その一端は、敦煌・トルファン出土の文書によって窺うことができる。

○ 准二垂拱二年十一月三日　勅一、金牙軍抜二于闐、安□□／勅、砕葉等四鎮一、毎鎮酬二勲一転一、破二都歴嶺等陣一、／共酬二勲参転一、総漆転。

西州汜徳達高昌県

□可軽車都尉

（中略）

朝請大夫給事中□臣等言

制書如レ□□□奉

制付レ外施行、謹言。

（後略）

（六九四年〈武周延載元〉汜徳達軽車都尉告身、『吐魯番出土文書』第七冊、二二五頁）

氾徳達は、金牙軍の安西四鎮奪回作戦に従軍して戦功をあげ、勲官・軽車都尉を授けられた。これは、天子からの昇任の辞令、すなわち、告身《こくしん》である。史的背景と共に先学が詳述されているが[39]、長文であるので前後を略し、不審の条などは右のままとした。「年」「月」「日」「臣」は則天文字で書かれている。

○（前略）下二十一郷件状一如レ前、今以レ状下レ郷、宜レ准レ状、符到奉行。

（七〇三年〈長安三〉三月、燉煌県録事董文徹牒、大谷二八三六号、『敦煌社会経済文献真蹟釈録』第二輯、三三〇頁）

七〇三年当時、トルファンも敦煌も唐の統制下にあって西州高昌県・沙州敦煌県として支配されていた。都を遠く隔たったこれらの地においてさえ、文書主義は徹底しており、出土した文書の幾点かに、このような唐令を遵守した「奉《うけたまはる》」の用法が見られる（類例は多いが、割愛する）。また、唐代の文書様式は、入唐した官吏・学生等によって朝鮮半島にももたらされていた。「大安寺寂忍国師照輪清浄塔碑」（八七二年〈新羅景文王一二〉）や「宝林寺普照禅師彰聖塔碑」（八八四年〈新羅憲康王一〇〉）に「……奉　教書」、「皇龍寺九層木塔刹柱本記」（八七二年）に「……奉　教□」、「沙林寺弘覚禅師碑」（八八六年〈新羅定康王一〉）に「……奉　教撰」などと見える[40]。

なお、勅命を受ける「奉」の用法に類するものに「奉使」がある。勅をもって自ら使者を務めることをいい、「奉」字は、右同様、ウケタマハルと読み、または、「ホウズ」と字音読する。

○移中監蘇武、前使二匈奴一留二単于庭一十九歳廼還、奉レ使全レ節、以レ武為二典属国一、賜二銭百万一、

（漢書、巻七、昭帝六年春正月、『和刻本正史　漢書（一）』、七八頁）

○衍少事二名賢一、経二歴顕位一、懐レ金垂レ紫掲レ節奉レ使

（後漢書、馮衍伝巻一八下、『和刻本正史　後漢書（二）』、六八一頁）

「金」は印、「紫」は綬、「掲」は保持することをいう。

○　丁年奉《ニウ》レ使《ツヲ》、皓首《ニシテ》而帰《レリ》、老母終《ヲハリ》レ堂《ニ》生妻去《レリ》レ室《ヲ》、

（六臣註文選、巻四一、書上、答蘇武書一首、李少卿、足利学校蔵宋紹興中明州刊本、ただし、割注を略す）

○　奉《ウハ》二使《を》河源《のに》一　（僕従研瀧奉使河源嗟運命之迍邅）

（遊仙窟、真福寺本、一オ）

右につき、慶安五年刊本には「奉《ウケタマハテ》レ使《ツカイヲ》」と見える。

○　蓋吉士前奉二使於百済一乎

（日本書紀、巻二四、六四二年〈皇極天皇元〉五月庚午、『新訂増補国史大系』、後篇、一九一頁）

岩崎本の平安中期末点に「前奉《に給を》使……乎《か》」とある。「奉」をウケタマハルと読んでいる。

○　迎二藤原河清一使高元度至レ自二唐国一。初元度奉レ使之日。取二渤海道一。随二賀正使揚方慶等一。往二於唐国一。事畢欲レ帰。兵仗様。甲冑一具。代刀一口。槍一竿。矢二隻。分二付元度一。（後略）

（続日本紀、巻二三、七六一年〈天平宝字五〉八月一二日の条、『新訂増補国史大系』、二八〇頁）

○　正四位下粟田朝臣真人。大倭国田廿町穀一千斛。以奉二使絶域一也。

（同、巻三、七〇四年〈慶雲元〉一一月癸巳の条、二一頁）

同じく「奉使」とあっても、尊敬すべき人に使者を送る、遣わし申し上げる場合にはタテマダスと読まれている。

○　伏願。陛下待下成二国命一。入レ朝謝上レ罪。奉レ使之後。更自謨曰。其調吉士亦是皇華之使。（後略）

（日本書紀、巻一七、継体天皇二四年秋九月、『新訂増補国史大系』、後篇、三一頁）

図書寮本は「奉《タテマタシテノチ》使之後《に》」と付訓する。前田本は「奉《タテマタシモノチ》使《を》……」と付訓し、仮名「モ」の右に「テ」と添える。『日本書紀』古訓には、「奉遣」を「タテマタシ」（巻一七、継体天皇、図書寮本・前田本）、「奉遣」を「タテマタセリ」（巻二四、皇極天皇、図書寮本）と付訓した例、「奉遣」を「タテマタ」（巻二四、皇極天皇、岩崎本、Ⓐ種点）と読み、

さらに「(タテマ)タセリ」(Ⓒ種点)と補った例、また、「遣」を「タテマタ(ス)」(巻二四、皇極天皇、岩崎本、Ⓐ種点)と読んだ例などがある。このタテマダスは、後の史書では「使乎奉出世利」・「奉出須」と表記されることもある(日本三代実録、『新訂増補国史大系』、三八二・四〇一・四〇七・四一〇頁、など)。

以上、「奉」のウケタマハルとしての用法について見てきた。この用法は、「奉使」といった形で『漢書』『後漢書』などには見えており、早くから朝鮮半島経由で日本に伝わってはいたであろう。しかし、それは、広義の漢字・漢文文化の一端としてのことであり、日本の文書(および、文書以下)に用いられ、広まったのは、唐令の影響下になった「大宝令(養老令)」の成立後であろう。「奉」は、同じく帝の言葉を受けるのであるが、具体的な詔・勅旨を受ける形式であり、律令制的文書体系に支えられた用法となっている。

第四節　おわりに

「奉」のマツル・タテマツルとしての、また、ウケタマハルとしての用法について見てきた。関係する用例は多いが、その文字がどのような国語を表わしているかという段になると、利用できる用例は限られてくる。十分な跡付けができないままに、推測をまじえ、あえて総括すれば、次のようなことがいえよう。

七、八世紀以前、国語の動詞マツルには、差し上げる意も祭祀する意も備わっていた。というより、これらは、もと不可分のものであった。その表記に、漢字の「奉」字・「祭」字が充てられたのも、当然であり、『古事記』にもその間の名残が見られる。「奉」は、元来、「進上」「献上」の字義を有し、「祭」は、生け贄の肉を神前に供える字義を有していた。近時、全国各地から出土しつつある墨書土器・刻書土器の中には、「奉」「上奉」や「進上」「上」などの文字、また、その省略形を書いたものがあり、これらも祭祀行為に伴うものと考えられている(41)。

しかし、その祭祀する意味の方は「祭」字の専らとする方向へ、他方、「奉」は差し上げる意味の方へと、担うところが分かれていった。ところが、国語のマツルには、別に、謙譲の補助動詞としての意味もあったので、「奉」にも同用法が生じた。かなり早くからのことらしいが、七、八世紀頃は、むしろ、「奉」の補助動詞マツルとしての用法が一般化し、ために、動詞としての用法が生彩を欠き、印象の弱いものになってしまう。次のウケタマハルの用法も、それに追い打ちをかけることになったであろう。そこで、これに接頭語的なタテを冠して補強し、タテマツルという語形で立て直しを図った。この語形は、動詞のみならず、補助動詞にも及んでいった。八世紀から九世紀にかけて、この語形は、「貢」「献」「上」「奉」などを訓読する場において、また、国語を表記する場において、用いられるようになっていった。タテマツルという語形は、広く行われ、マツル（奉）という語形は影を薄くしていった。

右は、第二節におけるところである。タテマツルのタテについては、「元来出発させる意のタツ（下二段）であろう。物をして他人の許に参らしめる、進ましめるなどからの転義で、マヲス・ススム・ヤル・ツカハス・アゲルなど、これに類する表現の語は多い。上代には確実な例が見えないが、」云々と説かれることもある(42)。マツルが再生するには、実質的意味概念を有するものと提携する方が望ましい。しかし、その相手に引きずられて別語・異語、複合語などに転ずるようなことは許されない。その表記を担う「奉」字によって規制されているのである。タテは、従って、広く用いられはするものの、意味概念の希薄な語ではなかったかと考えられる。

「奉」の、マツルとしての用法は、動詞としても補助動詞としても、かなり古くまで遡るであろう。朝鮮半島との関わり、渡来人の関与なども考慮に入れなければならない(43)。だが、具体的なところは定かでない。十分な検討資料が得られるかどうかが問題となろう。

さて、律令制の導入とともに、文書行政が体系的に整備され、国家の頂点から末端まで、全ては文書によって律せられることになる。この時、唐から新しく伝えられた文書様式とともに「奉」のウケタマハルとしての用法が入ってきた。より正確には、その新来の「奉」の用法に、宣命や七世紀後半の木簡に見えるウケタマハルという国語が充てられたというべきであろう。マツル・タテマツルと並べてみれば、一見、相反するかのような言葉遣いであるが、共に恭敬という姿勢において共通し、よく「奉」の字義を汲んだものである。時同じくして、入唐の留学僧たちにより、「奉為」という用法も日本にもたらされている。[44] 秋田城跡出土木簡（第五号、七五二年〈天平勝宝四〉）に、「天王御為《おほみため》」「父母二柱の御為に」といった和語表記が見えるが、新来の「奉為」には、この和語が充てられ、ここに「奉為《おほむため》」という熟語が成立することになった。

「奉」のウケタマハルとしての用法は、「承」や「受」などと異なり、新制文書行政の中枢部に位置するものである。旧来のマツル・タテマツルの用法とともに重要な文書語として位置付けられ、文書世界には、以後、これら二様の用法が共存していくこととなる。これらは、文書世界に留まらず、次にはその周辺の文字社会へも進出していく。

日本では、律令制の導入と同時に下達文書・平行文書・上申文書など、種々の文書が交わされるようになるが、七、八世紀の木簡資料や「正倉院文書」などにおいては、既に、文字・語法・表記法・表現法などに和化や俗化、文書の変容などが認められる。これについては、諸先学の異口同音に指摘されるところであり、右のマツル（奉）の表記の仕方、また、「請《うく》」や「給《たまふ》」の用法なども、その一端である。しかし、こうした点の分析もさることながら、唐の都から、新しく伝えられた言語事象として、まず、どんなものがあったのか、それをどう受け入れたのかという点を、今一度、確認する必要がある。唐文化の影響については、字形・字音・字義、語彙・語法の一部などにおいて検討されてきてはいる。だが、律令体制とその文書行政が、日本語諸般に与えた影響、もたらした事象などについては、なお、課題が少なくないようである。

注

（1）日本歴史学会編『演習古文書選　古代・中世編』（吉川弘文館、「図版一一」、一九頁）。首部の別筆符号は省く。「釈文」では、「祟」字の上に「所」字、「送」字の下に「者」字を置いて読んでいる。

（2）『日本思想大系　古事記』（岩波書店）所収、小林芳規執筆「同訓異字一覧」。
岸俊男編『日本の古代14　ことばと文字』（中央公論社、一九九六年一一月、一九八八年三月に文庫版刊）所収、小林芳規執筆「表記の展開と文体の創造」、三〇九頁以下。

（3）春日政治著『西大寺本金光明最勝王経古点の国語学的研究　本文篇』（勉誠社、一九六九年九月、復刊本）による。

（4）中田祝夫著『東大寺諷誦文稿の国語学的研究』（風間書房、一九六九年六月、一七七〜一九〇頁）。

（5）中田祝夫著、注(4)文献（三一九・三二〇頁）。
石山寺本四分律古点（平安時代極初期点）の略符号の内の一つ、「上」を「たてまつる」と解され（大坪併治著『石山寺本四分律古点の国語学的研究』、風間書房、五五頁）、石山寺本大方広仏華厳経古点でも、その第二種点（貞観頃）の「上」という略符号を「うへ」、また、「たてまつる（奉）」と解されている（同『石山寺本大方広仏華厳経古点の国語学的研究』、風間書房、一六頁）。また、斯道文庫本願経四分律古点・岩淵本願経四分律古点にも、略字（略符号）の一つに「奉字の下を手偏の形にしたもの」があり、これはタテマツルと読むとされる（春日政治著『古訓点の研究』、一五八・一八七頁）。小川本願経四分律古点でも、同符号を「タテマツル（奉）」と解され（大坪併治著「小川本願経四分律古点」〈『訓点語と訓点資料』、別刊・第九輯〉）、山田本妙法蓮華経古点では、ヲコト点や略字「上」を「奉（タテマツル）」と解される（大坪併治著『改訂訓点語の研究　下』、風間書房、四二六・四二七頁）。しかし、この「上」がマツル、タテマツルのいずれを表わしているか、確認を要するであろう。正倉院聖語蔵本地蔵十輪経元慶七年（八八三）点ではヲコト点「一」を「たてまつる（奉）」と解されている（中田祝夫著、注(4)文献、一九三頁）。仮名による例として東大寺図書館本に「十方（の）菩薩、皆来（り）たまひ［テシ］奉《タテ(マツ)》（り）ツカ（へまつ）ル。」（巻一、四四八行）と読み下されたものがあるが（『古点本の国語学的研究』、「訳文篇」、一九五八年、一二二頁）、これも、一考を要する読み方であろう。

(6) 正宗敦夫編『万葉集総索引　単語篇』（平凡社、一九七四年五月）。なお、マツロフ（三例）については除く。
(7) 小林芳規執筆「訓読補注」、注(2)文献（五七九頁）。
(8) 高木市之助・富山民蔵編『古事記総索引　索引篇』（平凡社、一九七四年一二月）。
(9) 小林芳規執筆「訓読補注」、注(2)文献（五六八頁）。
(10) 北川和秀編『続日本紀宣命　校本・総索引』（吉川弘文館、一九八二年一〇月）。
(11) 注(5)参照。
(12) 中村啓信「稲荷山鉄剣銘から記紀へ」（『国学院雑誌』第八一巻第三号、一九八〇年六月）。
小谷博泰著『木簡と宣命の国語学的研究』（和泉書院、一九八六年一一月、一四八頁以下）。

小林芳規著『図説　日本の漢字』（大修館書店、一九九八年一一月、二〇頁）。
(13) 国立歴史民俗博物館編『古代日本　文字のある風景――金印から正倉院文書まで――』（朝日新聞社、二〇〇二年三月、四〇頁）。
(14) 用例は、上代文献を読む会編『古京遺文注釈』（一九八九年二月、一四・五一・九〇・一一七・一四四・四〇八頁）による。ただし、大分県長谷寺の観音菩薩立像は、奈良国立文化財研究所飛鳥資料館編『飛鳥・白鳳の在銘金銅仏』（一九七九年八月、一九〇頁）による。
(15) 『古京遺文注釈』、注(14)文献（二一三頁）。
(16) 竹内理三編『寧楽遺文』下（東京堂、一九四四年一〇月、九六一頁）。
(17) 松田和晃編著『索引対照　古代資財帳集成　奈良朝』（すずさわ書店、二〇〇一年二月、四五頁）。
(18) 小林芳規執筆、注(2)文献（『日本の古代14　ことばと文字』所収、三四九・三五〇頁）。また、同、注(12)文献、四八頁。
(19) 竹内理三編、注(16)文献（九六三頁）。
(20) 『演習古文書選　古代・中世編』。竹内理三編、注(16)文献（九六五頁）。
(21) 注(1)文献（『演習古文書選　古代・中世編』、「図版五」、「釈文」一三〇頁）。
(22) 竹内理三編『平安遺文　題跋編』（東京堂出版、一九六八年三月、二頁）。
(23) 神宮古典籍影印叢刊編集委員会編『神宮儀式　中臣祓』（八木書店、一九八三年一一月、三七頁）。

(24) 国語学会編『国語史資料集――図録と解説――』(武蔵野書院、一九七六年四月、「図版4」)。なお、用例は、『新訂増補国史大系　延喜式』、一六九頁にも見える。
(25) 『時代別　国語大辞典　上代編』(三省堂、一九六七年一二月、一一三頁)。
(26) 北川和秀編、注(10)文献による。
(27) 奈良国立文化財研究所編『飛鳥・藤原宮発掘調査出土木簡概報(十三)』(一九九八年九月)。また、寺崎保広執筆「奈良・飛鳥池遺跡」(『木簡研究』第二一号、一九九九年一一月)による。
(28) 奈良国立文化財研究所編『藤原宮木簡一』(一九七八年一月、真陽社、PL4・5、「解説」の四九・五〇頁)。
(29) 奈良県教育委員会編集『藤原宮跡出土木簡概報』(大和歴史館友史会発行、一九六八年三月、二六頁)。
(30) a藤井茂利「上代日本の補助動『賜・給』の表記」(『鹿児島大学法文学部紀要　人文学科論集』第一七号、昭和五七年三月)。
b同「正倉院文書に見える『給』『賜』の用法」(同誌、第一八号、一九八三年三月)。

c藤井茂利著『古代日本語の表記法研究』(近代文芸社、一九九六年七月、一一四頁以下)。

『古事記』の調査は、和田義一「古事記の敬語補助動詞」(『古事記年報』第七号、一九六〇年)を踏まえる。
(31) 藤井茂利論文、注(30)文献a(二〇〇頁)。
古い型の著名な文化人(太安万侶・長屋王・大伴旅人・山上憶良など)が相次いで他界し、新しい型の人間が力を得てきたとされる。
(32) 藤井茂利論文、注(30)文献a(二〇〇頁)。
(33) 藤井茂利論文、注(30)文献b(一五五頁)。
(34) 築島裕著『興福寺本大慈恩寺三蔵法師伝古点の国語学的研究』、「訳文篇」(東京大学出版会、一九六五年三月)。
(35) 大平聡「奈良時代の詔書と宣命」(土田直鎮先生還暦記念会編『奈良平安時代史論集　上巻』、吉川弘文館、一九八四年九月、四四七〜五二五頁)。
(36) 仁井田陞著・池田温編集代表者『唐令拾遺補』(東京大学出版会、一九九七年三月、一二三九頁)。
(37) 和島村教育委員会『八幡林遺跡〈和島村埋蔵文化財調査報告書〉』(第一集、一九九二年三月、一二頁)。

田中靖執筆「(八幡林遺跡)」(『木簡研究』第一三号、一九九一年一一月、一〇八頁)。

田中卓「『郡司符』木簡(新潟県・八幡林遺跡)と告朔儀」(『史料』〈皇学館大学史料編纂所報〉第一一六号、一九九一年一二月、一〜三頁)。

小林昌二「八幡林遺跡等新潟県内出土の木簡」(『木簡研究』第一四号、一九九二年一一月、二〇〇頁)。

三上喜孝「『郡司符』木簡の中の『申賜』――新潟県八幡林遺跡出土一号木簡私釈――」(『史学論叢』第一二号、一九九三年、七〜一二頁)。

佐藤信著『出土史料の古代史』(東京大学出版会、二〇〇二年一一月、一二一・一六一頁)。
(38) 仁井田陞著、注(36)文献(一二三六〜一二五二頁)。
(39) 中村裕一著『唐代官文書研究』(中文出版社、一九九一年一二月、一五七頁)。
「制」「勅」「詔」「勅旨」を受ける「奉」の用例は、二一一・二七八・三一五・四二七・四二八頁、その他に見えている。告身については、石浜純太郎・王国維・内藤乾吉・仁井田陞・小笠原宣秀・大庭脩・小田義久、その他の先学にも論及がある。二二〇・二四四頁参照。
(40) 許興植編著『韓国金石全文　古代』(亜細亜文化社、一九八四年二月、一九一・一九八・一九四・二〇二頁)。
(41) 平川南著『墨書土器の研究』(吉川弘文館、二〇〇〇年一一月。四〇一・四一七頁、その他)。
(42) 注(25)文献、『時代別　国語大辞典　上代編』(四三一頁)。
木下正俊著『万葉集語法の研究』でも、「タテは世にいう stand の意の使役形ではなく、start の意のそれであろうと思われる。」とし、「進礼流」(平野祭)や「進礼利」(一三詔)などのようにタテマツルに「進」の字を用いた例は、「それは漢籍の用法をまねたものであろうとも、それより以前に同じような発想があったと思われる」(二七二頁)と述べられる。

なお、「たつ【献】(他タ下二)ささげる。たてまつる。」という見出し項目・語釈を示し、『皇太神宮儀式帳』『六百番歌合』『千五百番歌合』に用例があるとする辞典もある(『日本国語大辞典13』、小学館、一九七五年一月、八五頁)。
(43) 中村啓信論文、注(12)文献。小谷博泰論文、注(12)文献(一五八頁)。
西田長男著『日本古典の史的研究』(理想社、一九五六年一月、六四九頁)。
(44) 小野田光雄「奉為考――日本書紀の用例について――」(『日本上古史研究』第一巻第七号、一九五七年)。

〔付記〕

本章は、先の拙稿「古文書類における「奉（うけたまはる）」について」（『鎌倉時代語研究』第五輯、武蔵野書院、一九八二年五月）を改訂したものである。前稿では、「奉」字につき、書記用の常用漢字と非常用漢字という視点で考察したが、ここでは文書語という視点から検討した。前稿における『高山寺本古往来』『今昔物語集』、平安・鎌倉時代の古文書、『吾妻鏡』『雑筆要集』（奉書様文書）、『小右記』『明月記』などの用例は省略した。

本章のテーマについては、先に引いた他にも多くの先学が論及されているが、山田孝雄「奉為考」（『芸文』第一六年第七号、一九二五年）、和田義一「古事記の敬語補助動詞」（『古事記年報』第七号、一九六〇年）、大久保一男「『承る』について」（国学院大学『国語研究』第三五号、一九七二年一一月）、杉村俊男「奈良朝の実用文における漢文体の和風化について――正倉院文書を中心に――」（『共立女子短期大学文科紀要』第二二号、一九七九年一月）、吉野政治「六国史における「奉」という字の動詞的用法について」（『解釈』第二七巻第一二号、一九八一年一二月）、築島裕「尊敬語タマフの系譜」（『武蔵野文芸』第二九一号、一九八二年）、榎本福寿「日本書紀の敬語―― 『奉』をめぐって――」（『仏教大学研究紀要』第六八号、一九八四年三月）、穐田定樹「奈良平安初期の日本漢文における受贈語彙（承前）」（『人文学論集』第二三号、一九八九年一二月）などには導かれるところが大きい。

第五章　文書語「請（うく―こふ）」

第一節　はじめに

「請」という文字は、コフと読むことが多いが、ウクと読むこともある。コフとは、相手（上位者）にものごとを願い求める能動的行為であり、ウクとは、相手からの作用・行為をこうむる受動的行為である。「請」は、こうした、いわば方向性の相反する意味・用法を有しているように見える。

古文書類においては、この文字に〝文書の使命〟そのものが集約的に示されることが多い。文書の授受、すなわち、文書の成立そのものに密接に関係しているという点で、この文字は極めて重要な位置を占めている。しかし、今日、我々が具体的な文書に接するとき、それがいずれを表わしているかということになると、その〝読み取り〟はなかなか容易でない。文書の使命を理解しなければ、その読み取りは難しく、その読み取りができなければ、文書の使命は理解できない。そうした文書において、「請」は、正しくキーワードとなっている。

以下にはこの「請」という文字の用法につき、古文書、および、古往来を中心に考えてみたい。

第二節　「請」という文字

「請」という字につき、『高山寺本篆隷万象名義』（高山寺資料叢書、第六冊）によれば、「問也、乞也、求也、告也、吾也、禱也、召呼也」（第三帖、八オ）の意味が示され、『広韻』によれば、次の三様の意味・用法があがっている。(1)

Ⅰ 上声、静韻、「○請〈乞也、求也、問也、謁也、七静切、又疾盈疾姓二切〉」

Ⅱ 去声、勁韻、「○浄（疾政切）」―「請〈延請、亦朝議、漢官名、張禹首為之、又秦盈親井二切〉」

Ⅲ 平声、清韻、「○情（疾盈切）」―「請〈受也、又在性七井二切〉」

Ⅰは、こう、もとめる、とう、めどおりする（謁見する）という動詞、また、その名詞としての、Ⅱは、ひく、まねくという動詞としての、Ⅲは、うける、言を受けるという動詞としての、それぞれ意味・用法である。

これらの内、最もよく見えるのはⅠの用法である。これが、その基本的な用法であると見てよいであろう。

○正月有司請、蚤建二太子一、所三以尊二宗廟一也。詔曰、朕既不徳、上帝神明未二歆饗一也、

（漢書、巻四、孝文帝、『和刻本正史 漢書（一）』、五五頁）

臣下が帝に、お願い申し上げる意味で、この類例は多い。

○貞観廿年七月十三日沙門玄奘上表

大宗文帝報（の）す（る）請レ（こひたてまつり）シ（に）作レ二（りたまへ）と（の）経序一（を）勅書

（知恩院蔵本大唐三蔵玄奘法師表啓古点、六四行）(2)

帝にこい願うという意味で、同様の例が五四行、六九行にも見える。

○〔於〕我が請フ所を空尓（あら）令むルこと勿レ。」とイへ。

（西大寺本金光明最勝王経平安初期点、巻八、一四八頁）(3)

○荊《ケイ》〔平〕州〔平軽〕の天皇寺に到（リ）ヌ。彼（ノ）〔之〕道俗、風〔平軽〕を承（クル）こと斯《コヽ》に久し。既に来〔平〕儀〔去〕に属して咸ク敷〔平〕説セヨト請《と》フ、法師、為に摂論毘曇を講す。

（興福寺本大慈恩寺三蔵法師伝古点、巻一、一一七行、A点）(4)

○（前略）奉〔去〕表〔上〕奏聞シテ御〔平〕製〔平〕ノ経ノ序ヲ請《コ》ハ令（メテ）《シテ》　（同右、巻一〇、六七行、C点）

声点を省いた。この資料では、「請」をコフ（および、コヒ、字音セイ）と読む例は多いが、ウクと読んだ例はないようである（同書『索引篇』、五五九頁）。

○更に縁来（る）こと有るは、律に重《カサ》ネて謂《コ》フ（て）〔而〕去ら遣（む）。

（南海寄帰内法伝古点、巻二、一七紙、一七行）(5)

この訳文篇によれば「謂」字となっているが、誤植らしく、「図版」では「請」字で見える。

○尓（の）時（に）、世尊、舎利弗に告（けたまはく）、「汝已に慇勤に三（た）ヒ請（し）つ。豈（に）説（か）不ること得むや。

（竜光院本妙法蓮華経古点、巻一、二一紙）(6)

右は要請する意で、シヤウズと字音読しているようである。立本寺本や足利本も同様だが(7)、より古く、山田本妙法蓮華経古点では「三（た）ヒ請ヒぬ」(8)と和読する。ただし、こうした場合の「三」字は実数を示さない。

「方便品」のこの条（「汝已慇勤三請」）については、中算の『醍醐寺本法華経釈文』に次のような注がある。

○三〈釈氏云蘇暫反再々也、清徹云又平声〉請〈七静反、郭知玄云求―也、又疾政反、釈氏云延屈也、又疾盈反、釈氏云受也、今案従初二焉〉（巻上、三〇オ）(9)

「三請」の意味・用法は、初めと次の音義に従うのがよいという。一つはモトム・コフ、一つはヒク・マネク（延）・マゲテコフ（屈）である。『図書寮本類聚名義抄』も、「三請」の見出しのもとに次のような注を施している。「弘」は、弘法大師の『篆隷万象名義』を、「中」は、右『法華経釈文』を、「真」は、真興を意味する。(10)

○三与□（虫損）同、弘云問也、乞也、求□（虫損）告也、吾也、禱也、召呼也、中云静反求―也、又疾政反、延屈也、又疾盈反、

受也、今従初二・、真云在性反、迎屈也、延也、又清井反、求也、乞也、問也、又音清同、受也

これをうけて、鎌倉時代の『観智院本類聚名義抄』には、「請」字に、コフ、ウク、ネカ《ガ》フ、問《トフ》、求《モトム》、ウケ下《タマ》ハル、などの和訓が見えている（法上五九、声点略）。

次に、唐代の文書・書儀・変文などにおける用例をあげよう。

○家奴客須着、貧児又要衣充レ。相学鶴望和粜、穀麦漫将費尽。和粜既無定准、自悞《誤カ》即受単寒。豈唯虚喪光陰、赤露誠亦難忍。（中略）望請検校営田官、便即月別点閲縈子及布。（中略）謹以牒挙、請裁、謹牒。

長安三年三月　日、録事薫文徹牒　（後略）

（七〇三年〈周長安三〉三月燉煌県録事薫文徹牒、大谷二八三六号）(11)

○粟壱碩施入修造――

右弟子所レ施意者、為下慈母染患、未上レ／能二痊滅一、今投二道場一、請レ為二念誦一。

辰年正月卅日弟子支剛々疏

（吐蕃辰年支剛剛等施入疏、八三六年、伯二八三七背）(12)

○□壱段参拾伍畝〈東至□通類地切崖。西至官道。／南至沢。北至石磧。〉

□□□今責検状過者、謹依就検

□□生荒空閑、見無主是実。伏□（望）

尚書、請乞処分。

牒、件状如前、謹牒。

大中六年四月　日、都営田李安定謹牒

副営

（八五二年〈唐大中六〉四月沙州都営田李安定牒、斯六二三五号）(13)

右三例は、敦煌出土文書におけるコフとしての用法である。牒・辞などにはこの用法が多く、類例は少なくない。最初の文書には「燉煌」県の印が捺され、「年」「月」「日」は則天文字による。第二例は、吐蕃占領期の敦煌文書で、「請為念誦」は慣用句である。母の病気平癒を願って粟を仏教道場に施入し、念誦をなさんことを請う。

○（前略）若也不違所請、音符。望近話言、此不多述。（正倉院本杜家立成雑書要略、三三、「呼知故遊学書」）[14]

○　前生以㆔殿下結㆓良縁㆒、賎妾如今豈敢専。是日耶輸再三請、太子当時脱㆓指環㆒。（太子成道経、P二九九九）[15]

二例の内、前者の「請」は、コフの意味である。この他に三例の類例がある。後者は、その「序偈」の部分で、この四句の「吟」は、「八相押座文」（S二四四〇）にも見える。耶輸陀羅姫が再三（しきりに、幾たびも）こうことを意味する。

中算の『法華経釈文』に引く「釈氏切韻」には「請」に「受也」という義注がある。同様の語釈は、先の『広韻』の他、『王仁昫刊謬補欠切韻』に「受」（平声、清韻）、また、『集韻』や後の『康熙字典』に「受言也」と見える。

こうした用法に関連して、訓点資料には、時に、「請」をウク、ウケタマハルと読んだ例がある。

○　即伽他を以て其の父を請して曰（は）ク、「慈の父当に哀愍（し）たまへ。我レ衆生を救（は）むと欲（ひ）て、今諸の医方を請（け）たてまつる〔ィ請（けたま）ハル〕。幸に願フ我が為に説（き）たまへ。（中略）」とまをす。時に彼の長者、子の請を聞キ已（り）て、（後略）（西大寺本金光明最勝王経平安初期点、巻九、一七四頁）

原文は、衆生の四病を救いたいと願う子が、大医の父のもとに行って医方の教授をこい頼む条である。「請」字には、中央にヲコト点の「一」（「上ル」の意）があり、左傍に仮名「ハル」がある。これらによって右のように訓読されている。だが、ここの「請」はコフの意であり、一訓は「請《こ》（ひ）＋たてまつる／まつる」と補読される。別訓は「請《う》（けたま）ハル」とあるが、これは、その字義「受也」によるというより、むしろ、後述のような「請」字の日本的用法が影響しているのであろう。次も同様である。

○代王馳二至渭橋一。群臣拝謁称レ臣。代王下レ車拝。太尉勃進曰。願請レ間言。（史記、孝文本紀第十）

原文の「請」は、こい願う意であるが、東北大学附属図書館本一〇七三年（延久五）学生大江家国の訓点には「請《ウケタウハリテ》」とある。次の二例なども詳しく調査すれば、右に同様の情況があるのかも知れない。

○請《ウケ》白《マオセ》（宝寿院蔵大日経随行儀軌天暦二年〈九四八〉点[16]）

○密主誠に請《ウケタマハ》リ已ぬ（高山寺蔵摂大毘盧遮那成仏神変加持経大悲胎蔵儀軌巻中院政期朱点）

純漢文には「請」のウクとしての用法自体が少ないようで、伊藤東涯の『操觚字訣』[17]では、ウクの条に「承受享饗膺稟歆将」の別を説くものの「請」についての言及はない（巻六）。本書は、広く漢籍に典拠を求めた異字同訓の解説書である。中国の一般的な古典において、この用法の登場することは多くなかったと見受けられる。

第三節　用法の概要

次に、日本で撰述された古代の作品類における「請」の用法を概観しよう。

○対曰。請吾与レ姉共立誓約。（日本書紀、巻一、神代上、『新訂増補国史大系』、前篇、二九頁）

○而請曰。先日教二天皇一者誰神也。願欲レ知二其名一。（巻九、神功皇后摂政前紀、同右、二四二頁）

○庚子。大伴大連奏請曰。臣聞。（中略）嗟夫可レ不レ愴歟。請立二手白香皇女一納為二皇后一。遣二神祇伯等一敬二祭神祇一。求二天皇息一。允答民望。天皇曰。可矣。（巻一七、継体天皇元年二月、同右、後篇、一四頁）

○於レ是天皇将レ討二新羅一。（中略）請試遣二レ使観二其消息一。

（巻二二、六二三年〈推古天皇三一年是歳〉、同右、後篇、一六二頁）

『日本書紀』は、漢文体表記を志向しながら編纂された編年体の史書で、右に四例を引いた。いずれもコフの意である。二例目は、北野本に「請《ネキテ申也》曰《玉フ》」とある。「ねぐ」は「神の心を安め、その加護を願う」（『時代別国語大辞典上代編』）意という。次は、奏請して裁可を要する文脈であるが、前田本院政期点には「請《ウケタマハ》、立……允《まことに》答《ム》民望《に》。……可《ユルシタマフ》矣」とある。四例目は、岩崎本の平安中期末点に「請《コフ》試《に》遣《む》使《を》㆒て」と付訓がある。

太安万侶撰の『古事記』は、いわゆる変体漢文で綴られている（序文は純漢文、歌謡・訓注は万葉仮名）。ここでは、「乞」（二二例）・「請」（一五例）共に和語コフを表わし、前者は、多く対等・目下に対して望み求める意、後者は、下位者、または、弱者からその相手に真心をもって願い求める意で使われていると説かれる。(18)

イ、速須佐之男命言、然者請㆓天照大御神㆒将㆑罷、（真福寺本、上、一九一行）

ロ、大毘古命、更還参上、請㆑於㆓天皇㆒時、（中、二四一行）

ハ、神夜良比夜良比賜故、以㆘為請㆗将㆓罷往㆒之状㆖、参上耳。（上、二〇一行）

しかし、『古事記』の場合、「請」字にはコフの他、マヲスと読むべきものがあり、右のロやハなどもそれであるとされる。(19) コフもマヲスも恐れかしこまって言上するという精神性の高い言葉である。これも「請」の本来的用法であろう。ウクは、「受」「承」「信」によって表記されている。

『万葉集』は、巻三、三二七番の歌の題詞に、「或娘子等贈㆓裹乾鰒㆒戯請㆓通観僧之呪願㆒時通観作歌」と見える。また、巻五、山上憶良の「沈痾自哀文」に「故寿延経云」として「有㆓比丘㆒名曰㆓難達㆒臨㆓命終時㆒詣㆑仏請㆑寿則延㆓十八年㆒」と見える。共に漢文の類であり、こう、願うの意味である。(20) 和歌には「請」字は見えないが、次がある。

○　安米都知能　可未乎許比都々　安礼麻多武　波夜伎万世伎美　麻多婆久流思母　（天地の　神をこひつつ　あれ

待たむ　はや来ませ君　待たば苦しも）

（巻一五、三六八二番、娘子）

仮名書きでコフとある。コフは、神仏に祈る、願うことである。

○　戊午年四月十五日、少治田天皇請二上宮王一令レ講二勝鬘経一、其儀如レ僧也、諸王公主及臣連公民、信受無レ不レ嘉也、

（上宮聖徳法王帝説、『寧楽遺文』下巻）(21)

「請」の意味は、マネクともコフ（願いこう）とも解される。だが、国語の「まねく」や「こふ」では十分に理解できない。同じ記事は「法隆寺伽藍縁起幷流記資財帳」にも見えるが、同「資財帳」には、次のような類例がある。

○　合舎利伍粒〈請坐金堂〉

右、養老三年歳次己未、従唐請坐者、

（法隆寺伽藍縁起幷流記資財帳、七四七年〈天平一九〉二月一一日、『大日本古文書〈正倉院文書〉』第二巻、五八三頁）

「坐《ます》」は、マス（四段動詞）の他動詞形（下二段）と解され、あえて訳せば、合せて舎利五粒は、養老三年に唐よりお願いして来ていただき（お招きし）金堂にいらっしゃるようにさせた（てえり）となろう。この「資財帳」には、仏像・舎利・聖経などを列挙し、それぞれの由緒を記してこのように見え、他にも「右、甲午年、飛鳥浄御原宮御宇天皇請坐者」、「王后敬造而請坐者」、「人人請坐者」などと見え、「大安寺伽藍縁起幷流記資財帳」にも「右、淡海大津宮御宇　（天智）天皇奉造而《つくりまつりて》請坐者」、「右、袁智　（孝徳）天皇坐難波宮而、……辛亥年春三月造畢、即請者」（『大日本古文書〈正倉院文書〉』第二巻、六二六・六二七頁）、その他の例があり、正倉院蔵雑札の「装束司牒」（中二一）にも「従寺々奉請仏五十四鋪《七》（前後略）」と見える。こうした場合の「請」は、単なる「まねく」や「こふ」では置き換えできないので「請《シャウズ》」と音読したのではなかろうか。また、字音語（字音読）にすれば、これはコフともウクとも異なる用法、いわば第三の用法であることがはっきりし、用法上の混同を回避することもできよう。当時の付訓例は得られないが、平

安時代以後には仏教関係の場を中心としてまこの用例が認められる。直接的な証拠ではないが、不都合な事例ではない。なお、後代の漢語「しよう（請）」については、佐藤喜代治著『日本の漢語』（一九九頁）参照。

○　復去正月爾二七日之間諸大寺乃大法等乎奉請天良倍最勝王経乎令講読末都利
（第四二詔、『続紀歴朝詔詞解』第五巻）

この「奉請天良倍」につき、宣長は、「請は、麻世《マセ》と訓べし、令《セ》レ坐《マサ》を切《ツツ》めたる古言也」として敏達紀・推古紀・皇極紀の例を引き、「さてこゝは、宮《ノ》内に請《シヤウ》じ給へる也」（『本居宣長全集』第七巻、筑摩書房、一九七一年四月、四〇二頁）と説く。

○　尓《に》乃・二《の》ハシラ神・倶《に》請《マて》曰《ノ》・勿レ復《マタナカヘリマシソ》・（還幸）
（古語拾遺、天理図書館蔵一二二五年〈嘉禄元〉卜部兼直筆本、六八行(22)）

『古語拾遺』の例である。前田尊経閣文庫蔵一三三四年（元弘四）亮順本は「請《て》白」、天理図書館蔵一二三八年（暦仁元）寛英筆写本は「請白《マウシテイハク》」と読んでいる。「請」は、お願い申し上げるの意味である。

○　汝鳴雷奉レ請之恥（耶カ）　答白　将レ請　天皇詔言　爾汝奉レ請（後略）
（日本霊異記、上巻、縁第一、六四頁）

○　大和国添上郡山村里　有二昔云一椋家長公一　当二十二月一依二方広経一欲レ懺二先罪一　告二使人一云応レ請二一禅師一　其使人問曰何等師　答曰不レ択二其寺一随レ遇而請　其使随レ願　請二得路行一僧一帰レ家（同、上巻、縁第一〇、九八頁）

○　二子懃重拝敬　請レ救二父危一　其師乃徐行　誦二観音品初段一竟
（同、上巻、縁第一五、一〇八頁）

○　又請曰　我等参二向官一　□二寺南門一令レ得二親拝一　更請　我等及二於詣レ闕之間一　欲レ令二鍾声（ママ）不従一　衆僧随レ願　鳴レ鐘（後略）
（同、上巻、縁第三二、一五〇頁）

右四例は、『日本古典文学大系』による。第一例の「請」は、お願いして来てもらう、まねくことをいう。他に、類義の「勧請」（一〇八頁）、「屈請」（一二四頁）といった語句も見えている。第二例の三例も同様だが、同『大系』は、こうした場合、ウクと訓読する。第三例は、願いこう意味で、同『大系』はコフと付訓する。第四例は、同『大系』はネガフと付訓する。中国原撰書、また、正格の漢詩文の場合、文意に従い自由に訓読することは可能である。『日本霊異記』は、薬師寺の僧景戒の撰述した仏教説話集であり、基本的には変体漢文と見られる。種々の典拠を踏まえている点厄介であるが、「請」（三九例）は、大体、コフの意と解される。ただし、字音読もあり得る。

以上のように、日本では、中国におけると同様、「請」は、コフの意味で用いられることが多い。しかし、時に、マヲスと読む場合もある。これは、『篆隷万象名義』に「告也」と見える条に相当し、やはり、その本来的用法の一つであろう。天理図書館蔵『金剛波若経集験記』（黒板本）には、「策云請報李丞」の紙背に「マヲサムトニコソ」（平安初期朱筆）という付訓がある。もの申したいの意であろう。

「請」には、また、ウクとしての用法もある。実は、この用法が極めて多い。これについては、次に検討しよう。

第四節　古文書における用法

古文書における「請」は、律令制の導入とともにもたらされたようである。その意味は、従来におけるところと変わらないが、文書語としての用法は、七世紀末・八世紀初の律令制の施行期、その文書行政とともに広まったと考えられる。例えば、「養老公式令1」の「詔書式」には、次のような「請奉／詔」という表現が見える（細字割書き略）。

○　詔書式

明神御宇日本天皇詔旨。云々咸聞。

（中略）

詔書如レ右。請奉
レ詔。付レ外施行。謹言。
年月日
可。御画　（『新訂増補国史大系　令義解』、二三七・二三八頁）

このような制（詔）書の様式は、基本的には隋の開皇公式令詔書式に遡るとされ[23]、復元唐令（開元七年令・同二五年令）の「制書式」には、次のようにある。

○　門下、云云、主者施行。
年月御画日
（中略）
制書如レ右。請奉
レ制付レ外施行。謹言。
年月日
可御画　（『唐令拾遺補』[24]、一二三六頁）

同じく「令書式」にも、「令書如右。請奉／令付外施行。謹啓。」（同、一二五〇頁）、「教書式」にも、「奉／教如右。請付外奉行。謹諮。」（同、一二五二頁）と見え、これらの実際の文書例として、a「唐永淳元年〈六八二〉汜徳達飛騎尉告身」（『吐魯番出土文書』第七冊、一九八六年、二三二頁）、b「嵩岳少林寺碑」、また、c「天宝一〇載〈七五一〉張無価告身」、d「乾元元年〈七五八〉顔昭甫贈官告身」、e「宝応元年〈七六二〉顔允南母・殷氏贈邑号告身」、f「広徳二年〈七六四〉顔元孫再発給告身」、g「大暦一二年〈七七七〉顔真卿刑部尚書告身」などが示されている[25]。

周知のように、日本令は唐令から大きな影響を受けている。「詔書式」の「請奉……」も、直接的には唐令から移入された表現であろう。「詔書式」の「請奉……」は、コフの意味で、「こふ」と読む。これにつき、『令集解』の古注には「請〈跡云。請訓如レ乞之也。〉」とある。[26]「跡記」は、「養老令」の注釈書で、七九一年（延暦一〇）から七九三年、ないし、七九五年の間に成立したとされる。[27] 降って、一八〇〇年（寛政一二）の『令義解』塙保己一刊本でも「請奉《フテ》／レ詔《ヲ》・付《サケテ》レ外《ニ》施一行《セム》。」（第七冊、二オ・ウ）と読んでいる。「外」とは、諸官庁、「施行」は、命を実施することをいう。

江戸時代中期の写しという内閣文庫所蔵旧紅葉山文庫本には、「請《ウケタマハラクハ》　奉《ウケタ》」（左に「請《う》けたまはらくは奉《うけた(まは)》（り）て」）という訓が付されている。[28]『日本思想大系　律令』はこれに倣ったらしく、「請《うけたまは》らくは詔《ぜう》を奉《うけたまは》りて」と付訓している。[29] しかし、右は、古注に従い、コフと読んでよいであろう。

「営繕令12」、津橋道路の修理を規定する条に「非二当司能弁一者申請。」と見え、古注は「朱云。請申。謂申レ官請二処分一歟何。答。然也。古記云。弁者。（中略）申請。謂言上之也。」と注する。[30] また、「公式令76」に「其事理実尽。妄有二盤下一。及有レ理抑退者。聴二越レ次申請一。」とも見える。[31] この「申請」も、上級の官庁に上申する、すなわち、マヲシ《（マウシ）》コフことをいう。ただし、「申請」という言葉は、本来、一語でなく、「申下請《まをすこふ》二……《を》一事《を》上」という構文で用いられた。

○　凡学生請レ仮（細字割書き略）者。大学生経レ頭。国学生経二所部国司一。各陳牒量給。

（学令16、『新訂増補国史大系　令義解』、一三三頁）

○　凡請レ仮。五衛府五位以上。給二三日一。京官三位以上。給二五日一。（後略）

（仮寧令11、同右、二八九頁）

前者は、学生の、後者は、官人の休暇願いの規定である。「正倉院文書」には、経師らの請暇解が幾点か残っている。上司に願い出るのであるから、「請」は、共にコフの意である。寛政一二年刊本では、前者に「請《ウケハ》レ仮《ヲ》」（第三冊、二七オ）、後者に「請《ハ、》レ仮《ヲ》」（第九冊、三オ）と付訓されている。

○　凡詔勅及事有二促限一。幷請二給過所一。若輸二受官物者一。不在二仮限一。

（公式令61、同右、二五八頁）

給仮（仮寧令1以下）の例外規定で、詔勅発布の事務、期限の切迫している事務、過所（関の通行許可書）の請給、官物の輸受がある場合は、その日数の定めに従わないとある。官物の「輸受」が、その輸納と受納とをいうように、過所の「請給」は、その請願と受給とをいう。ただし、これも、後世、「請《ケ》給《ハム》」（寛政一二年刊本）と読む。

「請」の、コフとしての用法は、藤原宮跡出土木簡（後掲）、平城宮跡出土木簡、「正倉院文書」などに、次のように見えている。律令制文書行政下の用法で、用例は多い。

○　□初位上檜前舎人倭麻呂謹解申請□

□　□

（『平城宮木簡一』、八一、SK八二〇土壙、6091）

兵衛かと推測される檜前舎人倭麻呂の提出した請求文書で、「……謹みて解す　□を請ふ事を申す」と読む。

○　岡本家謹啓　　本経請奉事

第五帙〈第三四五六七八／合六巻〉

右、為レ本、今急欲二請奉一、仍注レ状、謹啓

天平八年五月廿九日付石足／「朝戸衆公」

（岡本宅請経帳、七三六年〈天平八〉五月二九日、『大日本古文書〈正倉院文書〉』第七巻、五二頁）

写経のための本となる経をこうた啓である。同じような状況で解も用いられている。

○　造甲可寺所解　申下請二仕丁等公粮一事上

合壱伯陸拾漆人
直丁捌拾陸人料粮伍拾壱斛陸㪷〈人別六斗〉　塩伍㪷壱升陸合〈人別六合〉
廝丁捌拾壱人料綿壱伯陸拾弐屯〈人別二屯〉
右、来十一月料粮、所レ請如レ件、以解／（後略）
（造甲可寺所解、七四五年〈天平一七〉一〇月二一日、『大日本古文書〈正倉院文書〉』第二巻、四七六頁）

○

右兵庫移　民部省
所レ請米壱斛弐斗　塩壱升弐合　綿肆屯
右、直丁（ママ）、直丁弐人、廝丁弐人、日米合肆人〈直丁人別二升　塩二夕／廝丁人別綿二屯〉
以前、直丁等来十一月卅日料粮、具顕如レ件、以移、
天平十七年十月廿一日正八位下行少属阿刀造浜主
大允正七位下勲十二等民伊美吉古麿
（右兵庫移、七四五年〈天平一七〉一〇月二一日、『大日本古文書〈正倉院文書〉』第二巻、四七七頁）

右二例は、造甲可寺所、また、右兵庫寮が民部省宛に次月の粮米を請求した公文書である。後者の「移」は、所管を異にする同等級の官相互の間に用いられる。

○

牒　東大寺一切経司所
請一切経目録事
在二於寺一、経律論並章疏伝／等之目録是也、
右、被二今月六日内宣一偁、／件経律等目録、暫時／令レ請者、今依二宣旨一、／差二竪子上君麻呂一／充レ使令レ奉レ請、

具状／故牒、／　天平宝字六年六月七日／　法師道鏡
「判行〈「令ㇾ奉ㇾ請東大寺一切経目録壱巻／白紙幷表但无軸　付上君万呂」〉／　判官葛井連根道／　主典阿刀連」　（法師道鏡牒、七六二年〈天平宝字六〉六月七日、『大日本古文書〈正倉院文書〉』第五巻、二三八頁、図版）

東大寺一切経司所（造東大寺司）宛の道鏡の牒で、内宣（孝謙太上天皇の命令）をもって東大寺写経所に蔵する一切の経律論疏、伝記等の目録の借用を請求したものである。「内宣」でも「請」とあるのは、三宝を敬ってのことであろう。「令ㇾ奉ㇾ請」もコヒマツラシムと読む。ただし、造東大寺司の判辞（上馬養筆ヵ）中の「令ㇾ奉ㇾ請」はウケマツラシムと読み、貸し与えたことを意味する（後述）。

○・請中板屋東隔鎖一具在打立者
　右依右中弁宣為収納作物所ㇾ請如ㇾ件
　事了者返上　八年七月十九日上毛野三影麻呂
・「又大斤（斧カ）一□（具カ）□□請如件」　（『長岡京木簡一』、五、溝SD一三〇一—B層、019　230）

七八九年（延暦八）七月、造営中の長岡京から中板屋の東壁の鍵一具を申請した木簡である。

以上には若干の例をあげただけだが、このような「請」のコフとしての用例は多い。解文や諷誦文などには殊に多い。ところが、一方、同様の表記で見えても、これをウクと解するしかない用例もある。例をあげよう。

○　申請白受　（唐招提寺蔵古本令私記、平安時代初期写[32]）

日本令に関する用例で、先の「営繕令12」に見える「申請」を被注語とし、これに「白《まを》す・受《う》く」という読み方を訓字で示したものである。また、「養老令」の「職員令2」に、少納言の職分を規定する条に次のようにある。

○　請二進鈴印伝符一〈讃云。当三可ㇾ用之時一申給。謂二之請一也。至ㇾ事給ㇾ之曰ㇾ受。取而進。謂二之進一也。朱云。少納

言門鎰請進。生等案。〉

（『新訂増補国史大系　令集解』、四七頁）

「請進」という言葉は、「公式令5」の「便奏式」にも見える。「鈴」は駅馬を、「伝符」は伝馬をたまわるためのものである。少納言は、使人の申請を奏上して（「請」）、これを申し出し（「受」）、使人が事終えて送納すれば、これを取って返納したてまつる（「進」）。この「請」は、本来、申し願う意のはずだが、古注には「申し給はる」ことを「請」というとある。それをウクと解しているのであり、今日でも、これは「請《(う)ケ》進《(たてまつ)リ》」（寛政一二年刊本、第一冊、二五オ）と読みならわしている。「讃云」とは、明法博士で『令義解』の編纂に携わった讃岐永直（八六二年〈貞観四〉没、八〇歳）の説をいう。(33)

こうした「請」のウクとしての用法は、実は、かなり古くからのことらしく、次のような類例がある。

○・□　詔大命乎伊奈止申者

・　頂請申〈使人和□（安カ）□□〉

（『藤原宮出土木簡（五）』、外濠ＳＤ一七〇、QH29　081）

これは、『続日本紀』の第三詔・第五詔を参照し、表は「……と詔ふ大命ヲイナト申さば」、裏は「頂きに請《うけたまは》り申す。〈使人和（安）□□〉」、または、「頂きに請け申す……」と読まれている。(34)

○　福寿寺写一切経所解　申請筆直幷襖子袴事

合請銭弐仟弐伯文〈一千二百文福寿造物所／一千文従二奈良宮一所レ請〉

買筆弐拾玖箇〈廿五箇別五十文／四箇別五十五文〉

墨廿一廷〈別卅五文〉

更請銭弐仟漆伯文〈二千文筆卅箇料／七百文墨廿廷料〉／（中略）

以前雑物、所（且）レ請如レ前、謹解、

天平十三年十月十九日高屋赤万呂／小野朝臣「国堅」

（福寿寺写経所解、七四一年〈天平一三〉一〇月一九日、『大日本古文書〈正倉院文書〉』第二巻、三〇七頁）

末尾、署名の次行に薄墨で「充枚万呂」とある（『正倉院古文書影印集成』一二、二一一頁）。

○

勇女所解　申請舎人上日事

舎人錦部大名　　上日壱拾玖　夕十七

右人所レ請、自二今月六日一迄二廿四日一、上日顕注、申送如レ前、以解、

天平廿年八月廿四日少初位上秦浄足

（勇女所解、七三〇年〈天平二〉八月二四日、『大日本古文書〈正倉院文書〉』第三巻、一一二頁）

○

四日納黄紙玖伯肆拾陸張〈請二政所一〉　／　　案主上

別当大判官美努連

（奉写一切経所紙納帳、七七二年〈宝亀三〉二月四日の条、『大日本古文書〈正倉院文書〉』第六巻、二五〇頁）

○

津高郡収税解　申可レ請散波陸田直稲事

合稲肆伯伍拾束

以二去七年十二月十一日一受二百九十四束一

以二同年十二月廿三日一受二□□（廿三）束一〈漢マ阿古麻呂〉

遺二百卅三束

以前、陸田直先所レ請、并今可レ給遺員如レ件、仍注二事状一、以解、

宝亀八年正月十八日収税尾張　祖　継

「以㆓同日㆒所㆑遺稲弐伯参拾参束、依㆑員受治既畢、仍注㆓事状㆒、謹啓、

収税尾張　継　」（追加筆）

（備前国津高郡収税解、七七七年〈宝亀八〉正月一八日、『大日本古文書〈正倉院文書〉』第六巻、五九五頁）

「福寿寺写経所解」以下の四例は「正倉院文書」から引いた。先学によれば(35)、一例目は、割注に「従奈良官所請」とある。これは請求（コフ）でなく、受け取った意（ウク）であり、この文書は受領証であるとされる。二例目は、申し受けた舎人の勤務日数についての報告書であり、従って、事書の「申請」は、「まをしうく」の意と解される。三例目は、「納」字があり、「政所よりウク」と読まれる。四例目も、「請」は「受」の意で、これは受領証であるとされる。「解」といえば、被官の官司から所管の官司へ上申する場合に用いられる様式であるが、既に、このような用法が生じており、やがては、「返抄」を「解（まをす・まうす）」と書くような文書も出てくる(36)。

「請」の本来的用法はコフである。中には、形式的にせよ、そうした用法のなごりが窺える場合がある。しかし、「正倉院文書」として伝えられる内の日常的な文書や帳簿、また、割注のような文脈などには、そのウクとしての用法がはっきりと看取される。

○　請物

菟毛筆廿箇〈寿量品料〉

鹿毛界筆一十箇〈千部法花納料〉

（中略）

、、

奉㆑請㆓内裏㆒六字呪王納五十巻　納小明櫃一合　足別机一前

並自㆓政所㆒請

以前、起二四月一日一尽二廿九日一、行事幷中〔月〕中請物、顕注如レ前、以解、

天平勝宝三年四月〔五月〕一日他田水（主脱）

（写書所告朔案帳、七五一年〈天平勝宝三〉四月五日、『大日本古文書〈正倉院文書〉』第一一巻、五二九頁）

四月一ヵ月の写経作業量や受領品等をまとめた帳簿の一部である。ただし、「奉請」だけはコフの意。

○　◎十三日請銭壱拾貫文〈右雑用料自二政所一請〉

案主上「馬養」「味酒広成」

（奉写一切経所銭納帳、七七〇年〈神護景雲四〉六月一三日、『大日本古文書〈正倉院文書〉』第六巻、四二頁）

国立歴史民俗博物館編集『正倉院文書拾遺』に図版を収める（図版18）。◎印は、朱筆になる。

また、次は、「申請」とあるべきところに「申受給《まをしうけたまはる》」とある。

○　大宅童子解　申受給筆事

智度論十巻写紙数二百卌六枚

（奉写一切経経師請筆墨手実帳、七七一年〈宝亀二〉閏三月二一日、『大日本古文書〈正倉院文書〉』第一八巻、一二九頁）

○　大宅童子解　申受給墨事

合写紙数四百六十四枚（後略）

（同右、同、一四二頁）

続いて、「坂上浄道　墨受事」、「坂上浄道　受筆事」なども見える。この前後、筆墨を申請した文書・帳簿には、その事書に「申請」「請」と書かれており、大宅童子も「大宅童子解　申請筆事」（同右、同、二九一頁）と書いてはいるが、時に、右のような例が見えるのである。「請」は、ウク、また、ウケタマハルの意味（表記）にあるものと推測され、先の『藤原宮出土木簡（五）』の「頂《いただきに》請《うけたまはり》申《まをす》」も同様の例となろう。小谷博泰氏は、こうし

た「和化漢文例は特定の筆者に片寄り、特に丈部浜足や念林老人は『請』の代りに『受』を使うなど、和化の傾向が著しい。これは彼らの文章能力の拙さから来たものか、それとも意識的にこうした表記法を取っていたのであろうか」云々と述べられている。(37) 当時、既に、こうした表現や表記が通俗的に行われており、むしろ、これが日常的な書記生活であったのではなかろうか。ただし、その背後には、『続日本紀』の宣命や古代の木簡などに見える「受賜」「受給」という和語表現が尾を引いているのではないかと思われる。[補注1]

○ ……而天日嗣高御座食国天下之業乎吾子美麻斯王尓授賜譲賜止詔天皇大命乎頂受賜恐美持而…… (第五詔)(38)

○・卿等前恐々謹解 □（寵カ）□

・卿尓受給請欲止申 (『藤原宮木簡一』、八、SD一四五溝、〈206〉・21・1 6019)

○・恐々受賜申大夫前筆

・暦作一日二赤万呂□ (同右、一一、SD一四五溝、〈121〉・〈24〉・3 6019)

○ 御前申薪二束受給 (奈良県教育委員会編『藤原宮跡出土木簡概報』、三二、SD一四五、143・〈13〉・4 011)

当該部は、「頂《イタダキニ》受賜《ウケタマハリ》恐美《カシコ》持而《モチテ》」「卿《まへつぎみたち》に受給《うけたま》はらむと、請《こ》はまく欲《ほ》りト申す」「恐《かしこ》み々み大夫の前に筆……を受賜はらむと申す」「御前申 薪二束受給」と読む。「(宛先)の前に申す」という書き方は、藤原宮が営まれた時代以前に盛行し、平城遷都以後は遺制として残っていたもの、すなわち、「大宝令」施行の「解式」より先行する古様の上申文書であると考えられている。(39)

さて、こうなってくると、問題の「請」「申請」は、コフとウクとのいずれを意味し、また、表記したものか、その判別に苦しむような事態に直面することになる。もちろん、これは今日における問題であって、文書の授受に関わった当事者たちにはさしたる困難はなかったかも知れない。

○　造石山院所解　申ⓐ請黒葛事
合黒葛壱伯了
右、先日所レⓑ請尽用、仍為レ葺二堂幷僧房檜皮一、附二木工甲賀深万呂一、更所レⓒ請如レ件、
一末醤陸㪷
右、以二去三月二日一、附二上馬養一申上解文内未レⓓ請、仍所レⓔ請如レ件、以解、
天平宝字六年四月七日上／主典安都宿祢
〈造石山院所解案、七六二年〈天平宝字六〉四月七日、『大日本古文書〈正倉院文書〉』第一五巻、一八四頁〉

これは、造石山院所が造東大寺司に黒葛・末醤を請求した文書案である。「請」字が五カ所に見える。その内、ⓐⓒⓔが「こふ」、ⓑⓓが「うく」を表している。当事者たちの現時点を基準とすれば、前者は、願い出る段階の表現であってその給付の有無・多少の如何は未定である。後者は、その裁可・可否を受領した結果の表現であって、いわば既往の事実についての表現である。それがコフ・ウクのいずれを表しているかという問題は、こうした時間の軸によって判別可能となるかも知れない。

○　十二月十三日出経二局〈一局七倶胝《仏》母心准提陁羅尼／一局七倶胝仏母准泥大明陁羅（ママ）〉
右、依良弁大徳宣、請奉久尓宮、〈少尼所〉、
〈使鳥取栫〉令史高屋赤万呂
〈納櫃本経検定幷出入帳、七四二年〈天平一四〉七月一三日、『大日本古文書〈正倉院文書〉』第二四巻、一七九頁〉

七四二年七月より書き継がれた帳簿の内、七四三年一二月の条である。東大寺良弁の宣（要請）により、同経二巻を恭仁京（七四〇〜七四四年〈天平一二〜一六〉）の内裏（今の加茂町例幣の辺りに位置）に「奉請」させた、すなわち、貸

し出したというもの。「請奉」はウケマツルの表記で、国語の語序のままに、つい、「請奉」と書いたが、不整表記と気付き、転倒符を付して「奉請」と訂正している。この帳簿には、同じく転倒符を付した例（一七三・一八八頁）や付さない例（一七二頁）があるが、多くは「奉請」、および、「請」と書いている。「奉請」は、本来、経巻の貸出しを請求する（コフ）言葉だが、当時、請求を許可した場合、また、請求に応ずる行為（貢進）そのものをも「（令）奉請」といったようである。(40) 先の「法師道鏡牒」の判辞中の用例もこれである。

○　尾張国郡司百姓等解　申請　官裁事
　　請《フ》　被《ムト》　裁断　当国《ノ》守藤原《ノ》朝臣元命、三箇年《ノ》／内《ニ》責取非法官物　并濫《ラム》行横法三十一箇条
（尾張国解文、早稲田大学蔵一二八一年〈弘安四〉八月五日写本、首部、声点略）

○　然《トモ》而／凋弊《ノ》之民負《ハテ》正税《ヲ》二不耕一田疇《ヲ》富勢之烟《ハテ》／領能田《ヲ》一以不請正税《ヲ》
（同右、第一条）

『尾張国解文』（九八八年〈永延二〉）は、尾張国の郡司・百姓等が三一カ条をもって国司の非法を訴え、その裁断を願い出た長文の解文である。ここには「請」が延六六例も見えており、その内の六五例が、前者のようなコフとしての用例である。残り一例が右の後者であり、ここに「（コ）ハ」と付訓した写本もあるが（宝生院本一三二五年〈正中二〉写本）、意味上はウクである。すなわち、富裕な農民は良い田を領有しながら正税を納めることを承諾しなかったというのであり、これも既往の事実を述べている。

第五節　古往来における用法

ここでは、古往来の代表的な作品として『高山寺本古往来』と『雲州往来』とを取り上げる。

『高山寺本古往来』は、一〇世紀末、あるいは、一一世紀初め頃の成立になる初期の往来物であり、(41)ここには「請」が六例見えている（返り点は底本による。声点略）。(42)

○　謹言　預《アツカル》米結解《ノケツケ》度々《ノ》御下文謹奉上（中略）而《ヲ》　此度《ノ》米未二納《ヲサメ》一弐拾伍斛余也　是則去年《ネンノ》春《ハルツノテ》募　秋時《ノ》息利《ノ》各　進《タテマツテ》文《ン》契《ケイヲ》一申請①《タル》人々之中《ナカニ》　或逃亡《テウマウ》或死去（中略）　如《キノ》　此之　輩《トモカラ》　不《サル》三成《ナシ》申二之所《カ》致《ロス》一也（九九～一〇一行、往状）

○　謹辞《キンシ》　請②御教書事《ノ》

右某月日御教書今日到来所請③一如件一被仰《ル、》一八丈絹幷菓子等及於《テ》彼期《ニ》二可令《シ》進上一（二八一～二八三行、返状）

○　謹辞［平濁］請④香林寺《ノ》聖恩裁《サイノ》　事

請⑤《コウレムト》四被三殊《トニ》　蒙《テ》二　恩恕《ショヲ》一不《セスシテ》レ処二厭却《エムキヤクニ》一　納《ナウ》三受遅《セチ》早白米《ノ》壱石茄子参拾菓一之状五（四二五～四二七行）

○　望《マクハ》　請⑥《コウ》　蒙《テ》二恩恤《シユツヲ》一不　処《シテセス》　勘当《ニ》二被《セ》二哀納《ナウ》一者　愚僧之本《カ》懐《クワイ》［去］已足而已《タンヌナラクノミ》（四三三～四三五行）

これらは、みなコフを表わしたものとされているが、(43)①②③は、ウクという語を表わしている。すなわち、①は、去年の春、証文を奉じて出挙稲を借り受けた者の中に、逃亡・死去・貧弊、不堪があって、この度は二五斛余を弁済できないでいるという。出挙稲は、強制的に貸し付けられ、農民の負担過重となることもあったが、一応、これを申請する時点では「こふ（請）」と書く。だが、それが実行された時点では、「請」はウクと読むことになる。②は、絹や菓子等を送進せよという命令を受けた折の返状である。こうした趣旨の文書は請文《うけぶみ》といい、書状の冒頭に「謹辞請御教書事」と書くのも、請文の事書に見られる常套的な表現である。③の、「所請如件」とは、従って、往状の趣旨を、本日、確かに拝命したという意味である。［補注2］

『雲州往来』の諸本については、先学に詳論がある。(44)その諸本は六類に分類できるといい、その内、「管見に入れる現存諸伝本のうち、最も状多くして最も古型を存して居るものと謂ふべきであらう」とされ、「最も善本といふことが出来る」(45)とされたのが前田尊経閣文庫蔵の一五二九年〈享禄二〉写本である。本書の往来物としての、また、言語資料としての詳細については別に述べる(46)。次には当面の「請」についての用例を引こう。声点、合符、傍注は省略し、私に返り点を付す。

『雲州往来』における「請」は、［一］単一語として見える場合と、［二］複合語として見える場合とがあり、前者は、さらに、各書状における所用の部位によって次のようなA、B、C、Dの四類に分ち得る。

［一］単一語として見える場合

A　事書に見えるもの

1　請　厳札事
右改年之後　須《スヘカラク》《ヘキ》三先《ツ》拝《ハイス》二温《ヲン》顔《ヲ》一也……（1オ9、返状）

事書は、その書状なり条文なりの趣旨を端的に述べたものである。類例に左記がある。事書のみをあげる。

2　請　恩章事（2オ7、返状）
3　請　厳命事（5オ1、往状）
4　請厳訓《クキンノ》　旨（9オ8、返状）
5　請仰事（14オ10、返状）
6　跪請　仰事（17オ10、返状）
7　請舞姫《ノ》童女《ノ》装束《ノ》事（19オ9、返状）
8　伏請　厳旨（20オ3、返状）

9　請《ル》恩章《ノ》事（20ウ9、返状）
10　請　仰旨《ノ》（34ウ7、返状）
11　請恩簡（35ウ7、返状）
12　請貴札事（43ウ1、返状）
13　請兵士一人《ノ》事（44ウ8、返状）
14　請御教書事（47ウ5、返状）
15　請　仰《ノ》事（55オ7、返状）
16　請　禅札（56ウ2、返状）
17　請厳命事（63オ9）
18　請雑事（68オ5）

これらは私文書系統の状・啓様式の請文であり、「厳札」「貴札」「厳訓」「厳旨」「厳命」「恩章」「恩簡」「仰事」などとあるのは、相手からの書状を敬った表現である。「請」は、こうした相手の書状の趣旨を了解することを意味し、9の付訓によってこれらは連体形で「ウクル」と読むべきことが知られる。3は往状に見えるものだが、書中に「蔵人少将度々被《ル》レ招《マネカ》、是小弓事《ノ》也」とあるから、本状は、その招きを受けて執筆したものと知られる。「厳命」とあるのもそのためである。小弓の会遊に誘引しようとした書状で、藤原季綱の『本朝続文粋』巻七にも収められている。

ところで、事書、もしくは事書に准ずるようなところに次のような例もある。

19　請　案内
右明日於二白河院《ノ》一可レ翫《モテアソフ》二少弓《ヲ》一也可二相伴《トモナフ》一之状　昨日頭中将所レ被レ示《サ》也　某《シカ》事同《ク》及《ハン》二高聴《ニ》一歟　路過《ミチスク》二蓬門《ヲ》一忝《ナク》

抑《ヲサヘヨ》二花駕《ヲ》一 為レ従《シタカハンカ》二 後乗一也（後略）（4オ6、往状）

こうした往状の事書において、かつ、「案内」という言葉に冠せられた「請」はコフと解される。書中に、「忝抑花駕、為従後乗也」とあるから、事情に通じた相手に案内をこうものであろう。返状には、申し出に応ずるとある。

次はこの類例である。

20 請｜ 案内

右明日《ノ》 行幸何時《ソヤ》乎 馬俄《ニハカニ》相違《イシテ》 只有二褰《ケン》（蹇）驢《ロノミ》一（中略）為レ習二控御《ハンカコウニ》一也 某謹言（59ウ5、巻下・本）

B 本文の冒頭に見えるもの

21 伏請｜ 厳旨

右明日 可《キ》二参仕一之状所レ請｜如レ件《シノ》 抑佐《スケ》殿御舞《マヒノ》 事尤可レ然也（後略）（20オ4、返状）

左記は類例である。

22 明日可二参候一之状所レ請｜如レ件（15オ9、返状）

23 右所レ請｜如レ件 抑……（47ウ6、返状）

24 右所レ請｜如レ件 抑……（48オ4、返状）

21・22は、参仕すべし、参候すべしという命を拝命したという返状であり、「請」はウクを表している。21には「伏請 厳旨」（A8参照）との事書もある。23・24も同様であろう。23にも「請御教書事」（A14参照）との事書がある。

これら四通の書状は、みな返状である。

C　本文の末尾に見えるもの

25　請　仰事《ノ》

25　右依《テ》二公事《ニ》一只今可二出仕一侍《リ》　両条事《ノ》追《ヲテ》可二注進一之状所レ請如レ件（55オ9、返状）

26　（前略）抑所レ被二示《シメシ》仰一捧《ホウ》物《ノ》彼日可レ献《ス》之状所レ請如レ件（56ウ4、返状）

25は、囚獄正から質問二カ条を受けた明法博士の返状である。今は出仕せねばならないので、追って注進するという。26は、捧物（筆百管）の献納を了承したとの書状である。25、26には、「請　仰事」（A15参照）、「請　禅札」（A16参照）との事書もあり、これらの「請」はウクの意である。

返状における「所請如件」は、先のBが首であれば、これは尾に相当する。請文における常用的な事留めである。ところで、これまでのところと趣を異にするものに次がある。これらの「請」はコフを意味する。

27　物雖レ軽《カロシト》志《シ》已《ニ》重《シ》　請垂《レヨ》二領納《ヲ》一敬白（56ウ9、往状）

28　莫レ忘《ル、コト》二芳契《ヲ》一毎レ有二便風一請付《ツケヨ》二帛書《ヲ》一ム謹言（75ウ4、巻下・末）

これらは倒置文で、下に活用語の命令形タレヨ、ツケヨを伴っている。

コフは、また、「乞」字によっても表わされる。用例は六例を数える。この場合は、下にナカレ（二例）、タレヨ（四例）という、やはり、活用語命令形で応ずるものばかりである。

乞《コフ》莫《レ》レ嫌《キラフコト》……（3ウ3、往状）

乞《フ》垂《レヨ》二照鑒《ヲ》一（35ウ4、往状）

D　文中に見えるもの

文中における「請」は、コフとしての意味・用法が多い。先の第三節に通ずるものであろう。これらは29・30の付訓に従ってコフと読む。29から32は、「請……ベシ（可）」という構文において共通している。

29　明日《ハ》三月尽也古今詩人才子毎㆑当《ル》㆓是日《ノニ》㆒莫《シ》㆑不《ストイフコト》㆓相惜《ヒヲシマコフ》㆒請於㆓慈恩寺《ニ》㆒可㆑詠㆓紫藤之《ノ》句《ヲ》㆒（36ウ10、往状）

30　請《フ》傾《ケテ》㆓茅戸《ハウノ》之一盃《ヲ》㆒可㆑擬《キス》㆓竹林之《ノ》七賢《ニ》㆒也（57ウ3、巻下・本）

31　請及《テ》㆓彼《ノ》期《ニ》㆒可㆑御《ス》㆓此《ノ》亭《ニ》㆒也（69オ4、巻下・本）

32　請　轄《クサヒサイテ》㆓花軒《ニ》㆒早日《ニ》可㆑御《ス》（71オ9、巻下・末）

文中にあって、ウクと付訓した例が一例ある。「惣返抄」は、勘済後、主計寮から発行される受領書をいう。

33　夜部請《ウケテ》㆓惣返抄《ヲ》㆒一寮《リヤウノ》官人各《ヲノく》致《ス》㆓用意《ヲ》㆒（80ウ6、巻下・末）

「一寮」は、「二寮」（主計寮・主税寮）の誤写であろうか。文脈上、「請」はコフの表記かも知れない。

〔二〕　複合語として見える場合

複合語としては「申」と複合した「申請」「請申」という形が多い。

34　請申　五帝《タイ》本紀《キ》　周公世家《セイケ》　楽毅《キ》伝

35　右為㆑移《ウツサンカ》㆑点《ヲ》所㆓請申㆒如㆑件（41オ3、往状）

36　天暦《ノ》御記欠巻已《ニ》多《シ》随㆓申請《ニ》㆒可㆓借給《シフ》㆒為㆓書写《ノ》㆒也（37オ3、往状）

37　仍件《ノ》破子《ワリコ》可㆑被㆑給㆓朱雀院《ヘ》㆒之状所㆓申請㆒也　伏《シテ》乞《フ》垂《レヨ》㆓鑒察《ケンヲ》㆒　某謹言（38オ2、往状）

34・35は、訓点を移すために『五帝本紀』以下を借用したいとの書状である。「請申」とはコヒマウスの意と解される。36も同様である。37は、破子の提供をコフたもの。

38　彼《レ》是《レ》追捕《フ》事《ノ》蒙《テ》㆓殿下《ノ》御気色《ヲ》㆒所㆓定仰《メ》㆒也（中略）因《テ》㆑之巨細《サイ》申請《ケン》耳《ノミ》（14ウ7、返状）

39　仍奉返如件　乞《フ》垂《レヨ》二収領《ヲ》一　自今以後不レ隔《ヘタテ》二秘書《ヲ》一相互《ニ》可二申請一也　謹言（42オ7、往状）
40　任中《ノ》公事年《ノ》内《ニ》可二勘《ヘ》畢《ハル》一　申請事等可二令レ加レ催給《ヲ》一也（49オ1、返状）
41　仍《テ》任《テ》二格条《ニ》一可二停止一之由注《シテ》二国解《ケニ》一可二申請《ク》一侍《リ》（51ウ7、返状）
42　就《テ》二穀《コク》倉院《ニ》一尋《ルニ》二無主《ノ》位田《ヲ》一来《リ》請《クル》之輩已《ニ》有二其数一（74ウ3、巻下・末）

38以下、四例の「申請」はマウシウクであろう。38は、殿下から巨細にわたる指図を受けることを表し、39は、秘書（貴重書）を相互に借り受けることを表している。40は、租穀を弁済せよとの命に対し、これを承諾したという請文である。「任中公事」とは、播磨の国守在任中の徴税をいう。これを年内に決済してしまい、拝命したことも調達するよう、下役に命令する、との文意である。「可令加催給也」の「給」は謙譲の用法である。

41は、格条の規定に従って（身勝手な）荘園を停止すべきであると、国解を作成し出願します、と解される。だが、付訓はウクと解している。出願後の結果を見越したような読み方である。これは、上申・出願することとその結果を受けることとは表裏一体の関係にあるため、その結果を受ける前の段階においてウクと表現したものらしい。時間を先取りした言い方であるが、これはまた、婉曲的な、謙虚さをも伴う表現ではなかろうか。コフは、積極的に働きかける行為であり、ウクは、受身の行為である。同じこう（乞・請）行為でも、コフよりウクの方がやわらかい。私的な場面などでは、コフよりウクの方が好まれる傾向にあったのかも知れない。この目で振り返れば、38・39の「申請」は、やはり、もとの意味はマウシコフであろう。また、42の「来請」も、本来はキタリコフの意であろう。

43　調庸租税　合期《ニ》可レ弁之由諸《シノ》群刀（郡司カ）　皆所二請申一也（79オ9、巻下・末）
44 45　右都督被レ聞云《ク》　請使　向《テ》レ国請《ニ》取《テ》後　称《セウシ》二風波《ノ》之難《ヲ》一京庫《コノ》之日進納已難《ニシ》（77オ6、巻下・末）

43は、新任の尾張守が、任国の富裕なさまを述べ報じた書状であり、調庸租税は合期に弁ずべき由を諸郡司が請けた、すなわち、受諾し、弁済を確約したとある。44・45の「請使」とは、筑前国から粮米を受け取って京へ運ぶ役目の使者をいう。「請使」「請取」のそれは、共にウクの意である。

以上、『雲州往来』の「請」につき、コフ、ウク双方の用例を見てきた。右には、次のような傾向が看取される。

イ、往復文書の内の返状、中でも請文における事書に見えるもの

ロ、そうした文書の書き出し、書留めなどに見えるもの

これらは多くウクとしての用法である。この他、文中の「申請」(40)、「請申」(43)、「請取」(45)などにもウクとしての用法がある。一方、次はコフとしての用法である。

ハ、「請……命令形(ツケヨ、タレヨ)」、「請……ベシ(可)」という構文に見えるもの

ニ、「案内」、あるいは、「恩裁」といった語句に冠せられて見えるもの

「申請」「請申」という複合語のそれは、基本的にはコフとしての用法である。ウクと付訓したものでも、本来はコフの意味であると推測される場合がある(38・39・41など)。

なお、裴学海の『古書虚字集釈』[47]では、巻八、「請」の条に次のように説き、それぞれに用例を掲げている。

「請」猶「懇求」也。

「請」猶「其」也。命令兼期望之詞也。

右のハは、この後者に、ニは、この前者に相当することになろう(「其」は、こいねがう、庶幾の意)。ただし、本書でも、「請」のウクとしての用法には触れられていない。

第六節　おわりに

古文書類における「請」の意味・用法については、今日、なお、困惑することが少なくない。先学も、それがコフ、ウクのいずれを意味しているか、「一見判然しがたい場合が多い」[48]と述べられている。資料によっては、振り仮名を付した写本や版本もあるが、それらにも不審な条が目立つ。漢字（中国語）のあり方からして、こうした情況は、おそらく当初からのものではなかろうと考えられる。

「請」は、「四書五経」や漢詩文においては、コフとしての用法がより一般的なものであったと見受けられる。古文書にも、この用法は多い。ことに律令時代には、唐代の文書様式の影響を受け、上申文書等に「請《こふ》」「申請《こふ》」としての用法が広く行われ、これは、平安時代はもとより、中世、近世を経て今日にまで及ぶ文書行政上の常套表現ともなっている。これにつき、『色葉字類抄』（前田本）には、和語「こふ」の表記漢字として次のように見える。

請〈コフ／乞也／七静疾盈二反〉乞〈去訖反〉幾商庶美青願散祈聊謁〈已上同〉（下8オ、コ部、辞字）

「請」が首位を占め、合点が付されている（要文）。今の文書語としての用法を背景とするものであろう。「こふ」という和語は「乞」字によっても表わされるが、「請《こふ》」は、まず、文書語であり、これが「乞」との相違点となる。

古文書類には、また、ウクとしての用法が、その請文類を中心としてよく行われている。「請」字の本来の用法の一つに「受也」「受言也」と説明されるものがある（平声）。同じ一つの文字のことであるから、全く関係がなくはなかろうが、むしろ、公文書のやり取りの中で、ことに、その「請」「申請」という言葉を介して、この用法は生まれてきたものと考えられる。先学は、「申請書・請求書と同じ『解申請』という様式が報告書、受領証に用いられたのは、申請・請求の結果に対する報告、または申請・請求の結果として下付された物資の受領にこれを用いたことに起因するのではなかろうか(49)」と述べられる。「請」字の、ウクとしての用法は、そうした文書行政の中で、コフとしての用法を、あたかも裏返しにでもするかのようにして成立したのであろう。ただし、ここで注意しなければならないのは、①日本には、早く、上位者の命令や教えなどの言葉、また、物品をうけたまわる場合にウケタマハルと表現し、「受給」「受賜」「受」などと表記していた、そこに、②唐から、新しい文書行政とともに「請《こふ》」「申請《こふ》」という文書形式が導入された、ということである。この新来の形式は、公的性格の強い文書ではよく維持され、それが今日でも行われている。しかし、公的性格の希薄な場面では、外形（形式）はそのままに、内実は在来の和語表現、すなわち、ウク・ウケタマハルによって運用されることがあった。行為や結果は同じでも、コフは能動的な姿勢、ウクは受動的な姿勢という印象を与える。日本人には、このような表現方法の方が好まれるのであろう。そうした用例は、既に七世紀後半頃から見え、やがて、この「請《うく》」の用法を正面に置いた文書形式も登場する。

「請」のウクとしての用法は、日本生まれの文書語ということになる。これは文書・帳簿類（古文書類）を中心とし、その他の文章ジャンルにも広まっていったようで、『色葉字類抄』によれば次のように見える。和語「うく」「うけたまはる」の表記漢字として定着していたことが知られる。

受〈ウク／殖酉反／尚―〉請｜〈情又七静反乞也□〉稟（以下二六字略）諾〈已上受也／奴各反／東―〉
（黒川本、中51ウ、ウ部、辞字）

承〈ウケタマハル〉奉聴共請｜〈已上同〉
（黒川本、中53オ、ウ部、辞字）

和語「うく」「うけたまはる」の表記漢字として定着していたことが知られるが、なかんずく、ウクとしては第二番目の用字となっている。おそらく前田本ならば合点が付されていたことであろう。こうした高い地位を保ち得るのは、いうまでもなく古文書を背景としてのことである。

「請」が、コフ、ウクのいずれを表しているかという問題は、従って、その文書なり当該条なりが、時間的にいずれの段階にあるのかという問題となる。時間の経過をたどることにより、およその判別は可能となろう。ただし、記述が乏しく、判断できない場合も、確かにある。また、その後、申請・請求の段階においても、ウクと表現するような事例も出てくる。これは時間を先取りした表現であり、また、求めるという行為を婉曲に表現したものであろう。これにより、ウクはコフの意味領域を侵犯していくことにもなる。次は院政期の用例で、決して早いものではなかろうが、口頭語の世界にもそれが一般的に行われていたことがわかる。

○　コガネノゼニハベラバマウシウケムトイヒケルニ（法隆寺蔵法華百座聞書抄、一一一〇年〈天仁三〉二月二十九日条）

仏法を信じない男が仁寿寺の僧道如に銭を貸してくれという条で（濁点私意）、原典『法華伝記』の「将貸銭三千文」[50]という語句に相当する。

「請」の、コフともウクとも異なる、いわば第三の用法としてシャウズと字音読する場合がある。仏像・聖経、聖徳太子などを請ずる用法である。これが、やがて、仏事等に僧侶を招請する用法に傾いていくのであろう。[51]［補注3］

注

(1) 『広韻』（中文出版社、一九八二年一月、三一九・四三一・一九〇頁）。
(2) 中田祝夫著『東大寺諷誦文稿の国語学的研究』（風間書房、一九六九年六月）。
(3) 春日政治著『西大寺本金光明最勝王経古点の国語学的研究　本文篇』（勉誠社、一九六九年）。
(4) 築島裕著『興福寺本大慈恩寺三蔵法師伝古点の国語学的研究　訳文篇』（東京大学出版会、一九六五年三月）。
(5) 大坪併治著『訓点資料の研究』（風間書房、一九六八年六月、二九八頁）。
(6) 注(5)文献（二四頁）。

(7) 門前正彦「立本寺蔵妙法蓮華経古点」(『訓点語と訓点資料』別刊第四、一九六八年一二月、一六頁、下段)。
中田祝夫編『足利本仮名書き法華経　翻字篇』(勉誠社、一九七六年九月、七四七頁)。

(8) 築島裕・小林芳規「故山田嘉造氏蔵妙法蓮華経方便品古点釈文」(『訓点語と訓点資料』第七輯、一九五六年八月)。

(9) 『古辞書音義集成』第四巻(汲古書院、一九七九年一一月)。

(10) 築島裕著『図書寮本類聚名義抄　解説索引編』、「解説」(勉誠社、一九七六年一一月、一六頁)。
真興は、法相宗大和子島寺、松室の中(仲)算に師事、一〇〇四年(寛弘元)一〇月二三日寂。『法華玄賛』、『一乗義私記』三巻、『真興音義』などの著書がある。

(11) 『敦煌社会経済真蹟釈録』第二輯(三二八頁)。
なお、「粂」字は、「賦役令3」に見える「糴(かう)」字と同じ。

(12) 注(11)文献、第三輯(五九頁)。

(13) 注(11)文献、第二輯(四六三頁)。

(14) 日中文化交流史研究会著『杜家立成雑書要略　注釈と研究』、「本文影印篇」(翰林書房、一九九四年二月、二七四頁)。

(15) 潘重規編著『敦煌変文集新書』(文津出版社、一九九四年〈中華民国八三〉一二月、四九九頁)。

(16) 築島裕著『平安時代語新論』(東京大学出版会、一九六九年六月、三六一頁)。

(17) 『操觚字訣及補遺』(中文出版社、一九七七年、四一八頁)。

(18) 小林芳規執筆「訓読補注」の「同訓異字一覧」(『日本思想大系　古事記』、岩波書店、五六四・五六五頁)。
ただし、宣長は、「請」一五例の内、八例をマヲスと読んでいる。

(19) 倉野憲司著『古事記全註釈』第三巻、上巻篇(中)(三省堂、一九七六年六月、五頁)。
山口佳紀「古事記の言葉と表記」(古事記学会編『古事記研究大系10』、高科書店、一九九五年七月、三四頁)。

(20) 正宗敦夫編『万葉集総索引　漢字篇』(覆刻、平凡社、一九七四年八月初版)による。
この他、巻五、八一五番の詞書に「請紀落梅之篇」と見えるが、これは「詩」の誤字とされる。また、「請誂」「請問」「請益」「望請」との複合語が見える。

(21) 竹内理三編『寧楽遺文』下巻(東京堂、一九四四年一〇月、八七〇頁)。

(22)　秋本吉徳、他『三本対照　古語拾遺』（一九七五年度東京大学大学院人文科学研究科）。
(23)　中村裕一「唐代の制書式について」（『史学雑誌』第九一編第九号、一九八二年、五九頁）。
(24)　仁井田陞著・池田温編集代表『唐令拾遺補』（東京大学出版会、一九九七年三月）。
(25)　文書のａ・ｂは、仁井田陞著『唐令拾遺補』（東京大学出版会、一九九七年三月、七三四・七三八頁）、ｃ〜ｇは、中村裕一著『唐代官文書研究』（中文出版社、一九九一年二月、一八二・二一一・二三五・二四四・二六二頁）による。なお、告身《こくしん》とは、唐で、天子が官に就任する者に授ける辞令書（符）。二〇一頁参照。
(26)　『新訂増補国史大系　令集解』後篇（吉川弘文館、一九五五年三月、七七七頁）。
(27)　黛弘道「跡記の成立年代について」（『史学雑誌』第六三編第七号、一九五四年）。井上辰雄「跡記及び穴記の成立年代」（『続日本紀研究』第一二二号、一九六四年）。
(28)　注(23)文献（二二八頁）。
(29)　『日本思想大系　律令』（岩波書店、一九七六年一二月、三六七頁）。
(30)　注(26)文献（七六五頁）。
「朱云」につき、「朱とは、跡記の行間に付せられた朱書の注記で、貞・先・或などの他説を引用する文であることが知られよう。」（注(29)文献、井上光貞執筆「解説」、七九五頁）とされる。
(31)　注(26)文献（八九九頁）。
(32)　田中稔・狩野久「唐招提寺所蔵古本令私記並びに音義断簡について」（『奈良国立文化財研究所年報』、一九七二年）。「営繕・関市」二令を含む断簡Ｂ。
右の報告については、嵐義人氏が「最近発見の令私記断簡に就いて」（『皇学館論叢』第六巻　第四号、昭和四八年六月）において批判され、本断簡は、『令義解』の成立後、ほど経てからできた「養老令」の注釈筆記で、その筆録者に僧侶を擬すことが可能であるとされる。
(33)　注(29)文献、井上光貞「解説」（七八六頁）。
(34)　小谷博泰著『木簡と宣命の国語学的研究』（和泉書院、一九八六年一一月、一六七・二〇九頁）。
(35)　佐藤進一著『古文書学入門』（法政大学出版局、一九七一年九月、二一五頁）。

(36)「因幡国司返抄」、承和九年七月二〇日、『平安遺文　古文書編』第一巻（第七二号、六二頁）。
(37)注(35)文献（二一六頁以下）。
(38)注(34)文献（二六八・一八二頁）。
(39)北川和秀編『続日本紀宣命　校本・総索引』（吉川弘文館、一九八二年一〇月、一二頁）。
『藤原宮木簡一』、「解説」（三〇〜三五頁）。

注(34)文献（一八三頁）。

早川庄八著『日本古代の文書と典籍』（吉川弘文館、一九九七年五月、九頁、六六〜七八頁）。
(40)内藤乾吉「正倉院古文書の書道史的研究」（正倉院事務所編集『正倉院の書蹟』、日本経済新聞社、一九六四年一一月。「論考」の三二頁）。
大平聡「正倉院文書に見える『奉請』」（『ヒストリア』第一二六号、一九九〇年三月）。

早川庄八著『宣旨試論』（岩波書店、一九九〇年四月、九三頁）。
(41)拙稿「『高山寺本古往来』の構成について」（高山寺典籍文書綜合調査団編『高山寺典籍文書の研究』、高山寺資料叢書別刊、東京大学出版会、一九八〇年一二月）。
(42)小林芳規編「高山寺本古往来　翻字・索引」（『高山寺本古往来　表白集』、高山寺資料叢書、第二冊、東京大学出版会、一九七二年三月）。
(43)小林芳規「国語史料としての高山寺本古往来」（『高山寺本古往来　表白集』、注(42)文献）。
峰岸明「高山寺本古往来における漢字の用法について」（同右）。
(44)川口久雄著『平安朝日本漢文学史の研究　下』（明治書院、一九六一年、八〇三頁）。
同「明衡往来諸本考」（『国語国文』第九巻第二号、一九三九年二月）。

石川謙編『日本教科書大系　往来編　第一巻　古往来㈠』（一九六八年、八五頁）。

青木孝「『明衡往来』の三巻本と二巻本系統諸本についての考察——特に書状の配列と出入を中心として」（『青山学院女子短期大学紀要』第三四輯、一九八〇年一一月）。

佐藤武義「明衡往来の国語史的研究」（山田忠雄編『国語史学の為に　第一部往来物』、笠間書院、一九八六年五月）。

(45) 注(44)文献、「明衡往来諸本考」(川口久雄、四九・六四頁)。
(46) 拙著『雲州往来享禄本　研究と総索引』、「本文・研究篇」(和泉書院、一九八二年三月。同、「索引篇」、一九九七年二月)。
拙著『雲州往来享禄本　本文』(和泉書院、一九九七年七月)。
(47) 巻八(広文書局印行、一九七一年〈中華民国六〇〉、六八二頁)。
(48) 注(35)文献(二一四頁)。
(49) 注(35)文献(二一六頁)。
(50) 『法華伝記』巻八、「満州虞県不信男」(『大正新脩大蔵経』第五一巻、八六頁)。
(51) なお、「請定《しょうじょう》」といい、仏事等に参勤すべき僧侶の名を連記して触れ回す文書があった。出席を承知した僧侶は「奉」、それができないものは「故障」と記入して回した(相田二郎著『日本の古文書』上、岩波書店、一九四九年一二月第一刷、一九七四年五月第一一刷、三五七頁)。

[補注1] 長屋王家木簡や「正倉院文書」における「受」には「うく」の他に「つく」「さづく」、「附」には「つく」の他に「さづく」と訓むべきものがあるとされる(犬飼隆「文字言語としてみた古事記と木簡」〈古事記学会編『古事記研究大系11 古事記の世界　上』、高科書店、一九九六年九月、二九八・二九九頁〉)。

[補注2] 狭義の請文については、『雑筆要集』(続群書類従、巻第一一)に「請文之様」として多様の文例が収められている。また、「うけぶみ」という言葉も、次のように見えている。

○ 定隆にたひて候請文をめして□たらはなすへきよし、ますし候ひしかは、□《うカ》けふみとく……わたすへし(前後略)
(菅原定隆書状〈醍醐寺本醍醐雑事記七・八裏文書〉、院政期ヵ、『平安遺文　古文書編』第九巻、三七二九頁)

○ かつハのちのために、面々にうけふミをとりて、このをきふみにくしたる也、請文別にあり、
(比丘尼円正善妙寺中尾坊置文、嘉元元年一一月一四日、『高山寺古文書』、高山寺資料叢書、第四冊、一一〇頁)

[補注3] 日本語のヤル・モラウ表現と現代中国語の「請」との関係につき、高靖「『～シテモラウ』と『請』に関する日中対照研究……構文論的に見た『請』と『～シテモラウ』……」(『対照言語学研究』第九号、一九九九年一二月)がある。

第三部　古文書の表現法

第一章　待遇表現法――「奉」「被」「得」――

第一節　はじめに

古文書には、その作成手続きとして、上位者の言葉や先行文書をうけ、これを引用して作成されるものが少なくない。この場合、上位者の言葉や先行文書が〝どのように待遇されるか〟という点から整理すると、次の三種類がある。

a、［甲］を＋奉《うけたまは》るに＋偁《いは》く＋「……（引用内容）」＋者《てへ》り

b、［乙］を＋被《かうぶ》るに＋偁《いは》く＋「……（引用内容）」＋者り

c、［丙］を＋得《う》るに＋偁《いは》く＋「……（引用内容）」＋者り

［甲］には、勅・勅旨・令旨の類、［乙］には、太政官符や院宣など、［丙］には、解や申状などが相当する。ここには、引用する側と引用される側との位置関係・上下関係により、「奉」「被」「得」の三種類の動詞が使い分けられている。aやbは、上位者の言葉や下達文書をうける形式、cは、上申文書をうける形式で、aの敬意が最も高い。

文書とは、口頭伝達の道具でもある。右を一つの待遇表現としてとらえ、これに関する問題について考えてみたい。

なお、引用表現の「いはく」の表記につき、古文書では「偁」がよく用いられる。古文書特有の言葉であり、これについては後述する。記録語・漢字交り片仮名文などでは「云」、および、「曰」「言」などによることが多い。

第二節　平安初期太政官符

「奉」「被」「得」の動詞それぞれの用法につき、平安初期の「太政官符」を中心に若干の用例を引く。用例の所在は、『新訂増補国史大系　類聚三代格』の頁数による（再読字に関する返り点も同様）。以下、紙幅の都合で用例の差出所・充所・事書・位署・日付などの要件を省略することが多い。

＊［甲］「奉」で待遇されるもの

○　僧尼悔過用音事
右奉二今月廿六日　勅一偁。修善之道摂心為レ先。精進之行正念為レ本。比年之間。（略）
（七八三年〈延暦二〉一一月六日、一三六頁）

この太政官符では、「勅」を奉ずることを「奉《うけたまはる》」といい、その内容を「偁《ノ玉ハク》」と引用する。勅とは、天皇の命令であるが、口頭で弁官局に伝宣される。この時、宣旨《せんじ》書《がき》のような覚書きが介在することもある。類例は多い。

○　太政官符伊賀国守正六位上池田朝臣足床等
家壱区〈在二伊賀国阿拝郡柘殖里一者〉
地弐町／墾田漆町壱段／屋捌宇／板倉漆間
価銭漆拾貫文
以前、奉二　勅旨一偁、左京四条三坊戸主小治田朝臣弟麻呂戸、同姓藤麻呂之家地并墾田、為二東大寺庄一、得レ買已

訖、宜二所司一令レ立二券文一者、国宜二承知一、准レ勅施行、符到奉行、（下略）

（太政官符案、七四八年〈天平二〇〉一〇月二七日〈鎌倉時代写〉、『大日本古文書〈正倉院文書〉』第二四巻、五二五頁）

これは奈良時代の用例である。関連して、「太政官符治部宮内省」に「以前、奉二去年十二月廿七日勅一偁、……」（七五〇年〈天平勝宝二〉二月二六日、『寧楽遺文』下、七五五頁）、「以前、被太政官二月廿六日符偁、奉二去年十二月廿七日勅一偁、……」（同三月三日、同下、七五八頁）、「孝謙天皇東大寺飛騨坂所施入勅書案」に「以前、奉二去五月廿五日勅一、所入如件」（七五六年〈天平勝宝八〉六月一二日、『大日本古文書〈正倉院文書〉』第二五巻、二〇一頁）などといった例が見えている。

「公式令」には次のような規定（文言）が見える。だが、この様式の全てが実行されたようではないらしい。

○詔書如右。請奉　詔付外施行。謹言。（詔書式、令義解、『新訂増補国史大系』、二二八頁）

○奉勅旨如右。符到奉行。（勅旨式、同右、二三〇頁）

○奉勅依奏。若更有勅語須附者。各随状附。云々。（奏事式、同右、二三三頁）

○奉勅依奏。若不依奏者。即云。勅処分。云々。（便奏式、同右、二三四頁）

○奉令旨如右。令到奉行。（令旨式、同右、二三五頁）

○奉令依啓。若不依啓者。即云。令処分。云々。（啓式、同右、二三六頁）

このように、「奉」は、勅・勅旨・令旨の類をうけるが、例外的に、例えば、次のような文書がある。

○奉二太政大殿（太政大臣藤原良房）門宣一云、近者奉二為今上（文徳天皇カ）陛下一、頻有二悪夢一、為二此恠事一、心裏不レ安、可レ令下弟子僧等、奉二為陛下一、奉上レ読二寿命経一者、乞悉二此趣一、請二院僧若便宜衆僧等一、令レ脩二此事一、（下略）

（僧円仁書状、一一月二四日付、相田二郎著『日本の古文書』下、一七七頁）

良房の宣をうけて、円仁から安慧（カ）に宛てた書状とされる。「今上陛下」とは、清和天皇（八五八年〈天安二〉即位）であろうか。良房は、その外戚にあり、天安元年に人臣初の太政大臣となる。「奉」が用いられているのは、そうした良房の立場からのことであろう。「云」字は、これが公文書でなく、書状であるからである。

＊［乙］「被」で待遇されるもの

○ 応レ令三十五大寺毎年安居奉レ講二仁王般若経一事

右被二大納言正三位藤原朝臣雄友宣一偁。奉レ勅。今聞。消レ禍長レ福。護二持国土一者。仁王般若斯最居レ先。（中略）。自レ今以後。立為二恒例一。其七道諸国々分寺准レ此。

（八〇六年〈延暦二五〉四月二五日、五一頁）

この太政官符は大納言の「宣」をうけて発布されたもので、こうした場合、「宣」は「被」によって待遇されるのが常である。「宣」とは、当日の政務担当の上卿《しょうけい》（大納言・右大臣など）の下達する勅命で、外記局、弁官等へ伝達して発布される。「被」は、後の「得」という行為に相当するが、上意を「被《かうぶ》る」と表現する。

○ 右被二中納言兼左近衛大将従三位行春宮大夫陸奥出羽按察使藤原朝臣冬嗣宣一偁。奉レ勅。宜二依レ件定一。

（八一八年〈弘仁九〉五月九日、一七六頁）

○ 右被二内大臣従二位藤原朝臣（良継）宣一偁。奉レ勅。如レ聞新羅兇醜不レ顧二恩義一。早懐二毒心一。（中略）供養布施並用二庫物及正税一。自レ今以後永為二恒例一。

（七七四年〈宝亀五〉三月三日、四五頁）

○ 右被二左大臣（良継）宣一偁。奉レ勅。承前院預名為二別当一。今改置如レ件。仍須二遷替之日令レ進二解由一。（略）

（八三〇年〈天長七〉一一月二日、一七八頁）

大納言・右大臣の「宣」は、比較的多いが、二例目以下のような中納言・内大臣・左大臣のそれも、まま見える。

「被」は、「符」を遇する場合にも用いられる。符は、所管から被管へ下す文書である。

○　応レ給二時服并番上并粮米一事

史生四人（中略）

右被二太政官去三月十五日符一偁。被二右大臣（内麿）宣一偁。奉レ勅。承前諸司番上及雑色人。劇官以外不レ給二衣食一。（中略）定レ額如レ件者。省宜二承知依レ件行一レ之。其衣服色数。宜レ依二常例一。（八〇九年〈大同四〉四月一日、二六一頁）

太政官符が、先行する太政官符を引いた例であり、それは右大臣が勅を奉じたものである。

○　応下停二史生一員一補中弩師上事

右得二石見国解一偁。被二太政官去二月七日符一偁。津守稲利去正月廿二日任二彼国弩師一畢者。国依二符旨一任用已畢。而（中略）右大臣（基経）宣。奉レ勅。依レ請。（八七五年〈貞観一七〉一一月一三日、二一四頁）

これは、太政官符が石見国解を引き、その石見国解は、太政官符を引く。官符が石見国解をうける場合は「得」であり、石見国が官符をうける場合は「被」となっている。律令官制の上下関係によって文書の待遇方法が異なる。

○　右、去治暦五年三月廿三日下二五畿内七道諸国一官符偁、寛徳二年以後新立庄園永可二停止一者、加以（後略）

（伊賀国司庁宣、一〇六九年〈延久元〉閏一〇月一一日、『平安遺文　古文書編』第三巻、一〇六五頁）

上位の太政官は「下す」と表現し、下位の諸国はこれを「被る」と表現する。

以上のように、勅命を奉ずる「宣」、所管から被管へ下す「符」の類は「被」によって待遇される。

＊［丙］「得」で待遇されるもの

○　応レ令下二神戸百姓一護中鴨上下大神宮辺川原并野一事

四至／御祖社（中略）
右得二山城国解一偁。依二太政官去十一月四日符一。仰二愛宕郡司一令レ禁三護件社辺河一。而（中略）謹請二　官裁一者。
左大臣《源常》宣。依レ請。　（八四四年〈承和一一〉一一月二〇日、一〇頁）

○

応二依レ実放生一事〈二箇条之初条也〉
右得二権僧正法印大和尚位遍照奏状一偁。謹案二太政官去天平宝字三年六月廿三日符一偁。得二唐曇静法師奏状一偁。夫蠢々昆蚑誰無レ畏レ死。振々翾走咸有レ愛レ身。（後略）　（八八二年〈元慶六〉六月三日、一三五頁）

○

応下以二円成寺一為二定額一修二仁王三昧安居講経一幷請中三会聴衆上事
仁王護国般若経二部〈一部三昧／一部夏講〉／（中略）
右得二権律師法橋上人位益信申状一偁。益信於二件道場一「奉」（衍カ）奉三為聖朝一相二率門徒一。奉レ祈二仙齢一。伏望。（中略）。謹請二　恩裁一者。左大臣（源融）宣。奉　レ勅。依レ請。　（八八九年〈寛平元〉七月二五日、六二頁）

○

応下停二春節灌頂一永成中修法上事
右得二少僧都伝灯大法師位実恵表一偁。依二太政官去承和十年十一月十六日符一。自二去十一年三月十五日一。始行二春秋灌頂一。而寺家之務。（中略）藤原朝臣良房宣。奉　レ勅。依レ請。　（八四六年〈承和一三〉三月一五日、六九頁）

太政官符においては、「得」は、「解」をうけることが最も多い。というより、太政官という機関の性格上、そうした文書が多かったということであろう。「解状」（八九三年〈寛平五〉一〇月二九日、八頁）という語形で見えることもあり、「奏状」「申状」「表」などをうける例もある。「解」は、下位の被管（および、個人）から上の所管（また、個人）に差し上げる文書である。「奏状」は、右の場合、諸司・諸人から奉って勅裁を仰ぐ文書である。「申状」は、解・解状の類とみてよかろう。平安中期以降は、より広く各方面に用いられたとされる。(1)「表」も、上申文書の一つで、「臣下から至尊に、祥瑞慶事を祝賀し、若しくは官職等を拝辞する為めに奉る文書」という。[2] 従って、これらは、みな、下から上へ差し上げる文書であり、太政官は、これを「得」という言葉で引いている。「得《う》」は、本来、敬語的性格をもたない一介の動詞のようであるが、ここには待遇表現の一環としての働きが認められ、太政官が自らを高めるような形で用いられている。「被」の上向性に対する「得」の下向性が認められよう。

ところで、「牒」の場合であるが、これは「得」「被」の両様でうける。当事者間の上下関係によるのであろうか。

○　応三四月十五日以前行二授戒一事

右得二延暦寺牒一偁。被下太政官今年三月七日下二当寺一牒上偁。如レ聞諸寺他宗応二得度一者。各就二便宜一労三下宣旨一。

（中略）源朝臣能有宣。奉レ勅。依レ請。　（八九五年〈寛平七〉一〇月二八日、九〇頁）

太政官符が、まず、延暦寺牒を引き、その牒は太政官牒を引く。太政官と延暦寺との間で交わされた文書であるから、共に「牒」の様式を用いる。しかし、この場合にも待遇の方法に差異があり、太政官符は延暦寺牒を「得」で遇し、延暦寺牒は太政官牒を「被」で遇している。延暦寺が官制外にあるといっても、実質的には上下の関係はあろう。

なお、七四一年（天平一三）から七七二年（宝亀三）にかかる「奴婢帳」（『寧楽遺文』下、七四一頁）には、「辞状」「訴状」「解状」「申状」等を「得」で遇した例の他、「移」を「得」で遇した例がある。移も、上下関係、所管・被管の関係の明瞭でない官司の間で用いられる。

第三節　平安中期以降

平安中期以降においても、「被」「得」の用法は、大きくは変わらない。若干の用例を引く。

○民部省符　若狭国司　『印同上』

応㆑給㆓従三位源朝臣澄子位封弐拾伍烟仕丁壱人㆒事

右、被㆓太政官今年七月廿六日符㆒偁、去六月十六□（日）叙㆓従三位㆒者、応㆑給㆓封戸㆒、具状謹以㆓奏聞㆒、奏　㆑勅、依㆑奏

□、国宜㆓承知㆒、依㆑件行㆑之、符到奉行

（民部省符案、一〇七四年〈承保元〉八月二八日、『平安遺文　古文書編』第三巻、一一二一頁）

○応㆑令㆘威儀師最秀弁㆗申押㆓取万弓郷田畠㆒子細㆖事

右得㆓大和国去六月七日解状㆒偁、得㆓高市郡司但波弘高解㆒偁、件田畠百余町、元是散位藤原朝臣兼業所領也、而

（後略）　（後三条天皇宣旨、一〇六九年〈延久元〉一〇月七日、『平安遺文　古文書編』第三巻、一〇六五頁）

○太政官符和泉国司

応㆘任㆓寛徳二年官符㆒、早停㆗止部内新立庄園幷寄人等㆖事

右得㆓彼国守正五位下菅原朝臣定義去四月十日奏状㆒偁、謹検㆓案内㆒、庄園之制其符雖㆑頻、土民之愚如㆑忘㆓朝章㆒、

（後略）　（太政官符案、一〇五〇年〈永承五〉七月二一日、『平安遺文　古文書編』第三巻、八一四頁）

○川人郷長解　申㆔常地立㆓売買林券文㆒事

合栗林壱町（細字注略）

右得㆓右京一条二坊戸主真野朝臣方永戸口同姓末子辞状㆒偁、件地宛㆓価直稲弐佰束㆒、限㆓永年㆒沽与（中略）茂幹

常地畢者、依㆓辞状㆒覆審、所㆑陳有㆑実、（中略）以解、

（丹波川人郷長解写、八八九年〈寛平元〉一二月二五日、『平安遺文　古文書編』第一巻、二五七頁）

○牒、得㆓彼寺伝法供所陳状㆒云、件田地、故実恵少僧都、（後略）

（右大臣藤原忠平家牒、九二〇年〈延喜二〇〉九月一一日、『平安遺文　古文書編』第一巻、三二五頁）

○右得二彼寺牒状一偁、欲レ被下任二道理一裁定上（後略）

（観世音寺政所下文案、一〇六八年〈治暦四〉四月九日、『平安遺文　古文書編』第三巻、一〇五三頁）

右につき、一例目は、民部省符が太政官符を「被」で遇した例、続く例は、宣旨が解状を、太政官符が奏状を、解が戸口の辞状（売主から郷長への申告書）を、牒が陳状を、政所下文が牒状を、それぞれ「得」で遇した例である。引く側は様々であるが、当事者間の上下関係により、「被」「得」が使い分けられている。

いわゆる公家様文書は、既に、平安初期から見られるようだが、「被」によって、「院宣」「綸言」、「長者宣」や「関白殿　仰」（関白家御教書）などを遇する例も少なくない。

○被二院宣一云、延暦寺西塔衆大法師弁円年来之間、忘二善神之冥鑒一、為二悪夜之張本一、（中略）殊令レ加二明察之詞一、宜レ致《ママ》下仰二天台一之衆上者、　院宣如レ此、悉レ之

（後白河上皇院宣案、一一七五年〈安元元〉八月二三日、『平安遺文　古文書編』第七巻、二八七三頁）

○被二　綸言一偁、可レ令レ祗二候夜居一之由、宜二遣仰一者、　綸言如レ此、悉レ之、謹言、

（崇徳天皇綸旨、一一三一年〈天承二〉二月二日、既出『日本の古文書』下、一八三頁）

○被二関白殿　仰一云、来廿六日、伊勢公卿勅使禄料幷合袴三腰、期日以前、美麗可二調進一由、宜二遣仰一者、仰旨如レ此、知綱謹状、

（関白〈藤原忠実〉家御教書、一〇月一二日、既出『日本の古文書』下、一九四頁）

○被二　長者宣一偁、高田庄事、楪楊講衆申状如レ此、任二申請旨一早可下令二下知一給上者、長者宣如レ此、悉レ之、兼光恐々謹言、

（藤氏長者宣、一一八三年〈寿永二〉九月一七日、『平安遺文　古文書編』第一〇巻、補遺続一八五頁）

一例目は、天台座主に宛てたもので、差出書・下付には「左衛門権佐藤雅光奉」とある。次は、仁海律師に宛てた

もので、おなじく「左中弁顕頼奉」とある。次は、淡路守に宛てたもので「右衛門権佐藤原知綱奉」とある。「関白殿」とは、藤原忠実である（一一〇四～一一二〇年〈長治元～保安元〉の任）。次の「兼光」とは家司であろう。いずれも奉書である。

『雑筆要集』は鎌倉初期の頃に作られた文例集であるが、(3) 時代柄であろうか、これには次のように見える。

○被二院宣一偁。八幡宮寺所司権寺主勝覚者。……院宣如レ此。依執達如レ件。　〔院宣書様三〕

○被二御室仰一云。力者大万法師依二所労一……。依執達如レ件。　〔親王宣書一二〕

○被二殿下仰一云。御出既以明日也。……。仍執達如レ件。　〔関白宣一五〕

○被二別当宣一偁。摂津国豊島北条供御人某丸。……。依執達如レ件。　〔別当宣一九〕

○被二（ママ）国宣一偁。来何日宇佐勅使出京云々。任レ例明石駅雑事。……。仍執達如レ件。　〔国宣二三〕

○被二某殿仰一偁。明日蹴鞠之御会也。……。依執達如レ件。　〔御教書二九〕

「御室」とは、仁和寺門跡（法親王）、「殿下」とは、藤原氏の長者殿下（関白）、「別当」とは、検非違使の別当をいう。「国宣」は、国司から下す公文書で、これは播磨国から明石郷司に宛てたもの。「御教書」は、三位以上の公卿、および、これに準ずる人の意を下し伝える文書である。差出書・下付は、順に、「散位高階ム（某）奉」「権寺主ム奉」「左近将監平ム奉」「―奉」「姓名奉」「姓名奉」とある。従って、これらはみな奉書である。『雑筆要集』には、また、「奉」で遇される「令旨」一例、「得」で遇される「解状」三例が見えている。その内、前者は次のようにある。

○奉二令旨一偁。来某日御行詣也。……。期日以前可レ被二調進一之由。所レ宣如レ此。依執達如レ件。

月　日／　姓名奉　〔令旨書様九〕

「令旨」は、皇太子・三后、および、親王・内親王・女院からの下達文書で、「公式令」は、これを「奉」で遇している。しかし、奉書の場合は、次の美福門院（鳥羽天皇皇后）令旨のように「被」が用いられた例もある。

○被二美福門院令旨一云、以二紀伊国荒河庄一、永令レ寄二進金泥一切経蔵一、（中略）、安二此経堂一、有二比類一哉者／令旨如レ此、悉レ之、謹状、

（美福門院令旨、一一五九年〈平治元〉七月一七日、『日本の古文書』下、二七一頁）

以上に関し、「かうぶる」の表記に「蒙」字を用いられた例も散見する。

○牒　書之司

金光明経疏合三部〈一部八巻元暁師選（略）〉

右、蒙二大徳宣一云、応レ写二彼司一者、注状申送如レ前、

（経疏本出入帳案、七四八年〈天平二〇〉カ七月九日）

末尾に「栄之状」とある牒状である（『大日本古文書〈正倉院文書〉』第二四巻、五〇九頁、塵芥文書二〇裏）。

○右、得二今月十二日舎人常世馬人口状一云、蒙二長官王（市原王）宣一偁、為レ奉レ写二花厳経一、便可レ借二用千部法花料紙一者、仍随二口状一、附二馬人一進送、／

天平感宝元年潤五月十三日賀茂書手／常世「馬人（自署）」

（東大寺装潢所紙進送文、七四九年〈天平感宝元〉閏五月一三日、『大日本古文書〈正倉院文書〉』第二四巻、五九六頁）

○方今寵寿蒙二去貞観八年十二月廿三日宣旨一偁、権律師常暁卒去之替、為二太元帥伝法者一、遵二行聖旨一、住二法琳寺一

（後略）

（寵寿申状、八七七年〈貞観一九〉正月一九日、『平安遺文　古文書編』第一〇巻、三八〇四頁）

○蒙二綸旨一云、日光焦レ畝月潤永絶、人民懐レ愁皇情仰レ天、仍（中略）、修二請雨法於仏海之誓水一者、

綸旨如レ此、以レ一察レ万、如レ此、

万寿五年四月十二日　左中弁重尹歟奉

（後略）

（後一条天皇綸旨写、仁海律師宛、一〇一九年〈寛仁三〉四月一二日、『日本の古文書』下、一八三頁）

○蒙二綸言一云、始レ自二今日一、引二率六口伴□（僧カ）一、於二法勝寺一、可レ令レ勤二修聖観音法一者、

綸言如レ此、悉レ之、謹状、

（堀河天皇綸旨、一〇九三年〈寛治七〉六月二七日、『平安遺文　古文書編』第一巻、二八五頁）

二例目は、大安寺写経所へ料紙を届けた送り状で自署に「馬人」とある。後二例は綸旨、四例目は、写しであるが綸旨の最古のものとされる。ただし、その「万寿五年（一〇二八）」と「重尹歟」の部分は追筆による誤記で、正しくは寛仁三年（一〇一九）、左中弁は藤原経通であるとされる。(4)

第四節　中国古代

勅令や文書をうけて「奉」「被」「得」で始まる様式は、唐代の公文書に学んだものらしい。敦煌文書に次がある。

○　勅帰義軍節度兵馬留後使　　牒。

前正兵馬使銀青光禄大夫検校太子賓客鄧弘嗣。

右改補充左廂第五将将頭。

牒奉二処分一、前件官、弱冠従レ戎、久随二旌旆（ママ）一、夙懃二王事一、雅有二殊才一、臨レ戈無二後顧之心一、（中略）依二已件一補如レ前。牒挙者、故牒。（後略）

（甲戌年〈九一四〉鄧弘嗣改補充第五将将頭、伯三二三九号）(5)

唐代、敦煌府（帰義軍）の鄧弘嗣の昇任に関する文書らしく、告身（辞令書）の発せられる前の任官証明書の類である。様式は牒（唐令）で、「奉」は、勅命をうける。この類例は多く、「唐令」の「勅牒式」に「中書門下牒某。／牒、奉勅云云。牒至准勅。故牒。／　年月日　牒／　宰相具官姓名」(6)とあるところが参照される。

関連して、告身には、末部に、「制書如右、請奉／制付外施行、謹言」「……司馬張懐寂奉被／制書如右、符到奉行」

（六九二年〈武則天長寿二〉張懐寂告身）などと見えることが多い(7)。これは、「唐令」の「制書式」に「……。謹奉／制書如右。請奉／制付外施行。謹言。」、「発日勅式」に「奉／勅如右。牒到奉行。」、「勅旨式」に「奉／勅旨如右。牒至奉行。」、「令書式」に「令書如右。請奉／令付外施行。謹啓。」、「教書式」に「主簿具官封名白。奉／教如右。請付外奉行。謹諮(8)。」とあるところに従うものであろう。唐代、制勅を下すには、中書・門下、および、尚書の三省の手を経る(9)。

○豆盧軍　　牒燉煌県
軍司、死官馬宍銭　参阡漆伯捌拾文。

　壱阡陸伯伍拾文索礼。壱伯陸拾文郭仁福。／（中略）。

牒、被二撿校兵馬使牒一称、件状如レ前者。／欠者、牒二燉煌県一請徴、便付二玉門軍一。仍／牒二玉門軍一、便請二受領一者。此已牒二玉門一／訖。今以レ状牒、々至准レ状、故牒。　（七〇二年〈周長安二〉一二月豆盧軍牒、大谷二八四〇(10)）

○勅検校長行使
　粟参拾肆碩
牒得二西州長行坊牒一称、上件粟、准二使牒一、毎日合飼二三百疋馬一。当レ為二一十九日一。馬出レ使、飼不レ満二三百疋一。
毎日計二徴上件粟一（後略）　（七〇九年〈唐景龍三〉頃、検校長行使牒、M二七二(11)）
右二例は、池田温著『中国古代籍帳研究――概観・録文――』（三四七頁）による。（「称」字は原本「稱」。以下同様）

○勅帰義軍節度使　　牒。
　洪潤郷百姓張留子／女勝蓮年十一
牒。得二前件人状一称、有二女勝／蓮一、生之楽レ善、聞二　仏声一／而五体倶歓、長慕二幽宗一、／聴二梵響一而六情頓喜。

／今為二／父王忌日一、広会二斎筵一。既願二出／家一、任レ従二剃削一者。故牒。／(後略)

(九三八年〈清泰五〉二月一〇日、勅帰義軍節度使牒／張勝蓮得度牒、S四二九一)[12]

右二例の「称」字につき、図版によれば、明らかに禾偏であり、原則的には人偏の「偁」字を書く日本と異なる。

○ 大平郷主者、得里正杜定護等牒称、奉処分、令百姓各貯一二年粮、(後略)

(六八二年〈唐永淳元〉西州高昌県下太平郷符為百姓按戸等貯糧事、阿斯塔那三五号墓)[13]

○ 牒辯被問、得堂兄妻阿白辞称、云籍下田地(後略)

(七〇九年〈唐景龍三〉西州高昌県処分田畝案巻)[14]

トルファン文書にも類例は多いが、図版によれば、これらの「称」字は、みな、禾偏の字体で見えている。

○ 臣某言。臣得進奏院状報。中書門下奏賀於醴泉県建陵栢城獲白鹿一。聖敬日躋。禎祥荐至。

右は、『文苑英華』(巻五六五所収、令狐楚撰)に見える。[15]「進奏院状」は、京師にある各藩鎮の上都進奏院から各藩鎮に対して発信される文書(情報伝達)で、多くは「(臣某言)得……進奏院状報。」の文型で始まる。

第五節　おわりに

以上に見てきたところを整理すると、三種類の動詞とその待遇するところとの関わりは次のようになる。これらの動詞は、いずれも文書の首部に位置し、それぞれの文書の対面を形成し、非常に重要な地位を占めることになる。

a、奉―勅・勅旨・(令旨)など、天皇やそれに準ずるところから発せられる口頭命令。

b、被―太政官符・上卿の宣、院宣・綸旨・令旨・長者宣・御教書・別当宣・仰など上位の下達文書、牒・国宣。

c、得―解(解状)・奏状・申状・表・辞状・訴状・陳状、また、牒・移など、下位から上申する文書。

こうした文書様式は、唐代のそれにならうものである。だが、八世紀以降の政治機構の変容に伴って変化している。「奉」は、動詞「うけたまはる」を表している（第二部、第四章参照）。他の二字も『色葉字類抄』が参照される。

蒙〈カウフル／―恩―瓮子〉被任攘魯冒贅頼前覆盆荒戻黷盖冠〈已上蒙／也〉（前田本、上一〇四ウ、カ部辞字）

得〈多則反／ウ／―失〉獲服受〈已上名（ママ）〉（黒川本、中五一ウ、ウ部、辞字）

従って、「被」は「かうぶる」[16]、「得」は「う」を表記したものであり、前者については古往来に、

○抑如《キハ》被《カフルカ》命《ヲ》者件人其《ノ》近《キ》親《シンル》有当国《ニ》之由云々（高山寺本古往来、五八行）

○被《カウフルニ》レ仰云《ヲク》来月可レ参《ス》（二）春日《カスカニ》（一）若殊《シナルクハ》無二御障《サハリヲ》（ママ）一被《レ》二同道《ナンヤノ》（一）乎仰旨如（レ）此悉《セヨ》〔入声〕レ之《ヲ》謹言（雲州往来、享禄本、巻中、47ウ1）

とも見える。ただし、『雲州往来』祐徳（南畝）本では「被《テ》レ仰云《セク》」（中末六9）と助動詞「らる」に読み、一六四二年（寛永一九）版本も同様である。前者についても、「命」を動詞に、「被」を助動詞に解するのがよいとされるが[17]、右の付訓のままを是とすべきであろう。『吾妻鏡』寛永版本の「被」字についても先学の詳論があり、その「被二院宣一俉」は「院宣セラレテイハク」と解されている[18]。近世の版本がどう読むかについては、また、別途に対応しなければならないが、本来的には「被《かうぶる》」とありたい。『吾妻鏡』同版本には「蒙院宣」という表記もあり、南北朝頃の古文書でも、「仰かふり候之条々[19]」「可蒙仰候[20]」といった用例もある（注(18)文献）。

この「被」の、尊敬の助動詞としての用法は、「平安時代にはひって「る」「らる」を尊敬の助動詞として用ゐることが生じた結果によるものである[21]」とされ、その詳細については先学の論考がある[22]。助動詞「被《る・らる》」の用法が一般的になれば、動詞「被《かうぶる》」の用法は次第に廃れていくであろう。ただし、合戦の打ち続く中世には「被二矢疵一」（長谷場久純軍忠状、一三三七年〈建武四〉四月二九日、『南北朝遺文　九州編』第一巻、二八一頁）、「身に疵をかふり」（日永書状、一

二七七年〈建治三〉六月、『鎌倉遺文　古文書編』第一七巻、九三頁）という表現が頻繁に見える。「被ㇾ疵」は、『史記』にも見える古い表現であるが、中世の「手負注文」や「軍忠状」などにおいては、特記すべき重要な要件となっている。「被ㇾ疵之条」は、「殊功之至」「尤神妙也」と評価され[23]、忠節の証しとして恩賞・安堵の対象とされたのである。

注

（1）相田二郎著『日本の古文書』上（岩波書店、一九四九年第一刷、一九七四年第一一刷、七七八頁）。

（2）注(1)文献（七六五頁）。

（3）佐藤進一著『新版古文書学入門』（法政大学出版局、一九九七年四月、一八八頁）。「各種の文書の雛形を集めた文例集」とされる。『続群書類従』第一一輯（公事部）所収。

（4）佐藤著、注(3)文献（一〇五頁）。正文としては醍醐寺三宝院の一〇五四年（天喜二）の文書が最古という。

（5）『敦煌社会経済文献真蹟釈録』第四輯（一九九〇年七月、二九三頁）。

（6）仁井田陞著・池田温編集代表『唐令拾遺補』（東京大学出版会、一九九七年三月、一二四一頁）。

（7）注(5)文献（二六九・二七〇・二七二・二八七・二八八頁、など）。

（8）仁井田著、注(6)文献（一二三六・一二三八・一二三九・一二五〇・一二五一頁）。

（9）仁井田陞著『唐宋法律文書の研究』（大安、一九三七年初版、一九六七年再版、七九七頁）。

（10）池田温著『中国古代籍帳研究——概観・録文——』（東京大学出版会、一九七九年三月、三四二頁）。

（11）池田著、注(10)文献（三四七頁）。

（12）竺沙雅章「14　寺院文書」（『講座敦煌5　敦煌漢文文書』、大東出版社、一九九二年三月、五九二頁）。
中村裕一著『唐代官文書研究』（中文出版社、一九九一年一二月、四二四頁）。

（13）中国文物研究所・他編『吐魯番出土文書［参］』（文物出版社、一九九六年一月、四八七頁）。

（14）注(13)文献（五五九頁）。

（15）中村著、注(12)文献、三三四頁以下。

（16）語形としては「かがふる」「かうむる」「かぶる」「かむる」などもあるが、今はこの問題に触れない。

(17) 峰岸明「高山寺本古往来における漢字の用法について」(『高山寺資料叢書』第二冊、六二七頁)。
(18) 青木孝「吾妻鏡の文体——『被(ヒ)』字で受動態を表わす用法を中心として——」(山岸徳平編『日本漢文学史論考』、岩波書店、一九七四年、三六三頁)。
(19) 「兵庫助光信書状」(正中一一年ヵ七月一六日、『南北朝遺文　九州編』第四巻、四三頁)。
(20) 「斎藤素心書状写」(応安元年一二月二六日到来、『南北朝遺文　九州編』第四巻、三六五頁)。
(21) 佐藤喜代治著『日本文章史の研究』(明治書院、一九六六年一〇月、二七八頁)。
(22) 辛島美絵「古文書における『る・らる(被)』の特色」(『語文研究』第七一号、一九九一年六月)、同「『る・らる』の尊敬用法の発生と展開——古文書他の用例から——」(『国語学』第一七二集、一九九三年三月)。
(23) 例えば、「清原重通軍忠条」(建武三年一一月二〇日、『南北朝遺文　九州編』第一巻、二四四頁)、「足利直義軍勢催促状」(建武三年一二月二〇日、同一・二五二頁)、など。なお、『平家物語』(一二、六代被斬)・『増鏡』(一一、さしぐし)・『愚管抄』(四、鳥羽)・『太平記』(一八、瓜生判官老母事)などに「疵をかうぶ《む》る」と見える。

第二章　引用表現法――「偁（称）……者」――

第一節　はじめに

古文書は、引用表現が頻繁に用いられる。下達文書・上申文書・平行文書のいずれにせよ、文書においては授受者間の立場を明確に表示する必要がある。また、意を尽しにくい文字表記（漢字）に依存せざるを得ないという事情もある。明晰な伝達方法は、常に苦慮するところであったのであろう。その表現方法は、基本的には次の形式による。

［甲］（命・文書など）を＋奉《うけたまは》（被・得）るに＋偁《いは》（云）く＋「……（引用内容）」＋者《てへ》り

「偁（云）」で始まり「者」で閉じる。単調ではあるが、視覚的にも、むしろ簡明な方法を意図したものであろう。

『平家物語』延慶本には、次のような付訓が見える。中世の文学作品ではあるが、多少の参考にはなろう。

○　奉《ルニ》（二）最勝親王勅宣（一）偁《ク》　清盛法師幷宗盛等……可（二）初宛（一）行也者《レハ》　依（レ）宣《ニ》行（レ）之《ヲ》　（四、古典研究会、六八五頁）

○　被《ルニ》（二）最勝親王勅命《ノ》（一）偁《ク》　召具《テ》……可（レ）致（三）用意《ヲ》（二）於洛陽《ニ》（一）者《レハ》　近国之源氏等……　（四、同、六八七頁）

前者は、源仲綱（源三位入道頼政嫡子）が最勝親王（高倉宮以仁王）の平家追討の勅宣を承って源頼朝に発した令旨（治承四年四月日）の中の引用表現、後者は、その令旨をうけた頼朝の国々の源氏宛施行状の中の引用表現である。

「者」については、『色葉字類抄』に「者〈テヘリ／章也反〉」（前田本、下二一ウ、テ部、辞字）とある。(1)

引用表現については、同様の文体による『古事記』(2)以下、先学の論じられたものがあるが、引用を導く和語「いはく」の表記につき、『色葉字類抄』イ部の辞字には、次のような漢字があがっている（合点は朱筆）。

謂〈イハク／又イフ〉言曰猶偁云導〈已上同／イフ〉論暑(署)含吻宣〈已上／イハク〉（前田本、上一〇ウ）

この内、「偁」は、まず、古文書世界だけに用いられる文字である。しかも、これは文書の冒頭部に位置し、重要な働きをなすこと、先に見たとおりである。『色葉字類抄』で朱筆合点が付されているのは重要な文字（要文）であるとされるが、この場合、その合点は、ひとり古文書における用法を踏まえたものであって、従って、この辞書は、古文書という書記世界とも密接に関係するものと認められる。

『色葉字類抄』の「いはく」の条には、また、「稱」字（以下「称」の字形を用いる）が見えない点にも注意しなければならない。こちらは、そのシ部に「称〈ショウス〉」（前田本、下七八オ、辞字）と見える。

「偁」字につき、『説文』には「揚也」とある。『説文解字注』には、『爾雅』を引いて「揚者飛挙也、釈言曰偁挙也（略）」（八篇上）とあり、『説文通訓定声』には、『爾雅』『広雅』を引いて「（略）広雅釈詁四偁誉也、経伝皆以レ称為レ之」（弁部二）とある。また、『広韻』には、平声・蒸韻に、「○称〈知二軽重一也、説文曰銓也、又姓漢功臣……処陵切、又昌証切、三〉爯〈幷挙也〉偁〈宣二揚美事一、又言也、好也、揚也、挙也、足也〉」とある。これらによれば、①「称」は、（禾《いね》〈作物〉を持ち上げて）軽重を計る、(3)「偁」は、あげる、ほめる、となえる、言うといった字義であるが、②両者は通用され、結局、「称」は「偁」に取って替わり、経伝は、みな、「称」で通用させている、ということになる。『説文解字注』には、「称」字に「按爯幷挙也、偁揚也、今皆用レ称、称行而爯偁廃矣」（七篇上）とある。『新撰字鏡』でも、「偁」は「言也、挙也、今為二称字一」（天治本、平声、巻一、三二、去声に「銓也」）と説き、『観智院本類聚名義抄』でも、「称」は「偁」の「俗」字と説く（仏上二九）(4)。

「偁」「称」二字につき、本来的な意味・用法は右のとおりである。しかし、日本の古文書においては、基本的には、前者は「いはく」、後者は「しようず」と書き分け、読み分けていく。二字の意味・用法は相違するのである。

第二節　「偁」と「称」の用法

「偁」と「称」との用法差について、もう少し詳しく見よう。

○　牒　東大寺一切経司所
請一切経目録事
〈在二於彼寺一経律論並章疏伝／等之目録是也〉
右、被二今月六日内宣一偁、／件経律論等目録、暫時／令レ請者、今依二宣旨一差二竪子上君麻呂一／充レ使令二奉請一、
具状／故牒
天平宝字六年六月七日
法　印　道　鏡
「判行『令レ奉二請東大寺一切経目録壱巻一／白紙幷表但无レ軸　付二上君万呂一』／判官葛井連根道／主典阿刀連」
（法師道鏡牒、正集七、『大日本古文書〈正倉院文書〉』第五巻、二三八頁、正倉院古文書影印集成、一・九二頁）

道鏡が、孝謙上皇の内意（内宣）を奉じて東大寺一切経司所に経律論等の目録の貸出を命じた文書で、問題の条は「……内宣を被《かうぶ》るに偁《のたまは》く、……者《といへ・てへ》り」と読む。「偁」は、当初に、敬いながら内宣をうけ、その内容を伝達する。「者」字によってその終結を明示する。「判行」は、造東大寺司の葛井根道の筆だが、『　』部は上馬養の手になる。

○　太政官符神祇官

広瀬神社壱前〈在二大和国広瀬郡一〉

右、被二右大臣宣一偁、件社自今以後宜レ預二月次幣帛例一者、官宜二承知一、依レ宣施行、符到奉行、

□□位下行左中弁兼式部員外大輔大伴宿禰「家持」（自署）　左少史正七位上土師宿禰「梔取」（自署）

宝亀三年五月廿日　（太政官符(5)）

太政官は、神祇官の上位に位置する。これに先立つ七七二年（宝亀三）正月一三日付、神祇官に下した太政官符には、「右、得官解偁、供奉　御体御卜之日、……申送□（者）、官宜二承知一、依レ勅施行、符到奉行」(6)とある。「官解」は、神祇官の上申書をいい、同じく大伴家持・土師梔取の自署がある。太政官符の場合、弁・史の「署名」を要する（公式令13）。

家持（七一八?～七八五年〈養老二?～延暦四〉）は、旅人の子で中納言・従三位に昇った貴族である。彼の日常的な書記生活は、『万葉集』の文字表記や語彙の問題とも密接に関係していよう。

○右、民部［　　］九日符［　］□（偁カ）［　］

官［　　］［　　］得二国解一偁［　］

（多賀城跡出土漆紙文書、第一〇三号、左文字・断片b）

他の引用を省いたが、「弘仁十四年（八二三）七月十一日／少目三村部野□（自署）」の年紀・署名の見える紙片とともに見える。陸奥国多賀城における太政官・民部省との上申・下達事項に関する記事らしい(7)。

このような「偁」の用法については、前章にも述べた。類例は省略する。

さて、もう一方の「称」であるが、これは、願文などを除く一般的な古文書においては、次のように用いられる。

○右、被二民部省去貞観八年十一月四日符一偁、太政官去十月廿七日符偁、得二彼国解一偁、管那珂・多度郡司解状偁、秋主等解状偁、謹案二太政官去大同二年三月廿三日符一偁、右大臣宣、奉レ勅、諸氏雑姓概多二錯謬一、或宗異姓

同、本源難レ弁、或嫌レ賎仮レ貴、枝派無レ別、此而不レ正、豈称二実録一、撰定之後何更刊改、宜下検二故記一、請二改姓一輩、限二今年内一任令中申畢上者、諸国承知、依レ宣行レ之者、国依二符旨一、下二知諸郡一、爰祖父国益道麻呂等、検拠実録進本系帳、（前後略）

（讃岐国司解、八六七年〈貞観九〉二月一六日、『平安遺文　古文書編』第一巻、一二七頁）

讃岐国司が改姓人について上申したもので、（右大臣―太政官―）秋主等―郡司―讃岐国―太政官―民部省―本解文（讃岐国）の発言が「偁―者」の入れ子型構造で綴られている。長くなるので前後は略した。「称」は、いつわる、詐称する、たくらむ等の意味で用いられ、「偁」とは明確な違いがある。この類例も、枚挙にいとまがない。

○右、件田畠収公条、依二寺家奏状一、被レ問二彼国司一之処、弁申状云、件両庄本免田各廿町之外、籠二作公田六十八町余一、各称二庄田一不レ随二国務一、（中略）謂二其年限一、皆起請以後加納也者、権大納言源朝臣経長宣、奉レ勅、宜下仰二彼寺一、令上レ弁二申件加納子細一者、

（官宣旨、一〇七〇年〈延久二〉七月七日、同、第三巻、一〇六九頁）

左弁官から東大寺に下した弁官の下文で、両荘は公田六八町を荘田だと言い張る、国司に問えば、それらは起請《きしょう》以後の加納田《かのうでん》だという、ついては調査するのでその間の事情・根拠を述べよとある。起請の内容は、所当公事を水旱に関わらず勤仕進納することを誓約すること、加納田は、荘園の附属地としての認可を受けた耕作地をいう。前年（一〇六九年〈延久元〉）に後三条天皇に依る荘園整理令が発布されているように、公田の荘田化が増加しつつあった。

こうした「称」の読み方は先の『色葉字類抄』に「称〈ショウス〉」とあった。次は、その類例である。

○　雖加《ト》（二）禁遏《カツヲ》一称《シテコトヲ》問（二）因縁一如遁《ニ》一飛一者。

（将門記真福寺本、六〇行）

○　国司偏《ニ》称《シテ》（二）郡司之无礼《ヲ》一恣《ニ》発《シテ》（二）兵仗一押《シテ》而入部《スル》矣。

（同、二四二行）

○　若このほか有譲状と称るともからあらハ謀書とすへし

（相良迎蓮譲状、一二八七年〈弘安一〇〉五月二日）(8)

これらの「称」も、いつわる、詐称する、根拠のないことを言い立てる、といった意味である。

右は、古文書における「偁」「称」の一般的な用法である。これに関し、例外的な事例が二つある。

○大宰府　牒国師所
　観世音寺
　　右寺、伍伯町、／（中略）／
牒、被㆓治部省去七月十九日符㆒称（偁）、被㆓太政官今□□符㆒称、奉㆓今月一日勅㆒称（偁）、去四月一日詔書　寺寺墾田地許奉レ者、宜下依㆓件数㆒施行上者、省宜㆓承知㆒、准レ勅施行□、府宜㆓承知㆒、准レ状施行者、宜レ知㆓此状㆒、准レ状施行、今以レ状牒、々至准レ状、故牒、／　　天平勝宝元年九月廿九日従七位上行少典茨田宿禰五百村　／　少弐従五位下小野朝臣田守
（大宰府牒案〈東大寺所蔵〉、『大日本古文書〈正倉院文書〉』第二四巻、六〇四頁）

○□勘経所
□□牒称（偁）、図書寮経、為転読□□司家、又被今日僧綱牒称、先□□中送中嶋院者、窃案□□前依後、若不究委旨、□□恐彼此揮霍、還成煩擾、今且□施行已訖、但事在可疑、更佇指麾、□牒、々至准状、故牒、／　　天平勝宝七歳八月十六日正八位下膳大丘／永金法師／来使奴倉
（□勘経所牒、塵芥二一裏書、『大日本古文書〈正倉院文書〉』第四巻、七二頁）

右は、符・牒、勅をうけて「称」字が用いられており、校訂者の手で、右傍に「偁」と補訂されている。

○治部省　牒
　延暦寺天台宗伝灯大法師円珍〈年卅八／臘十九〉
　　右、補㆓充内供奉持念／禅師㆒
牒、得㆓玄蕃寮解㆒称、僧正泰景等連状称、前件大法師精㆓通戒律㆒、持㆓念真言㆒、苦節年深、勤行匪レ懈、伏請准

レ勅、挙二充内供奉持念禅師一者、謹検二去宝亀三年勅一（後略）
（治部省牒、八五〇年〈嘉祥三〉三月二日）(9)

図版では「称」字である。『平安遺文　古文書編』第一巻の翻刻では「称（マヽ）」と注記されている（八四頁）。

このように、「称（稱）」字を用いるのは、実は、中国唐代の公文書にならったものである。唐代の公文書において、この「いはく」に相当する箇所に「称（稱）」字が用いられることについては、先の第一章、第四節に述べた。

しかし、日本では、これが用いられるのは、せいぜい平安初期（九世紀半ば）までで、以降は、「偁」が用いられる。「偁」は、八世紀には見えている。おそらく、「称」字は、この時期までに、いつわる・詐称するの意味に偏り始めていたため、これを公文書の冒頭に置くのは不都合であったのであろう。そこで、衰退していたその本字（正字）を掘り起こし、「偁」を用いることにしたのであろう。日本の古文書においては、八世紀後半以降、「偁」の方は、引用表現に用い、「称」の方は、いつわる意味に用いるという、いわゆる意味・用法の分担が行われたことになる。

なお、「唐明州過所」（八〇四年〈貞元二〇〉九月一二日）に、「右、得僧最澄状称、惣将往天台山供養、……」「牒、得勾当将軍劉承規状称、得日本僧最澄状、……」（『平安遺文　古文書編』第一巻、一一頁）、「唐国台州牒」（八五三年〈大中七〉一二月三日）に、「牒、得本曹官典状、勘得訳語人丁満状称、日本国内供奉賜紫衣求法僧円珍、……」（同、九三頁）、「唐国越州都督府過所」（八五五年〈大中九〉三月一九日）に、「……、得状称、……」（同、一〇一頁）、「唐国尚書省司門過所」（八五五年一一月一五日）に、「……、今月　日得万年県申称、今……」（同、一〇二頁）などと見える。これらは中国本土の発給文書における用例であり、第一章、第四節の方に追加されてよい。

例外的な事例の二つ目は、次のような用法のあることである。この種の文体には、他の古文書と異なる用法が多い。

○　右、得二彼寺衆徒等去月日奏状一偁、謹考二案内一、当社者、尋二本地一者、中台八葉之心王、為二三世常住之法帝一、思二垂迹一者、乾道七世之胤子、為二八荒鎮将之武神一、是以地神第三代天津彦尊、始祐二天野廟祠一兮、称二常世宮一、人王十六代応神天皇、殊崇二霊威一兮、定二山地境一、社是豊受太神開闢之瑞籬也、豈非二日本最初之草創一、神亦八幡崇廟帰敬之霊験也、旁播二異国降伏之冥感一（前後略）（太政官牒、一二九三年〈正応六〉三月二八日）(10)

金剛峯寺に宛てた、異国降伏の祈禱に関する官牒であり、同寺の奏状が引かれている。奏状は、対句による美辞麗句をちりばめた、いわば正格漢文の系譜にある。こうした文体における「称」は、中国本来の用法（言う、名付けるの意）であり、一般的な古文書の場合と異なる。文書の文体や性格により、語句の意味・用法は異なるのである。(11)

第三節　「偁」と「云」の用法

引用表現をになう「偁」は、日本の古文書の特徴的な用字である。その用例は随所に得られる。一方、古文書には「云」も用いられる。両者は、どんな関係にあるのであろうか。この点についての趨勢を窺ってみよう。

［一］奈良時代七七三年（宝亀四）の太政官符（案）（『寧楽遺文』〈一九四三年再版〉、上・三三三～三三九頁）

ここでは「偁」だけが用いられ、「云」、その他の用字例は見えない。「偁」がうけているのは左記である。

勅書　1例、符　4例（太政官符　2例、民部省の符　3例）、上卿の宣　6例、解　10例（式部省　1例、寮　3例、摂津職　1例、国・国衙　3例、国司　1例、郡司　1例）、辞　1例、

［二］七四一～七七二年（天平一三～宝亀三）の東大寺奴婢帳（『寧楽遺文』〈一九四四年初版〉、下・七四一～七八一頁）

ここでは、まず、勅、符、上卿の宣、移、牒、解をうけて「偁」が用いられている。

○奉去年十二月廿七日　勅偁｜（七五〇年〈天平勝宝二〉二月二六日）　他に類例一例

○被刑部省去天平十二年八月廿二日符偁｜（七四一年〈天平一三〉六月二六日）　他に類例一三例

○被大納言正三位藤原朝臣仲麻呂宣偁｜（七四九年〈天平勝宝元〉一二月一九日）　他に類例六例

○玄蕃寮宣偁｜（七五六年〈天平勝宝八〉八月二二日）

○得刑部省去天平十二年九月一日移偁｜（七四一年〈天平一三〉閏三月七日）　他に類例一例

○被僧綱去十月十七日牒偁｜（七七二年〈宝亀三〉一二月三〇日）

○得省解偁｜（七五一年〈天平勝宝三〉二月八日）　他に類例一例

「云」を用いた例も散見するが（移　2例、牒　2例）、この方は、次のような辞状以下を引くことが多い。

○得真野売辞状云｜（七四七年〈天平一九〉一二月二二日）

○得部内額田郷戸主三家連豊継申状云｜（七五九年〈天平宝字三〉八月五日）　他に類例一例

○得□□□女訴状云｜（七四九年〈天平感宝元〉六月一〇日）

○玄蕃寮状云｜（七五一年〈天平勝宝三〉二月八日）

○専寺三綱状云｜（同右）

○案関市令云｜（七四九年〈天平感宝元〉六月一〇日）

○縄麻呂等申云｜（七五六年〈天平勝宝八〉八月二二日）　他に類例二例

「偁」は、公的性格の強い文書をうけ、他方、「云」は、申状の類、および、法令・人語などをうける。また、前者は、「被（奉・得）……偁」という定型に用いられることが多いが、後者は、必ずしもそうではない。

〔三〕『類聚三代格』所収の平安時代初期の太政官符（『新訂増補国史大系』、一〜六四九頁）
ここでは、まず、A、原則として、左記の文書類・宣をうけて「偁」が用いられている。
イ、勅書・勅・詔書・詔旨・勅符　　ロ、符・移・解・解状・牒・論奏
ハ、上卿の宣　　ニ、奏状・款状・愁状
ホ、彼寺別当律師法橋上人の奏状・彼寺別当伝灯大法師の表・権律師法橋上人の申状
ヘ、撰格所起請・陸奥出羽按察使起請・検非違使起請、その他
先の太政官符（案）の延長戦上にあるようだが、例外もある。同様の、若しくは、類似の文書類とみられる左記をうけて「云」が散見していることである（二五例。ただし、内八例は他本による補入本文中に見える）。
勅書　1例、宣旨　3例、太政官符　1例、符　5例、移　2例、牒状　1例、論奏　1例、解　1例、解状　1例、大臣宣　2例、納言の奏　1例、参議の表　1例、主計寮勘出　1例、造式所起請　3例、奏弾式　1例
B、「律令」を引用する場合は「云」が用いられる（以下、順不同）。
律—厩庫律・職制律・賊盗律・詐偽律・戸婚律・名例律、などの一六例
令—神祇令・職員令・選叙令・禄令・公式令・軍防令・考課令・営繕令・獄令・賦役令・宮衛令・倉庫令・戸令・仮寧令・田令・雑令・唐永徽禄令・その他、「令条」「令」を含めて四一例
右には「案……令云」「撿……令云」「准……令云」として見えるものもあるが、「曰」を用いて「倉庫令曰」とする例が一例だけ見えている（八一九年〈弘仁一〇〉四月一五日）。
C、「格」を引用する場合は、「偁」二九例、「云」二六例が用いられ、相半ばしている。
○　延暦廿年七月二日格云……（八六〇年〈貞観二〉一一月九日）

○延暦廿年四月十四日格偁｜……（同右）

D、「式」を引用する場合は、「云」が用いられている。

式―警固式・交替式・（交替式）新案・式部式・民部省式、その他、「式」「案式」等を含めて一五例。

ただし、例外として「謹撿式偁｜」とする例が一例見える（八九四年〈寛平六〉九月二九日）。

E、次の類にも「云」が用いられている。まとめにくいので列挙する。

○未得解由之輩申官解文注云｜（八二六年〈天長三〉一〇月七日）

○旧説云｜（八九六年〈寛平八〉九月五日）

○応交替分付条云｜（八七〇年〈貞観一二〉五月二日）

○今案弾例云｜（八四九年〈嘉祥二〉一二月一六日）

○法華寺鎮三綱状云｜（九〇〇年〈昌泰三〉一二月九日）

○諸郡司駅長等申状云｜（八七一年〈貞観一三〉六月一三日）

○式部召此省勘云｜（八一五年〈弘仁六〉一一月一四日）

○左馬寮勘云｜（八四六年〈承和一三〉三月二一日）

○明法曹司大同二年十二月廿八日問答云｜（八一五年〈弘仁六〉一一月一四日）

○或有司論云｜（八八三年〈元慶七〉六月二日）

○大和伊賀……遠江等国司論云｜（八六〇年〈貞観二〉一一月九日）

○国司等更進解状云｜（七九六年〈延暦一五〉六月八日）

○大伴直石国等到来告款云｜（八〇〇年〈延暦一九〉正月一六日）

○伴浮浪人共款云（八一〇年〈大同五〉二月二三日）

○上総国諸郡百姓款云（八一一年〈弘仁二〉九月二四日）

○陸奥守……佐伯宿禰清峯等申云（八一〇年〈大同五〉二月二三日）

最後の「申云」については、この他に一二例がある。人名や職階名を掲げて「申云」とある。

F、典籍、または、仏書を引く場合、「云」を用いた例が五、六例あるが、「曰」を用いる方が、やや多い。

○殖貨志云（八五二年〈仁寿二〉三月一三日）

○詩大雅嘉楽篇云（八九八年〈寛平一〇〉二月二八日）

○文殊般涅槃経云（八二八年〈天長五〉二月二五日）

○尚書曰……又曰……（八二四年〈天長元〉八月二〇日）

G、「曰」は、明法関係に「明法答曰」「明法曹司答曰」として用いられる。また、次のような例がある。

○土師宿禰等遠祖野見宿禰進奏曰（七九七年〈延暦一六〉四月二三日、二例〈三六四・五二二頁〉）

○両道百姓尽頭言曰（七五八年〈天平宝字二〉七月三日）

この他は「名曰……」「号曰……」として用いられたものがある（「号云……」も一例ある）。

以上からして、「偁」は、公的性格の強い文書や上卿の宣などを恭しく掲げ、丁重に引用する場合に用いられ、「云」は、「律令」「式」などの法制、典籍や仏書、また、人語（人名や職階名を掲げて「云」を用いるもの）を引用する場合に用いられていることがわかる。「格」が問題だが、これは、その年月日付で臨時に発布される補助法であり、その時点では勅令や太政官符と同様の性格をもつ。「偁」の多用はそれ故のことであろう。一方、発布後は永式となるものがあり、これは法制として「律令」「式」と同様の性格をもつ。ここに「云」もまた、多用されることになる。

〔四〕一〇七二年（延久四）九月五日の太政官牒（相田二郎著『日本の古文書』下、一九〜三二頁）

この文書は、「太政官が記録荘園券契所の調査に基き、石清水八幡宮の荘園の中何れの荘園は存置し、何れの荘園は停廃すべきか、その理由を詳細に八幡宮司に通達する為めに出した官牒である。荘園の数は三十八、頗る長文のものである(12)」と解説される。その「応如旧領掌庄」の条の「山城国肆箇処」の一部を引く。

○右、太政官今日下彼国符偁｜「記録庄園券契所去年五月廿八日勘奏偁｜『国司解状、〔作田陸町玖段参佰歩〕、不注子細、本寺注文云｜〔件処神境東四至内也、雖無文書、宮寺四至内〕者、任国司注文、可被裁行』者、正二位行権中納言兼治部卿皇太后宮権大夫源朝臣隆俊宣、奉　勅、宜仰彼国如旧令免除」者、（一九頁、前後略）

太政官符（「　」内）・記録荘園券契所延久三年勘奏（『　』内）・八幡宮護国寺注文（〔　〕内）が入れ子になっている。券契所の勘奏では、国司の解状・注文と宮寺の解状・注文とが対置され、最後に「応停止庄」を列挙する。

この官牒において、A、常に「偁」によって引用されるのは、太政官符（二六例）と、そこに引用される券契所の勘奏（二六例）とであり、これにつき、例外はない。

B、「偁」と「云」とを両用するものに、次のイ（宣旨）・ロ（牒）・ハ（注文）・ニ（解・解状）がある。

イ　○万寿五年七月十三日宣旨偁｜（一例）　○左弁官去長元元年十二月十四日下河内国宣旨云｜（一例）

ロ　○彼御寺去三年十一月三日牒状偁｜（一例）　○宮寺去七月七日牒状偁｜（一例）

○八幡宮御牒云｜（一例）　○宮寺牒云｜（一例）

○彼宮寺万寿元年十月廿三日牒国衙状云｜（一例）　○宮寺牒氷上東県司長元七年十一月廿九日状云｜（一例）

○治安二年十月九日国司高階朝臣成章牒彼宮寺状云｜（一例）

宮寺（五例）と八幡宮・国司（各一例）の牒をうける場合であるが、「偁」は二例、「云」は五例である。

ハ　○　国司注文偁（一例）　○　国司注文云（他二例）

別に、「如国司注文云」と見える。「本寺注文」（七例）や「宮寺注文」（五例）を引く場合にも「云」を用いる。

ニ　○　得彼宮寺去十一月五日解偁（一例）

○　得彼郡解状云（一例）　○　本寺解状云（一例）

他に「国司解状」（一一例）や「国解状」「郡司解状」（計三例）に「云」が見えるが、「偁」は一例目だけである。

C、右のイからニに触れた以外は、常に「云」が用いられている。

○「所進天暦四年三月十日国符云」「被今年十一月廿一日国符云」のように、「国符」を引く場合（他に類例四例）

○「守紀朝臣淑人賜彼郡符云」のように、右に準ずる場合（一例）

○「寛弘五年郡符云」のように、「郡符」を引く場合（一例）

○「国司奉免判状云」「夫天元四年三月二日国司判状云」のように、「国司免判状」を引く場合（二例）

○「国司大舎人頭藤原朝臣親国与判云」のように、「与判」を引く場合（一例）

○「刀禰告書請文云」「法華三昧院陳状云」「藤原頼貞寄文云」と見える場合（各一例）

右のA・B・Cにつき、通計すると「偁」は五七例、「云」は五二例であり、大体、半ばする。だが、太政官符と券契所勘奏には専ら前者が用いられ、後者は、より広く、宮寺等の牒状・国司注文・国司等の解状・国符、その他の引用に用いられている。公的性格の強い文書ほど「偁」が用いられ、公的権威の薄い文書は「云」に偏るようである。

以上には、主に奈良時代・平安時代の状況を見てきた。八世紀の形式性を尊ぶ文書世界では、「偁」は、太政官符等の引用に用いる重要な語法であった。しかし、時代の降るにつれ、その用法は衰え、「云」に代替されていくようである。公文書の性格が多様化し、それぞれの権威も希薄化していけば、「偁」を用いる場面も減っていくのであろう。右には、まだ公的性格の強い文書を中心に使用されてはいるが、中世以下の武家様文書などにおいては、その出番も減り、用いられても、「又或記偁」「神記偁」(13)、「問神官等偁」(14)などといった妙な用法もみえている。

なお、八世紀においても、「云」を用いることが行われている。これは、公的性格の薄い場合の用字であろう。

○　一白鑞直　　鐵生直

右、被笠命婦宣云、為鋳　御鏡、上件物都无於内裏、宜早速令買用者、今不得其価平章、乞察状、中国等勘問、早速申上、

（造石山院公文案、七六二年〈天平宝字六〉正月一五日、『正倉院古文書影印集成』一一・一〇二頁）

○・大石常人謹啓　菜二連〈右得人嘱請云件物□　／□莫《請カ》□者仍□□〉

・□□万呂謹啓　御足下　六□

（西隆寺跡出土木簡、〈262〉・32・4　6019）(15)

前者は、一部だけを引いたが、資材調達の事情説明の文言であり、後者は、八世紀後半（七七〇年頃）の木簡に見える例で、他人の依頼をうけた大石常人の啓である。「云」との用字は、これが啓・状の類であるからであろう。

第四節　おわりに

引用表現は、敬意表現・強調表現などとともに古文書における特徴的な表現法の一つである。その中枢部に位置するのは、「偁《いは》く……者《てへ》り」という語法であり、これは文書語を代表する語法の一つでもあった。八世紀以下の公式様文書は、この語法により、その形式が整えられ、権威が付与されることとなる。

この語法は、唐代公文書の影響下に行われたものである。といっても、中国では、既に「偁」字は廃れており、通

行していたのは「称（稱）」の字体であった。従って、唐代の公文書に用いられたのは「称」字であり、日本でも、当初（八・九世紀）は、これが用いられた。しかし、日本の文書では、「称」字が、詐称する、虚構をたくむといった意味で用いられ出していたため、それとの混同を避け、「称」の本字である「偁」の字体が用いられるようになった。八・九世紀は、その交代期でもあり、以後、「偁」字の方は引用を導く「いはく」を、また、「称」字の方はサ変動詞「しょうず」を、それぞれ分担表記することとなる。

唐代の公文書に学びながら、このような日本独自の流れが形成されたことは大いに注目される。日本の公文書の言葉は、その全てが、中国のそれに倣うばかりではなかったということを意味するからである。日本独自の流れや工夫は、あるいは、他の事象においても認められるかも知れない。

中世には、「偁《いは》く」は衰退し、「云」に取って代わられるようになる。こちらには、右におけるほどの意志性は窺えない。政治形態の推移や文書様式の変容によるものであろう。

「偁《いは》く（…者《てへ》り）」という語法は、基本的な文書語の一つであり、この流れを汲むと見られる記録語や和漢混淆文はともかく、和文作品や内・外典の訓点資料などには見られないものである。それが、『色葉字類抄』にも収められている。両者の関係の深いことが予測されるが、この点については、さらに他の事象をもって検討を重ねていく必要がある。

注

（1）青木孝「変体漢文の一用字法――『者』（テイレバ）を巡って――」（『国語学』第一七輯、一九五四年八月）。
佐藤喜代治『日本文章史の研究』（明治書院、一九六六年一〇月、一〇五頁）。

（2）古賀精一「古事記における会話引用――白、奏、詔、告の用字法――」（『古事記年報（二）』〈一九五三年度〉、一九五五

年一月）。西田長男著『日本古典の史的研究』（理想社、一九五六年一月、第四章）。小林芳規「訓読補注」（『日本思想大系　古事記』、岩波書店、一九八二年二月、五五三頁）。川嶋秀之「古事記の用字法——曰・言・謂・語——」（大島一郎教授退官記念論文集『日本語論考』、桜楓社、一九九一年一月）。中田祝夫「『曰』・『云』・『言』（イフ）三字の用法差別——中国・日本の古典から——」（国語学会研究発表会発表要旨『国語学』第一二二集、一九八〇年九月）。

（3）このとき、「称」は「秤」の正字となり、『干禄字書』に、「秤称〈上俗／下正〉」（去声）とある。声をあげて数えるところから、となえる、言う、また、ほめたたえるの意味も生じたようである。

（4）『字鏡』白河本には、「偁」字にイフ・アグ・ノタマウ・ノブ・イハクなどの訓がある（巻一〇）。世尊寺本には、「称」字にイハク・イフ・ホム・ノタバク・アグといった訓が見え（禾部）、同様の和訓は『観智院本類聚名義抄』にも見えている（法下一八）。

（5）佐藤進一著『新版古文書学入門』（法政大学出版会、一九九七年四月、六八・二九〇頁・図版6）。

（6）日本歴史学会編『演習古文書選　古代・中世編』（吉川弘文館、一九七一年六月、一三二頁・図版一二）。

（7）平川南著『漆紙文書の研究』（吉川弘文館、一九八九年七月、一七一頁）。

（8）高橋正彦編『慶応義塾所蔵古文書選』（慶応通信、四冊〈一九七八〜一九八三年〉中の第二冊、写真第七）。

（9）相田二郎著『日本の古文書』上（岩波書店、一九四九年一二月、二〇〇〜二〇二頁）。

（10）相田二郎著『日本の古文書』下（岩波書店、一九五四年一〇月、三三頁）。

（11）拙稿「古文書にみる漢文訓読特有の語法——『不可勝（称）計』について——」（『国文学攷』第八〇号、一九七八年一二月）、同「古文書の国語学的研究——『為体』『為体也』を視点として——」（『文学・語学』第八六号、一九七九年一二月）、その他。

（12）相田二郎著『日本の古文書』上、一九九頁。

（13）「外宮神主注進状」（一二九七年〈永仁五〉四月一一日、『鎌倉遺文　古文書編』第二五巻、三六二頁）、「皇字簡要目安」（同年六月、同、三八六頁）。皇字をめぐる一連の相論に関する文書であり、申文・請文などをうける例もある。

（14）「宇佐宮神官等連署問状」（一三四三年〈康永四〉八月頃、『南北朝遺文　九州編』第二巻、一八三・一八四頁）。

（15）奈良国立文化財研究所編集『西隆寺発掘調査報告』（一九七六年三月、二五頁）。

第三章　数量表現法——助数詞——

第一節　はじめに

日本語における数量表現には、単に数詞（一、二……百、千……など）だけを用いる方法と、これに単位（狭義）や助《じょ》数詞《すうし》を添える方法とがある。前者は、抽象的な数の概念だけを表現するものである。後者の単位とは、ものごとを数量化していく場合の基準に相当する。助数詞とは、それと重なる部分もあるが、基本的にはその対象（もの・こと）の形体・様態・性質、あるいは、範疇・類別などの具体的な情報やイメージを数詞に付加するもので、これによって得られる意志伝達上の便宜は少なくない(1)。単位や助数詞は、古代でも現代でも、日常的には物品の贈答・授受や商取引の契約・売買など、精確さを要する場においては必須のものとされている。それぞれ等閑視できない存在であるが、殊に助数詞には、民族それぞれの具有する認知システム・心理作用の問題や、各時代の思考様式・生活文化等の根本的な問題が反映されており、その研究の重要性は、ひとり国語学におけるものではない。

日本語における助数詞は、時代にもよるが、概括的にいえば、書記言語との関わりが深いと推測される(2)。その理由としては、まず、助数詞の数が非常に多いこと、しかし、多くの助数詞があっても、これを口頭語において使い分けることは容易ではなく、必要もないこと、また、これらは、和語系よりも中国出自の漢語系助数詞が多数を占めることなどがあげられる。日本語が、本来、これほどまでの助数詞を必要としたものならば、固有の和語（大和言葉）に、既に助数詞が備わっていてもよさそうなものである。だが、八世紀以前において、検出できる和語系助数詞は決して多くない。すなわち、こうした助数詞は、何らかの事情によって、日本人が後天的に取得したものと見受けられる。それは、特定的な状況下における人為的な取得によるものではなかったろうか。とすれば、それは、一体、いつ、どのような事情によるものであったのであろうか。以下には、こうした問題について考えてみたい。

第二節　文書語としての助数詞

奈良時代の古文書類、また、平安時代以下の古文書類、および、古記録類には非常に多くの助数詞が用いられている。中世の故実書や近世の書札礼などにおいては、その用法や意義について説くものもあるが、[3] まず、古代の木簡・古文書類から若干の例を引き、その用法を見てみよう。

○下毛野国足利郡波自可里鮎大贄一古参年十月廿二日（『藤原宮木簡』三、SK一九〇三土壙、〈410〉・〈25〉・5　6033）

○・丁酉年若狭国小丹生評岡田里三家人三成

・御調塩二斗

（『藤原宮木簡』、一四七、SK一四五溝、148・16・2　6011）

○・十月廿日竺志前贄□□(寸尓カ)留〈多比二生鮑六十具／鯖四列都備五十具〉

・須志毛〈十古〉割軍布〈一古〉

（九州歴史資料館『大宰府史跡出土木簡概報二』、7、311・29・3）

前二例は、藤原宮跡出土木簡である。[4] 前者は、大贄（天皇への貢ぎ物）の鮎一籠の荷札で、郡名を記し、「参年」とのみ記すことから、この年紀は七〇三年（大宝三）である可能性が強いとされる。後者の、丁酉年は六九七年（文武元）、「評《こおり》」制は大宝令以前の制度、この木簡は、「調《つき》」という租税体系がその施行以前に行われていたことを示すとされる。

「古」は籠《こ》による器物称量法（助数詞）で、それまでは「古」と音仮名で表記したが、八世紀極初に、正式には訓字で「籠」と表記することが決められ、その容量も規定されたらしい。「斗」は、度量衡の単位（狭義）である。ただし、実際には器物か袋かにいれて搬送・保管されたであろう。三例目は、大宰府跡出土の物品伝票で、年代は七世紀末〜八世紀初とされる。「竺志前《つくしのさき》（国）」の贄としての魚介類・海藻類に助数詞が見える（二三頁参照）。

○・駿河国駿河郡柏原郷小林里戸主若舎人部伊加麻呂戸若舎人部人
　・麻呂調荒堅魚十一斤十両　天平七年十月
（二条大路南側路肩の東西溝ＳＤ五一〇〇、315・18・3　011　UO42）

○・駿河国駿河郡柏原郷小林里戸主若舎人部伊加麻呂戸若舎人部人麻呂調
　・荒堅魚六連八節　天平七年十月
（二条大路南側路肩の東西溝ＳＤ五一〇〇、315・17・4　011　UO42）

○　備前国赤坂郡周匝郷調鍬十口天平十七年十月廿日
（『平城宮木簡』三一一、ＳＫ八二〇土壙、269・20・4　6031）

右は平城宮跡出土木簡で、「斤・両」は単位、「連」「節」「口」は助数詞である。前二例は、同様の荷札が多く伴出しているが（『平城宮発掘調査出土木簡概報〈二十二〉』、二三頁、他）、これら二点は、同じ荷に付けられていた荷札ではなかろうか。[5]「養老賦役令1」[6]には、諸国から貢献する調以下の物品とその数量が規定されていて、正丁一人の堅魚の負担量は三五斤と規定されている。これは小称であり、大称に換算すれば約一一斤一〇両となる。この重量分が六連八節、すなわち、計六八本の堅魚となるのであろう。この荷札の一点に規定重量が記され、他の一点に荷造り形態が記されたわけである。駿河国におけるこうした調堅魚の貢進付札につき、樋口知志氏に考察があり、[7]重量記載の方は、中央検収の段階、あるいは、大膳職から消費地に運び出される直前の頃に取り除かれ、員数記載の方は、製品とともに消費地にもたらされたかとされる。また、大隈亜希子氏は、「律令国家は、重量での計算が普及困難と思われる物資については慣習法的単位と重量単位を融合させることによって、民間でも馴染みやすい形で権衡を普及していった」とされる。(8)三例目は、調の鍬一〇口の荷札である。(9)「賦役令」には、正丁一人の鍬の負担数は三口、次丁は二人で、中男は四人で三口を負担するとある。右には「十口」と見えるが、そうした貢納物（あるいは、代物）は、郡衙段階で調整され、一〇口＝一連という荷造り形態で京進されたようである。(10)

以上は、貢進物の荷札木簡であり、これらにおいては統一的に「物品＋数量＋助数詞／単位」という記載が行われている。物品と数量、貢進地と貢進年月などは不可欠の記載事項であるが、助数詞（また、単位）も同様だというのであろう、しっかりと記載されており、その箇面の文字数全体に占める割合は小さくない。木簡という狭小の書記料材において、こうした助数詞の扱い方には格別のものがありそうである。

古代においては、度量衡に関する制定・施行の記録は、まま見出される。しかし、助数詞に関する記録は、まだ、管見にしない。もちろん、当時、助数詞という言葉は存在しない。それに相当する言葉につき、それなりの規定が行われたのではないかと注意はするのだが、それが見つからない。規定によれば、貢進物には、次のような荷札が付される。すなわち、「賦役令2」には、「凡調皆随レ近合成。絹絁布両頭。及絲綿嚢。具注二国郡里戸主姓名。年月日一。各以二国印一々レ之。」と見え、絹・絁・布の両端や絲・綿の袋には、国郡里・戸主姓名、年月日を明記し、国印を捺せとある。また、「賦役令36」には、「凡調物及地租雑税。皆明写二応レ輸物数一。立二牌坊里一。使二衆庶同知一。」とあり、貢進物や地租・雑税などの品名と数量とは掲示して衆庶に周知することが規定されている。いよいよ貢進物の京進ということになれば、それらの荷札には品名と数量の記載が行われたであろう。「倉庫令10」には、「調庸等物。応レ送レ京者。皆依二見送物数色目一。各造二簿一通一。国明注二載進物色数一。附二綱丁等一。各『々』送二所司一。『各送所』此号二門文一。須下任二門文一。全進納上」とある（逸文による復元）。調庸等の物を京進する際の手続きの規定であり、その数量と品目とは「簿（調庸帳）一通」に記載せよ、これを綱丁（搬送の宰領）に持たせて民部省に納めよ、諸官司（民部省・大膳職（調庸物〉、宮内省大炊寮〈米穀〉など）に届ける進納物については、品目と数量とを記載した納品書（門文）を受け取れ、云々という。「簿一通」の内容は、当然、貢進物個々の荷札と合致し、過不足・齟齬があってはならない。そうした荷札の現物が、右のような木簡である。その「物数」とは、単に、数字だけでなく、必ず単位なり助数詞なりを伴う形式であったのであろう。

○　長屋親王宮鮑大贄十編｜　（長屋王家木簡、ＳＤ四七五〇、214・26・4 031）

○・○左京職　進〈鶏一隻｜　馬宍三村｜／雀二隻｜　鼠一十六頭｜〉
・○　天平八年四月十四日
従六位上行少進勲十二等百済王「全福」　（二条大路北側路肩の東西溝ＳＤ五三〇〇、199・35・4 011）

一例目は長屋王家跡出土木簡、二例目は二条大路跡出土木簡である。[11]前者は、長屋王家に大贄として送った鮑一〇編に付けられた荷札で、後者は、京職から主鷹司（兵部省所管）に納められた鷹狩り用の鷹の餌の荷札である。[12]「編」「隻」「村」「頭」は助数詞であり、ここでも統一的に「物品＋数量＋助数詞」という記載が行われている。

こうした数量表現は、七世紀末から八世紀の木簡において、ほぼ同様に認められる。公的性格の強い文書木簡・貢進物荷札木簡はもとより、やや私的な用途を交える長屋王家木簡でも、原則的に助数詞、また、単位が用いられており、助数詞の場合、その種類（異なり語数）は、現在、約一二〇種を数える。[13]

「正倉院文書」（帳簿を含む）は、東大寺写経所が遺した一大文書群（六六七巻五冊）である。[14]ここでも、事情は同様で、単位、また、助数詞を用いた数量表現が原則的に行われており、その用例は枚挙にいとまがない。

○　写経司解　申請材直銭事
合請銭四貫五百六十二文

写経殿一間|
応用庇料柱十六枚|　直銭一百九十二文別十二文
簀子卌枚|　直銭八百文別廿文
久礼七十枚|　直銭一貫五十文別十五文
右〔件三種〕《（三種）》庇料（後略、［　］内塗消）

（写経司解、七三九年〈天平一一〉正月二八日）(15)

写経殿一宇の庇を修理するための用材とその費用を申請したもので、「間」「枚」「種」は助数詞、他は単位である。

○茄子一斗四升　青菰五十果|又五十果|
布乃利一斗　心太一斗
滑海藻八嶋|　小麦二斗
大豆四升　小豆六升
滓醤一缶|　薪四荷|
末醤九升　苧《（芋カ）》柄十把|　水葱卅把|
又末醤一升索餅饗料　主典安都宿禰
案主建部広足

（写千巻経所食物用帳、七五八年〈天平宝字二〉七月）(16)

正倉院から流出した断簡で（七月一九日・二〇日の条の各一部）、『大日本古文書』第一三巻（追加七）の二九八頁と二九九頁の間に相当するはずのものである。写千巻経所は、造東大寺司内の写経所で金剛般若経一千巻を写していた。右は、日々の食料の品目と数量の明細帳簿の一部である。食材それぞれには単位・助数詞が添えられている。

正倉院文書における助数詞の種類は約二百種ほどを数えるが、表記面の整理・統合を行うと一七二種（異なり語数）

となる。(17) これが、実際の文書・帳簿類において使い分けられているが、中には通俗的な用法も認められる。

『延喜式』（九六七年〈康保四〉施行）は、「養老律令」の施行細則を集大成した法典とされる。ここにもおびただしいといってよいほどの助数詞が用いられており、目下、その種類は一〇六種（異なり語数）を数える。(18)

○造酒雑器／中取案八脚。木臼一腰。杵二枚。箕廿枚。槽六隻。〈随ㇾ損請換。〉甕木蓋二百枚。〈三年一請。近江国進。〉檜三口。水樽十口。水麻笥廿口。小麻笥廿口。筌百口。（後略）

（延喜式、造酒司、『新訂増補国史大系』、八八六頁）

平安時代以下の古文書や古記録にも多くの助数詞が用いられていること、既に周知のとおりである。

○尚侍従二位五百井王家
　奉上物参種
　白米伍斗　塩壱籠／雑海藻壱折櫃　雑菜直新銭壱伯文
右、般若寺仏御供養、自今日始可貢、然遣舂米未運進之間、且奉上如件、
弘仁六年十月卅日　使家令従六位上大原史継(吉)□

（五百井女王家施入状、『平安遺文　古文書編』第一巻、二六頁）

○一応置同神宮寺別当薩孫正八位下御船宿禰木津山(事脱カ)
右、同前解偁、縁神願書写経論一万五千九百巻・図造仏菩薩四王像一千廿八躰・神躰五軀・造建神宮寺一区・如法院一処・塔三基・別院三処等事、件木津山本自預知、当時国司検帳既訖、爰木津山立性格勤、専事仏神、
望請、(置脱カ)別当永令済寺事、其衣食料、不更請官物者、
右、被太政官去三月七日符偁、（前後略）

（尾張国符案、八四七年〈承和一四〉閏三月一四日、同、七七頁）

○ 内裏・東宮各貢鷹二聯、(貞信公記、八八四年〈天慶八〉一〇月二日、『大日本古記録』)

古文書類においては、その作成の契機からして精確な数量表現が求められることが多く、ために、助数詞や単位を原則的に用いる必要があったと考えられる。これに対し、古文書以外の場合には、これほどの用法は見られない。

例えば、奈良時代以降の一般的な漢詩文には、概して助数詞は用いられない。これらは、中国の古典にならうものであろう。仮名文学作品や『今昔物語集』には助数詞を伴わない表現の方が多く、または、接尾語「—つ(ち)」による表現が多い。[19]「つ(ち)」には類別機能が認められず、助数詞と同列に扱うことはできない。また、古記録類にも助数詞は多用されるが、まま、助数詞を伴わない「常陸国府鹿七入来」(貞信公記抄、九四八年〈天暦二〉二月五日)、「袴卅七出来」(御堂関白記、一〇〇四年〈寛弘元〉二月五日)などのような表現がある。この点につき、これを助数詞の「省記」と見、古記録でも助数詞を使用するのが「原則であった」とする立場がある。[20]しかし、古記録では、古文書ほどに「原則」的ではなかったとみてよい。この点、実例が示しているとおりであるが、理論的には、古記録は、古文書のような他者へ働きかける機能をもたない(あるいは、希薄である)からであると説明できよう。極言すれば、古記録は、古文書における助数詞用法を踏襲・模倣したのであり、その完璧な運用は、必ずしも必要なかったのである。こうしてみれば、助数詞は、古文書と関わりの深い文書語の一つであったということになろう。

第三節　中国古代の助数詞

古文書類・古記録類における助数詞は、実は、何と読むのかわからないことが多い。これは、その出自にも関わる問題であり、この点、さらに検討していかなければならないが、右の「古」「嶋」「折櫃」などは和語の「こ」「しま」

「をりびつ」を表記したものであろう。他方、「斗・升」「斤・両」等の度量衡はもとより、「巻」「区」「口」「把」「村」「枚」「種」「節」「処」「聯」「荷」「間」「連」「隻」「頭」「顆・果」などは、中国古代のそれにならったものではなかろうか。とすれば、奈良時代前後に学習された四書五経（外典）や漢訳仏典（内典）などを調査してみる必要がある。

助数詞に相当する語詞は、中国語の場合、量詞《りようし》と称されることが多く、時に、陪伴詞、形体詞、classifier などとも称される。本来的には、中国語の単音節的性格と密接に関係するもののようだが、戦国時代から秦・漢時代を経て魏晋南北朝時代（二二〇～五八九年）の頃に大きく発達し、現代中国語に及んでいる。日本語の助数詞は、中国語のそれと、もとより全同ではない。日本においては、それらは借用語であるという点が、特に問題となろう。

中国渡来の漢字・漢文文化は、その後の日本の種々の分野に浸透し、日本の思想・文化に大きな影響を及ぼしている。ところが、この助数詞は、四書五経や漢訳仏典には、ほとんど見えない。『論語』『千字文』『文選』（李善注）などは、その習書簡の出土も報じられている。しかし、こうした古代の文語「文言《ぶんげん》」には、原則的に助数詞が用いられていない。従って、これらの文献によって助数詞を習得することはできず、また、今日、その調査・研究も不可能であるとされてきた。(21) 仏典でも、例えば、唐玄奘訳『地蔵十輪経』（東大寺蔵元慶七年点）・唐窺基撰『法華経玄賛』（石山寺本淳祐古点）・隋吉蔵撰『法華経義疏』（石山寺本長保四年点）、および、唐玄奘詔訳（撰カ）・辯機撰『大唐西域記』（石山寺本長寛元年点）などには助数詞らしい助数詞は見えない。(22) ただ、唐慧立本・彦悰箋『大慈恩寺三蔵法師伝』（興福寺蔵古点本）には、六〇種ほどの助数詞が拾われる。(23) また、『史記』『漢書』以下の史書の類でも、助数詞が、まま用いられており、これらを収拾しながら中国古代の助数詞研究が行われることもあった。(24)

中国古代の文言文に助数詞が見えない理由として、一つに、「物質名詞はその性質上、陪伴詞を用ゐたが、普通名詞は必ずしも陪伴詞が不可欠ではなかつた」とされる。すなわち、古代語の場合、具体名詞そのものが、既に著しく象形的であったから「ほかに形体表象の詞を陪伴させる必要がなかったのであらう」という。二つには、それを音声言語（口語）に用いるようになっても、「筆写の労を省く必要上、形体表象の陪伴詞があつても、文意の了解に支障のないかぎり、陪伴詞をわざ〳〵竹簡に刻み《ママ》こんだり紙面に書きこんだりしなかつた、と考へなければならない」とされる。(25) それ故、「元曲」（雑劇の脚本）や「朴通事」「老乞大」（会話教課《ママ》書）などの口語資料が出るまでは、古い典籍や文言による助数詞のあり方は、全て不明であるという外はない（注(21)文献）とされたのである。

ところが、前世紀に入り、事情は変わってきた。すなわち、その前半期には漢代西北辺境の防衛線の遺跡から、また、その後半期には戦国墓・秦墓以下の墳墓の中から副葬品と共に簡牘類が出土し始め、これらの中には、積極的に助数詞を用いたものがあることが判明したのである。(26) その一端を例示しよう。

○ 也一禺| （長沙五里牌四〇六号墓竹簡、26、戦国・中期）

○ 車牛一両| （睡虎地一一号秦墓竹簡、BC二一七年〈始皇帝三〇〉）

○ 門桑十木| （同）

○ 馬一匹|騅牝 （同）

○ ⍁車牛一両　弓一具|矢八十二枚|　卩 （居延簡牘、前漢・中後期他、334・30）

○ 入小畜鶏一鶏子五枚|　元康四年二月己未朔己巳佐　（下略） （同、10・12）

○ 疎比一具| （馬王堆一号漢墓竹簡、前漢・初期、236）

○ 素履一両| （同、259）

○ 魚魫一資| （同、90）

○ 右方車十乗|　馬五十匹|　付馬二匹|　騎九十八匹|　畾《輜》車一両|　牛車十両|　牛十一　竪十一人|

（同三号漢墓木牘、前漢・初期）

○故白練尖一枚｜　故練両当一領｜（前後略）　（武威旱灘坡一九号墓木牘、三六九年〈東晋升平一三〉）

○□（脚）蹲一●具｜　靴一両｜　紫羅尖一顔｜　巾衣涅衫一具｜　白綾大□一具｜　錦繍黄褌一具｜　紫綾褶袴綾襜一具｜　釵髻一具｜（後略）　（吐魯番出土某仏弟子随葬衣物疏、六二二年〈高昌重光三〉）

○□鶏鳴枕一具｜　玉肫一双｜　□綾褶一具｜（後略）　（同、王伯瑜随葬衣物疏、六二五年〈同延寿二〉）

漢代の西北辺境の烽燧遺趾から出土する簡牘類は、おおむね公文書であり、または、その控えであろう。(27) 秦・漢前後以降の墓葬出土の簡牘類の内、助数詞の見えるのは随葬品のリスト（遣策・木方・衣物券）が多い。これは公文書ではないが、それを模したものと考えられる。

トルファンや敦煌からは、一般的な紙本文書・帳簿類も出土している。これらにも多くの助数詞が用いられている。

○□（車牛カ）拾具｜　乗牛壱頭｜　（高昌某年伝始昌等県車牛子名及給価文書、『吐魯番出土文書』第三冊、二九〇頁）

○参拾弐挺墨｜　肆条軸　承霤壱　輞陸片｜　立豎参　輻壱枚｜　牛衣氈漆領｜　参阡文銭　（前後略）

（七三五年？〈唐開元二三？〉沙州会計帳、伯三八四一号背面、『敦煌社会経済文献真蹟釈録』）

○葬日臨壙焚屍両処｜　共録（緑）独織裙壱腰｜　紫綾子衫子　白絹衫子共両事｜　絹領巾壱事｜　繍鞋壱両｜　絹手巾壱個｜　布手巾壱個｜　粟参碩　布壱疋　（前後略）　（九九一年〈宋淳化二〉四月二八日廻施疏、斯八六号、同右）

こうしてみると、戦国時代以前のことははっきりしないが、秦代・漢代以降においては、行政文書・公文書には助数詞を用いることになっていたと推測される。私文書は、やや遅れて出回るのであろうが、そもそも公文書にならうものであるから、やはり同様の状況にあったのであろう。秦代・漢代の文書主義の徹底していたことは諸先学の指摘されるところである。助数詞は、精確な数量表現の要求される公文書類においては不可欠のものである。度量衡に同様、その使用は、文書行政上、励行され、または、規定されてもいたのであろう。

第四節　おわりに

日本語における助数詞は、古文書と密接不可分の存在である。そもそも、こうした助数詞が、なぜ日本語に存在するのか、助数詞とは、一体、何かと考え始めるとき、古代における文書行政が重要な意味をもってくる。律令国家を支えた文書行政を抜きにして、日本語助数詞を論ずることはできない。

助数詞（漢語系）を用いるという数量表現のシステム、また、それを構成する個々の助数詞用法は、中国古代のそれを学んだものである。その師は、四書五経のような古文献でも新・旧訳の仏典でもなく、公文書・帳簿という行政文書であり、また、文書行政であった。おそらく、七世紀の律令国家としての体制を整え、文書行政を確立していく過程において、このシステムの導入・実施が図られたのであろう。助数詞は、この意味で、基本的には外来の書記用言語であり、文書語の一つであった。場合によっては、日本の国情に即した助数詞を欠くこともあろうが、こうした折には、和語をもって代用することも可能であったであろう（和語系助数詞）。

日本律令は、唐法の影響下にあるとされる。『令義解』に収録された「養老令」と「唐令」(28)とを比較すると、条文中の助数詞の合致することがあり、しかし、合致しないこともある。助数詞は、令条にとらわれず、既に自由に用いられており、その普及は、少なくとも「養老令」前に遡ると知られる。(29)

「神祇令19」に、臨時の諸国大祓を規定して「凡諸国須二大祓一者。毎レ郡出二刀一口。皮一張。鍬一口。及雑物等一。戸別麻一条。其国造出二馬一疋一。」と見える。この条文につき、六七六年（天武五）八月辛亥一六日の詔(30)が、「浄御原律令」に取り入れられ、その条文が、また、「大宝令」に取り入れられて、ここに至ったのであろうとされる。[31] 七世紀後半には、助数詞を用いた木簡も出土している。日本における助数詞の用法は、七世紀半ばには、ほぼ確立していたのであろう。六二三年（推古天皇三一）に帰国した遣隋使、その後の遣唐使たち[32]の習得した法律学や文書行政、あるいは、将来された法律書や範例集、実際の文書・帳簿類のサンプル、また、渡来人などにより、中国当代風の、あるいは、唐初風の助数詞用法は、かなり早くからもたらされていたと推測される。

日本における助数詞には、しかし、より古くに伝えられたものもあるようである。例えば、奈良時代以降、建物を対象とする助数詞に「口」や「間」、筆を対象とする助数詞に「箇」や「管」、船を対象とする助数詞に「艘」や「隻」がある。それぞれ複数の助数詞が共存していることが問題であるが、これは、実は新旧が混在（重層）しているためであって、「間」「管」「隻」は、新しい唐代的な助数詞（新層）、「口」「箇」「艘」は、より古くに伝来していた助数詞（古層）らしい。その伝来の時期は未詳であるが、情況からして朝鮮半島経由でもたらされたもののようで、従って、それらの年代性は古い。

『魏志倭人伝』によれば、二三九年（景初三）六月、倭の女王卑弥呼は魏に朝貢し、「親魏倭王」の称号・金印紫綬と下賜品を賜ったと伝える。「詔書印綬」等は、翌二四〇年（正始元）、倭王のもとにもたらされ、倭王は、使いによって上表し、恩詔を答謝している。その下賜品は、品目・数量とともに単位・助数詞もきちんと記録されている。[33] 卑弥呼の奉った国書にも、同様の数量表現は行われていたはずで、時既に、こうした文書の往復がなされていたことには驚かれる。また、①東大寺山古墳出土の太刀の銘文に「中平□□五月丙午造作文刀百練清剛上応宿星……」（中平〈一八四〜一八九〉は、後漢の年号）、②石上神宮所蔵七支刀銘文に「泰和四年□月十六日丙午正陽、造百練鋼七支刀、□辟百兵……」（泰和四年は三六九年、東晋の太和四年）、③熊本県玉名郡菊水町の江田《えた》船山《ふなやま》古墳出土の太刀銘に「……幷四尺廷刀八十練(九)□十捃(振カ)」(五世紀中葉)、④埼玉県行田市《ぎょうだし》の稲荷山古墳出土の鉄剣銘に「……令作此百練利刀……」(辛亥年〈四七一ヵ〉七月中)などと見える。①は、中国製の太刀であろうか。②は、百済王から倭王に献じられた七枝刀という。③④は、渡来人たちの手を借りた和製の太刀らしい。これらは助数詞表現の導入期に位置し、これが五、六世紀からの実務系文書(木簡・紙)の時代につながっていくのであろう。史・外交文書・仏教・学問など、文字に関係ある文化の部門に活動したのは、大体、推古朝(五九三〜六二八年)まではほとんど帰化人であり、倭人の文字使用は大化の改新(六四六年)後、天武朝(六七二〜六八六年)からのこととされる。(34) 五、六世紀の帰化人たちも、中国古代南北朝期の文書行政・数量表現システムに通じていたであろうことについては推測に難くない。

助数詞表現は、古文書や古記録(公家日記)において殊によく行われている。だが、助数詞は、〝文書行政〟という船に乗って日本にやってきたのであり、文書・帳簿類においては、これは必須のものであり、不可欠の存在であった。一方の記録においては、この用不用は記主の任意であり、これを誤り、欠いたとしても譴責されることはない。しかし、助数詞を用いることの利点は自覚されており、これを用いることにやぶさかではなかった。

なお、「助数詞」とは、明治期から用いられだした名称であるが、その語詞の本質に、必ずしも相応したものではない。あるいは、類別詞、あるいは、範疇詞といった名称も考えて見なければならないが、この問題は、これひとりで行い得るものではなく、日本語文法の全体的体系を視野に入れて対処しなければならない。しばらくは、旧来の名称に従っておきたい。

注

(1) 手近の国語辞書には、助数詞とは「接尾語の一。数を表す語に添えて、どのような事物の数量であるかを示す語。『個』『匹』『羽わ』『枚』『冊』『組』『杯』などの類。」と説かれ、多くの用例が掲出される(松村明・三省堂編修所編『大辞林』、三省堂、一九八八年一一月、一二〇七・一二〇九頁)。なお、別に、「序数詞《じょすうし》」といって、「順序を表す数詞。『一番』『三度目』『第四』などの類。順序数詞」(一二〇七頁)と説かれる語詞がある。
(2) キリシタン文献や古記録などによれば、中世前後には、和語系の日常的・口頭語的助数詞が多く見えている。
(3) 拙稿「中世辞書類における助数詞について」(『鎌倉時代語研究』第一六輯、一九九三年五月)。
拙著『日本語助数詞の歴史的研究――近世書札礼を中心に――』(風間書房、二〇〇〇年一月)。
(4) 奈良国立文化財研究所編『藤原宮木簡一』(一九七八年一月、解説、四七頁、また、七六頁)。
(5) 佐藤信「律令財政と諸国」(平野邦雄・鈴木靖民編『木簡が語る古代史　下』、吉川弘文館、二〇〇一年二月)。
(6) 以下、『新訂増補国史大系　令義解』(吉川弘文館)による。ただし、双行細字注を略す。
(7) 樋口知志「『二条大路木簡』と古代の食料品貢進制度」(『木簡研究』第一三号、一九九一年、一九六頁)。
(8) 大隈亜希子「律令制下における権衡普及の実態――海産物の貢納単位を中心として――」(『史観』第四九号、一九九六年三月)。
(9) 奈良国立文化財研究所編『平城宮木簡一』(一九六六年一一月)。
(10) 今泉隆雄「貢進物付札の諸問題」(奈良国立文化財研究所『研究論集』Ⅳ、一九七八年、三五頁)。
(11) 奈良国立文化財研究所編『平城京長屋王邸宅と木簡』(吉川弘文館、一九九一年一月、一九・五四頁)。
(12) 森公章著『長屋王家木簡の基礎的研究』(吉川弘文館、二〇〇〇年五月、三四四頁)。
(13) 拙著『木簡と正倉院文書における助数詞の研究』(風間書房、二〇〇四年一月、第三章)。
(14) 杉本一樹「正倉院文書」(『岩波講座　日本通史』第4巻、古代3、一九九四年六月)、後、同著『日本古代文書の研究』(吉川弘文館、二〇〇一年二月、第一部、第二章)に収める。
(15) 宮内庁正倉院事務所編集『正倉院古文書影印集成』一二(八木書店、一九九九年八月、二三三頁)。
(16) 国立歴史民俗博物館編集『正倉院文書拾遺』(便利堂、一九九二年四月、16図、四四頁)。
(17) 拙著、注(13)文献(第四章、その他)。
(18) 拙稿「延喜式における助数詞について」(『島根大学教育学部紀要〈人文・社会科学編〉』第三二巻)。調査の底本は『新訂増補国史大系』である。テキストの吟味を経れば、数字が変わるかも知れない。

(19) 拙稿「今昔物語集における助数詞について」(『鎌倉時代語研究』第一九輯、一九九六年八月)。
(20) 峰岸明著『平安時代古記録の国語学的研究』(東京大学出版会、一九八六年二月、六三七頁)。
(21) 渡辺実「日華両語の数詞の機能――助数詞と単位名――」(『国語国文』第二一巻第一号、一九五二年)。
(22) 峰岸著、注(20)文献(六一〇頁)。
(23) 拙稿「興福寺本大慈恩寺三蔵法師伝古点における助数詞について」(『築島裕博士古稀記念国語学論集』、汲古書院、一九九五年一〇月)。
(24) 劉世儒著『魏晋南北朝量詞研究』(中華書局、一九六五年六月)。
牛島徳次著『漢語文法論(古代編)』(大修館書店、一九六七年一月)・同著『漢語文法論(中古編)』(一九七一年一〇月)。
(25) 郭昆明「華語における形体観念」(李献璋編『中国の家族制及び言語の研究』、東方学院、一九六二年九月、四一三・四一四頁)。初出は『東洋思想研究第四(一九四九年)』(岩波書店、一九五〇年五月)。
(26) 拙稿「居延簡牘資料における量詞の考察」(『島根大学教育学部紀要〈人文・社会科学編〉』第二四巻第二号、一九九〇年一二月)、同「『吐魯番出土文書』における量詞について」(『島大国文』第二〇号、一九九一年一二月)、同「中国古代墓葬出土簡牘資料における量詞の考察」(『島根大学教育学部紀要〈人文・社会科学編〉』第二五巻、一九九一年一二月)、同「トルファン墓葬出土文書における量詞の考察」(同誌、第二六巻、一九九二年一二月)、同「居延新簡資料における量詞の考察」(同誌、第二九号、一九九五年一二月)、同「中国古代簡牘資料における量詞の考察――日本語助数詞研究のために――」(同誌、第三一巻、一九九七年一二月)。
(27) 時に助数詞を伴わない簡牘、「―」印で代用した簡牘などもあるが、これらは控えの類であろう。
(28) 仁井田陞著『唐令拾遺』(東方文化学院東京研究所、一九三三年三月)、同著・池田温編集代表『唐令拾遺補』(東京大学出版会、一九九七年三月)。
(29) 拙著、注(13)文献(第八章)。
(30) 「詔曰。四方為二大解除一。用物則国別国造輸二秡柱一。馬一匹。布一常。以外郡司各刀一口。鹿皮一張。钁一口。刀子一口。鎌一口。矢一具。稲一束。且毎レ戸麻一条。」(『新訂増補国史大系　日本書紀　後篇』、三四二頁)。
(31) 坂本太郎著『律令制度』(著作集第七巻、吉川弘文館、一九八九年三月、二五頁)。

(32)　森克己著『遣唐使』（至文堂、一九五五年一〇月）、劉俊文執筆（池田温訳）「唐法東伝」（『法律制度』、大修館書店、一九九七年一月）、その他。
(33)　『和刻本正史　三国史（二）』（汲古書院、一九八六年二月、五八九頁）。
(34)　馬淵和夫著『上代のことば』（至文堂、一九六八年一二月、五二頁）。

あとがき

『大日本古文書』第一巻が、編纂兼発行者東京帝国大学・発売所吉川半七として世に出たのは一九〇一年（明治三四）七月である。その後、一世紀を経た今日、数々の古文書集が、比較的利用しやすい史料集や翻字本・影印本の形で出回っている。しかし、この厖大な言語量をもつ古文書類につき、国語学の立場から正面切って四つに組もうとする試みは、未だ管見にしない。仮名文学資料は、微に入り細をうがって考察が重ねられ、もはや立錐の余地もないかのように見えるのに、こちらは大きく出遅れ、等閑視されることが多いのである。同じ国語学研究資料として、この点、まことに不可解である。『大日本古文書』の第一巻から第二五巻までには、世界的文化遺産ともいわれる「正倉院文書」が収められている。しかし、これすらも手付かずのところが多く、国語学的研究が進んでいるとはいいがたい。

小著は、こうした現状を顧み、これまでの関係論文を整理し、これに若干の私見を添えた書である。精緻な歴史学や峻厳な史料学等の立場から見れば、粗漏ばかりの目立つ雑文に過ぎないであろう。当面、ドングリの背比べと笑われても甘受するしかないが、こうして整理してみれば、これからなすべき課題、あるいは、進むべき方向が見えてくるように思う。著者自身のためではあるが、むしろ、これが、これからこの分野に参加される研究者のための手掛り足掛りとなれば幸いである。この分野における本格的な研究は、これからであろう。

小著は、稚拙な私見を述べたものに過ぎない。しかし、ここに至るまでには、多くの方々のご指導をいただいた。

特に、小林芳規先生は、寒暑を分かたず、未熟な私を栂尾高山寺に伴い、貴重な典籍・文書について親しくご指導下さった。お陰により、高山寺ご住職小川千恵師、高山寺経蔵典籍文書綜合調査団代表築島裕先生をはじめとする国語学・国文学・古文書学・歴史学・仏教学等の諸先達のご指導をいただくこともできた。厚く感謝申し上げる次第である。

高山寺では、専門が異なるせいか、古文書を担当されていた故宝月圭吾先生、故田中稔先生、山本信吉先生、大山仁快先生、狩野久先生、故横田拓実先生、加藤優先生、綾村宏先生などのお仕事がとても興味深く拝見された。経机に向かわれ、およそ文字とも見えないかすかな墨痕を判読していかれるお姿には不思議な感動すら覚えた。古文書を、国語学の立場からどう研究するか、まだ暗中模索の最中であったが、折々にたまわる藤原宮・平城宮発掘調査出土木簡概報やご論文抜刷などは、今も座右にあって文書語研究、その他に活用させていただいている。

典籍・文書については、この他、前田尊経閣文庫の故太田晶二郎先生、阪本竜門文庫の故川瀬一馬先生、金沢文庫の納富常天先生、古文書学については、佐藤進一先生、松岡久人先生、単位・助数詞に関しては、日本計量史学会の岩田重雄先生、また、国語学・国文学については、藤原与一先生、大坪併治先生、故森田武先生、故稲賀敬二先生、峰岸明先生、前田富祺先生、その他、多くの方々からご指導をいただいた。なかには、ご恩返しのできないまま、物故された方もいらっしゃる。心苦しい限りである。また、各種の文庫、公私の図書館・博物館・資料館・史料館等々にも数々のご芳情・ご配慮をたまわった。ここに銘記して、お礼申し上げたい。

このたびは、吉川弘文館の宮川久氏のおすすめにより、こうした形の小著をまとめさせていただいた。名にし負う歴史学書の老舗から望外のお話をいただき、正直なところ、脱稿できるかどうか自信はなかった。現に、テーマは、当初、中世文書を主軸とするはずであった。しかし、第一部から書き出していく内に存外の紙数を費やし、とても中世まで及ぶことができなくなってしまった。中世文書に関する言語事象、ことにその語彙・表現法などは、またの機会に委ねる他ない。関係各位にご迷惑をお掛けしたことをお詫びし、併せて、ご厚情を深謝する次第である。

二〇〇四年三月一日

三保忠夫

初出一覧

第一部　古文書の国語学的研究

新　稿

第二部　古文書の文字・用語

第一章　古文書の文字

新　稿

第二章　古文書の用字・用語

「『尾張国解文』の研究――古文書における表現方法の基本的原則を求めて（一）――」（『鎌倉時代語研究』第三輯、一九八〇年三月）、「古文書における『差（さす）』と『遣（つかはす）』について」（『国文学攷』第八六号、一九八〇年六月）、「『高山寺本古往来』の第六状について――古文書における『乞也』・『悉之』の考察――」（弘前大学『文経論叢』第一五巻第一号、一九八〇年三月）、「文書の漢字」（『漢字講座　第六巻・中世の漢字とことば』、明治書院、一九八八年一一月）、その他をもとに改訂した。

第三章　文書語「仰（おほす―あふぐ）」

新　稿

第四章　文書語「奉（うけたまはる―たてまつる）」

「古文書類における『奉（うけたまはる）』について」（『鎌倉時代語研究』第五輯、一九八二年五月）をもとに改訂した。

第五章　文書語「請（うく―こふ）」

「古文書・古往来における『請』について」（『鎌倉時代語研究』第四輯、一九八一年五月）をもとに改訂した。

第三部　古文書の表現法

第一章　待遇表現法――「奉」「被」「得」――

「古文書における一待遇法」（『文学・語学』第九二号、一九八一年一一月）をもとに改訂した。

第二章　引用表現法――「偁（称）……者」――

「古文書における『偁』『称』『云』について」（『島大国文』第一〇号、一九八一年一二月）をもとに改訂した。

第三章　数量表現法――助数詞――

新稿

研究者名索引

本書において言及し，引用した論文・著書等の執筆者名・研究者名の索引である．ただし，論文集の書題にみえる研究者名，その編著者名など，また，文書・典籍等の所蔵者名は，原則として対象としない．

あ　行

相田二郎……3,26,114,123,131,139,246,250,263,277,281
青木孝……28,58,67,245,264,280
青柳好信……82
穐田定樹……28,29,57,59,65,72,167,168,209
秋本吉徳……244
浅井潤子……45,111
浅野敏彦……28,51,59,63,90,91
阿辻哲次……112
阿部猛……90
阿部美絵……83
阿部隆一……92
天野晴子……93
網野善彦……63,81,87,89,139
新里博樹……67
嵐義人……244
有賀嘉寿子……59
飯塚浩……96
飯沼清子……72
飯沼賢司……63
伊木寿一……3,139,169
池内義資……140,174
池田温……31,112,173,174,207,244,263,297,298
池田幸恵……68
石上英一……4,26,87
石川謙……93,245
石田茂作……113
伊地知鉄男……3,131
石塚晴通……44,67
石浜純太郎……208
泉基博……65
磯貝淳一……66
伊東正子……63
伊藤守……84
伊土耕平……67
稲岡耕二……30,35
乾義彦……44,70
犬飼隆……36,37,91,173,246
井上薫……113
井上辰雄……244
井上光貞……244
井之口有一……61
今泉隆雄……296
弥永貞三……3,29,90
岩佐正三……97
岩淵悦太郎……71
岩淵匡……93
岩間敬子……94
上島有……46,89
植村洋子……82
于　康……42
牛島徳次……297
後小路薫……45
宇都宮啓吾……57,92
梅原真隆……84
梅村喬……90
浦部重雄……90
エツコ・オバタ・ライマン……44
榎木久薫……79
榎本福寿……42,209
遠藤好英……28,55,57,58,94
遠藤嘉基……75,77
王維坤……41
王国維……208

王仲葷 ……173
大川善男……89
大久保一男 ……209
大久保恵子 ……45,51
大隈亜希子 ……284,296
大島悦子……51
大曾根章介 ……73,92
太田晶二郎……26
大塚光信 ……75,77
大坪併治 ……205,242
大友信一……41
大庭脩 ……208
大平聡 ……207,245
小笠原宣秀 ……208
岡田喬 ……81,96
岡田正之……92
岡田希雄……91
小川栄一……28,65,68,73
小川恭一……46
小川環樹 ……112
沖森卓也 ……30,31,36,41,55
奥村悦三……37
奥村三雄……96
長節子 ……55,63
小田義久 ……208
小野勝年 ……173
小野田光雄……41,208
沢瀉久孝 ……6
小山登久……15,29,57,59,65,69,72,88,137

か　行

カイザー・シュテファン……50
加賀樹芝朗 ……90,91
柿村重松……92
郭昆明 ……297
笠松宏至……87
風間力三……55
梶原正昭 ……28,90,91
梶原由里……35
柏本雄幸 ……45,93
柏谷嘉弘 ……57,59
春日正三 ……81,96
春日政治 ……27,205,242
片岡了……79
勝俣鎮夫……87
加藤友康……4,87
加藤豊仭……39
門前真一……41
門前正彦 ……70,243
金子彰 ……77～79,84
金子善光……55
狩野久 ……244
鎌田正 ……172
上村良作……54
亀井孝 ……140
辛島美絵 ……21,54,64,76,78,80,97,264
川上多助……90
川上徳明……72
川岸敬子……68
川口久雄……91,92,245,246
川嶋秀之 ……281
神田喜一郎……42
神田秀夫……42
韓　棣……73
菊田紀郎……54
岸俊男……89
岸野大……91
木田章義 ……112
北川和秀 ……156,182,206,207,245
来田隆 ……54,65,67,71,84,93
北恭昭……94
北山茂夫……90
木下正俊 ……138,208
久曾神昇 ……74,95
許興植 ……208
金水敏……73
金田一秀穂……60
工藤祐嗣……41
国田百合子……61
蔵中進……41
倉野憲司 ……243
倉野嗣久……93
倉本一宏……62
紅林幸子……41
黒板勝美 ……3,29
黒川高明……84
黒田日出男……63
黒田弘子 ……63,81
桑原祐子 ……37,39
桑山浩然……89

小泉道……………………………………………57
香坂順一 ……………………………………172
高　靖 ………………………………………246
河野福海…………………………………………44
古賀精一 ……………………………………280
小久保崇明……………………………………78
小島憲之 …………………42,88,92,113,138
小谷博泰 ………………35,206,208,228,244
児玉幸多 ……………………………………139
呉哲男……………………………………………41
後藤昭雄 ……………………………42,88,172
後藤英次 ………………………………28,58
五島和代…………………………………………77
小中村清矩……………………………………90
小林昌二 ……………………………………208
小林隆……………………………………………96
小林芳規……7,28,35,44,46,65,75,78,79,91,92,97,
137,173,205,206,243,245,281
小林好日 ………………………………75,78
小松茂美…………………………………………77
小松英雄 ………………………………27,61
小峯和明…………………………………………74
五味文彦 ………………………………89,94
近藤瓶城 ……………………………………140
近藤政美…………………………………………82

さ　行

斎木一馬 ………………15,29,52,58,59,135,140
西條勉……………………………………………41
斉藤義七郎……………………………………97
阪倉篤義 ………………………………35,63
坂詰力治…………………………………………91
坂本賞三 ………………………………63,90
坂本太郎 ……………………………………297
坂本正典…………………………………………55
桜井光昭 ……………………………28,68,167
迫野虔徳 ………………9,75,82,83,96,97,140
佐々木勇 ………………………………79,84
佐佐木隆…………………………………………37
笠原宏之…………………………………………44
佐竹昭広 ……………………………………138
佐田智明 ………………………………81,96
佐藤栄作…………………………………………44
佐藤喜代治……8,20,26,28,39,53,59,62,63,69,94,
168,174,218,264,280
佐藤茂……………………………………………35
佐藤進一……2,3,6,9,26,31,63,87,112,138～140,
174,244,263,281
佐藤宗諄…………………………………………90
佐藤武義……………………56,71,92,94,97,245
佐藤亨……………………………………………63
佐藤信 …………………………30,36,208,296
佐藤稔 ………………………………38,44
猿田知之…………………………………………83
重見一行 ………………………………28,65
篠崎久躬…………………………………………97
柴田雅生…………………………………………51
島田勇雄 ……………………………75,81,96
島田浩幸…………………………………………81
清水教子 ……………………………29,59,72
清水みき…………………………………………36
白川静 ………………………………………172
白藤礼幸 ………………………………41,84
進藤咲子…………………………………………70
神道宗紀…………………………………………55
新村出 …………………………………75,77
水藤真……………………………………………87
菅原範夫 ………………………………68,82
菅原義三…………………………………………44
杦浦勝……………………………………………53
杉村俊男 ……………………………35,37,209
杉本一樹 ………………4,26,87,88,110,114,296
鈴木一男…………………………………………38
鈴木則郎…………………………………………94
鈴木博 ………………………………………140
鈴木恵 …………19～21,28,53,64～66,68,90,91
砂岡和子…………………………………………66
関口裕子…………………………………………81
関口佳子…………………………………………60
関根真隆 ………………………………36,38
関　靖……………………………………………28
瀬野精一郎 ……………………………63,89
瀬間正之 ………………………………42,66

た　行

高木市之助 …………………………………206
高島英之 ………………………………36,87
高田実……………………………………………90
高橋一夫 ………………………………81,96
高橋敬一 ………………………………59,72

高橋忠彦 ……………………………………71,93
高橋久子……………………………45,53,62,94
高橋秀樹………………………………………94
高橋正彦 …………………………………3,281
高松政雄……………………………28,37,51,61
竹内理三 ………………43,90,157,174,206,243
橘　豊…………………………………………93
舘野和己………………………………………36
田名網宏………………………………………90
田中司郎………………………………………41
田中卓 ………………………………………208
田中雅和 ……………………………53,66,74
田中稔 ………………………………………244
田中靖 ………………………………………208
玉井是博 …………………………………173,174
田村悦子………………………………………55
田村圓澄 ……………………………………113
田村夏紀………………………………………45
竺沙雅章 …………………………………173,263
千々和到………………………………………46
塚原鉄雄………………………………………73
築島裕………7,12,27,28,50,73,76,94,97,138,172,
174,207,209,242,243
辻田昌三 …………………………………20,64
辻村敏樹 ……………………………………166
寺崎保広 …………………………………36,207
土井忠生 ……………………………7,77,130,140
土井洋一………………………………………92
東野治之……………………29,35,89,105,113,114
戸田芳美………………………………………90
富田正弘 ……………………4,26,89,111,114
富山民蔵 ……………………………………206
虎尾俊哉………………………………………55

な　行

内藤乾吉 ………………39,103～109,113,208,245
中尾真樹………………………………………92
仲川恭司………………………………………77
中川千里………………………………………68
中川美和………………………………………78
中川芳雄………………………………………88
中島壌治 ………………………………39,107,113
永島福太郎……………………………………63
中田千代子……………………………………93
長田夏紀………………………………………37
中田祝夫 ………73,139,172,179,205,242,243,281
中西進…………………………………………63
中西康裕………………………………………30
永原慶二………………………………………63
長又高夫………………………………………63
中村昭…………………………………………41
中村直勝 ……………………………3,86,131
中村裕一……………………………174,208,244,263
中村啓信 …………………………………206,208
永山勇…………………………………………37
中山緑朗 ……………………………29,54,59,65,72
仁井田陞……31,88,112,138,173,174,207,208,244,
263,297
西崎亨 ……………………………………36,41
西田直敏 …………………………………60,72
西田長男 …………………………………208,281
西原一幸 …………………………………41,44
西宮一民 …………………………………31,55
西村浩子……………………………58,65,71,90
西村里呼………………………………………80
西洋子…………………………………………88
野村忠夫 …………………………………89,154,173

は　行

橋本進吉………………………………………27
橋本義彦………………………………………29
蜂矢真郷………………………………………59
馬場治…………………………………………28
浜田敦 ……………………………………75,77
早川庄八 …………………………3,4,26,30,140,245
早川万年………………………………………87
林屋辰三郎 ………………………………88,90
原栄一…………………………………………28
原口裕 ……………………………………82,140
原卓志 …………………………………53,57,61
原　裕 ……………………………………51,66
潘重規 ………………………………………243
東辻保和………………………………………28
樋口知志 …………………………………284,296
彦坂佳宣………………………………………96
飛田良文………………………………………44
平井秀文………………………………………91
平川南 ……………………………31,35,36,208,281
平松秀樹………………………………………42
福島邦道………………………………………93

福宿孝夫……40
福田豊彦……91
福田良輔……75,82
藤井茂利……42,190,207
藤井俊博……59,92
藤本幸夫……42
藤原照等……28,51,67
布施秀治……28,51
舩城俊太郎……20,28,30,64,66,91
古瀬順一……78,81,96
宝月圭吾……26,71
星川清孝……42
堀池春峰……108,113
堀畑正臣……28,51,57,58,64～66,72,82
本間洋一……172

ま　行

前田富祺……27,28,50,56,63,68,76
正宗敦夫……206,243
真下三郎……93
馬瀬良雄……96
松浦加寿美……37
松尾拾……72
松尾良樹……42
松下貞三……16,28,63,67
松田和晃……206
松村明……295
松本愛重……14,28,59
馬淵和夫……58,164,298
黛弘道……244
三上喜孝……36,198,208
三橋正……63
峰岸明……9,13,20,27～30,44,46,56,58～62,65,66,68,69,71,73,89,92,94,97,137,138,174,245,264,297
峰岸純夫……63
三保サトコ……54,93
宮城栄昌……90
宮崎希子……93
宮田裕行……84
武藤元信……14,28,59
村井章介……4,26,30
村尾次郎……90
村上春樹……91
村田正英……61,77
室井努……60
百瀬今朝雄……94,140
森克己……298
森公章……36,296
森昇一……82,167
森田武……75,77
森田悌……90
森野宗明……82
森山隆……37
森山由紀子……68
諸橋轍次……102,141
諸星美智直……97,140

や　行

八木美代子……54,93
安田博子……91
安田元久……62,63
矢田勉……76
柳瀬喜代志……91
山内貴子……68
山内洋一郎……57,60
山尾幸久……30
山岸徳平……92
山口角鷹……38
山口純礼……45
山口英男……4,87
山口康子……73
山口佳紀……28,68,72,243
山崎誠……74
山下信一郎……36
山下有美……4,26,87
山田忠雄……91
山田俊雄……39,54,79,91
山田孝雄……41,63,75,78,209
山中武夫……90
山本真吾……53,68,73,94
山本秀人……44,92
山本幸男……88
湯沢幸吉郎……8
湯沢質幸……73
柚木靖史……53
吉沢義則……27
吉田金彦……28
吉野政治……28,41,67,209
吉村茂樹……90,139

葭谷内和人……82
米山寅太郎……172

ら　行

栾竹民……58
李成市……42
劉俊文……298
劉世儒……297

わ　行

和田萃……36
和田義一……207,209
渡辺滋……90
渡辺信夫……9
渡辺秀夫……74
渡辺実……297

著者略歴
一九四五年　島根県に生れる
一九七五年　広島大学大学院文学研究科博士課程退学
現在　島根大学教育学部教授

〔主要著書〕
雲州往来享禄本研究と総索引（本文・研究篇、索引篇、本文）　日本語助数詞の歴史的研究―近世書札礼を中心に―　木簡と正倉院文書における助数詞の研究

古文書の国語学的研究

二〇〇四年（平成十六）六月一日　第一刷発行

著者　三《み》保《ほ》忠《ただ》夫《お》

発行者　林　英　男

発行所　株式会社　吉川弘文館
郵便番号一一三―〇〇三三
東京都文京区本郷七丁目二番八号
電話〇三―三八一三―九一五一〈代〉
振替口座〇〇一〇〇―五―二四四番
http://www.yoshikawa-k.co.jp/

印刷＝株式会社 三秀舎
製本＝株式会社 石毛製本所
装幀＝山崎　登

古文書の国語学的研究（オンデマンド版）

Digital Publishing

2018年10月1日　発行

著　者　三保忠夫《みほただお》
発行者　吉川道郎
発行所　株式会社 吉川弘文館
〒113-0033 東京都文京区本郷7丁目2番8号
TEL 03(3813)9151(代表)
URL http://www.yoshikawa-k.co.jp/

印刷・製本　株式会社 デジタルパブリッシングサービス
URL http://www.d-pub.co.jp/

三保忠夫（1945～）
ISBN978-4-642-78522-8